UN CORAZÓN INVENCIBLE

MARIANE PEARL

UN CORAZÓN INVENCIBLE

Vida y muerte de mi marido Danny Pearl:
corresponsal de guerra

Con la colaboración de Sarah Crichton

mr · ediciones

Se han cambiado algunos de los nombres que aparecen en este libro.

Diseño de la cubierta: Germán Carrillo
Fotografías de la cubierta: Robert Maxwell (Mariane Pearl); RADIAL
(Danny Pearl); y cortesía de la autora (fotografía de la boda)

Título original: *A Mighty Heart - The Brave Life and Death of my Husband, Danny Pearl*

Primera edición: Septiembre de 2004

© 2003, Mariane Pearl
© 2004, de la traducción, Martín Arias
© 2004, Ediciones Martínez Roca, S. A.
Paseo de Recoletos, 4. 28001 Madrid
ISBN: 84-270-3058-4
Depósito legal: M. 29.643-2004
Fotocomposición: J. A. Diseño Editorial, S. L.
Impresión: Brosmac, S. L.

Impreso en España-Printed in Spain

PRÓLOGO

Escribo este libro para ti, Danny, porque tuviste el coraje de soportar el acto más solitario de todos: morir con tus manos encadenadas pero con tu corazón invicto.

Escribo este libro para hacerte justicia, y para decir la verdad.

Escribo este libro para mostrar que tenías razón: la tarea de cambiar un mundo colmado de odio nos pertenece a todos y cada uno de nosotros.

Escribo este libro porque, al suprimir tu vida, los terroristas intentaron también matarme a mí, matar a nuestro hijo Adam. Pretendieron matar a todos aquellos que se identificaban contigo.

Escribo este libro para desafiarlos, y con la convicción de que tu coraje y tu espíritu pueden ser fuente de inspiración para otros.

Escribo este libro para brindar tributo a toda la gente que ayudó y apoyó a nuestra familia durante momentos terribles, creando un puente emocional que nos permitió seguir en pie.

Escribo este libro para ti, Adam, para que sepas que tu padre no fue un héroe sino un hombre común. Un héroe común con un inmenso corazón.

Escribo este libro para ti, para que puedas ser libre.

1

4 DE ENERO DE 2002. Cuatro de la mañana.

Pronto amanecerá sobre Karachi. Envuelta en el cálido abrazo de Danny me siento segura. Adoro esta posición. Somos como cucharas guardadas en un cajón, unidas estrechamente entre sí, cada una acoplada a la silueta de la otra. Amo estos dulces momentos de despreocupación y la paz que me proporcionan. No importa dónde nos encontremos (en Croacia, Beirut, Bombay), éste es mi escudo. Éste es nuestro modo de afrontar el desafío, de enfrentarnos al caos del mundo.

Al levantarme, lucho por hallar las palabras adecuadas para describir este sitio. Supongo que ésa es la maldición de todos los periodistas, narrar una historia en el instante preciso en que se vive. No estoy segura de llegar nunca a conocer Karachi. He desconfiado de esta ciudad desde el principio, y estamos aquí en parte para descubrir si su mala reputación es merecida. Alguna vez relativamente estable, incluso quizá demasiado tranquila, Karachi se volvió en la década de los ochenta un centro neurálgico del contrabando de armas y el tráfico de drogas. Ahora la ciudad es un intrincado laberinto, salvaje y decadente al mismo tiempo, una capital de odio ciego y militancia violenta.

La población paquistaní está dividida. Los nativos odian a los inmigrantes musulmanes que llegaron de la India tras la división de ambos países en 1947. Los musulmanes suníes aborrecen a los musulmanes chiíes. Desde 1998, han sido asesinados en Karachi más de 70 médicos, en su mayoría chiíes acribillados por zelotes suníes. Por su parte, los fundamentalistas que apoyan a los talibanes, que han echado profundas raíces en Pakistán, aborrecen al resto del mundo.

Hay mucha gente en esta ciudad, pero nadie parece saber su número exacto. ¿Son diez millones de personas? ¿Doce? ¿Catorce? Encajonado entre la India y Afganistán, la mayor parte del territorio de Pakistán carece de costa. Karachi, en la costa del Mar Arábigo, es el puerto más importante del país y, como tal, un punto de atracción para los inmigrantes del interior del país y de sitios aún más pobres más allá de las fronteras: aldeas afganas, Bangladesh, las zonas rurales de la India. A diario es posible ver a los pobres ardiendo bajo el sol abrasador, vendiendo verduras y periódicos. Por la noche todos desaparecen en el laberinto de calles, dotando a la ciudad de un aire de inquietud. Este lugar del Tercer Mundo nos parece a nosotros apenas un farol de luz muy tenue, pero Karachi cautiva a los desesperadamente pobres como una antorcha atrae a las moscas.

Es muy raro que me despierte antes que Danny, en especial desde que me quedé embarazada. Un suave rayo de sol cruza nuestra habitación y luego se desvanece en un dulce letargo. Poco a poco mi mente abandona los misterios de Karachi y vuelvo a abrazarme a mi esposo en nuestro cálido y privilegiado espacio. Juntos podremos hacer que la noche dure un poquito más.

Siete de la mañana. Danny cierra con el pie la puerta de la habitación. Ha traído café y bizcochos secos (si no rancios) para frenar los ataques de náuseas que aún me vienen por las mañanas. En ocasiones debo correr hacia el lavabo para vomitar nada más levantarme de la cama. Los ruidos que hago bastan para que Danny palidezca. Parece tan triste al ser testigo de mis sufrimientos que intento ahogar los sonidos. Danny cree que el embarazo me está poniendo de mal humor. Hace unos pocos días tuve la oportunidad de leer un correo electrónico indiscreto que le envió a su amigo de la infancia Danny Gill, que vive en California:

¡Eh!... El vientre de Mariane está cada vez más grande. Es algo impresionante. Como la fecha del parto es en mayo, nos detendremos en París. Mariane se siente mal a menudo, se enfada y se le despierta el apetito a horas más tempranas de lo habitual. Se muestra impaciente, pero sólo con los paquistaníes, y sensual cuando no se interponen otros síntomas...

A mí el humor de Danny me resulta también impredecible, No sé si se debe a que está a punto de ser padre o a que el mundo ha enloquecido en los cuatro meses que transcurrieron tras el atentado a las Torres Gemelas, junto a las cuales se derrumbaron también numerosas certezas. Danny es el jefe de corresponsales de *The Wall Street Journal* en el sur de Asia. Los terroristas islámicos pueden atentar en cualquier punto del planeta, pero el corazón (si es que se le puede llamar así) de su red de operaciones se encuentra aquí, en esta región, y el trabajo que tenemos entre manos es desalentador.

Danny y yo hemos estado siempre el uno al lado del otro en nuestros respectivos reportajes. Yo le acompaño en la mayor parte de sus entrevistas; él hace lo propio en gran parte de las mías. Sin embargo, no me engaño. Él es un periodista mucho más experimentado y trabaja para uno de los medios informativos más importantes del mundo. Yo, en cambio, trabajo sobre todo para la radio y televisión públicas francesas, que apenas tienen dinero suficiente para pagar mis billetes de metro cuando estoy en París. Con todo, nuestras diferencias de origen y cultura nos convierten en un buen equipo. Sabemos instintivamente cuándo callarnos y dejar que hable el otro.

Hago reír a Danny para ayudarlo a olvidar sus preocupaciones; me aseguro de que reine el silencio cuando debe concentrarse. Y luego ambos nos embarcamos en interminables debates filosóficos sobre la verdad y el coraje, sobre cómo combatir los prejuicios y cómo respetar a otras culturas y aprender de ellas. A pesar de eso, tratar de comprender la naturaleza del terrorismo es precipitarse a un reino de tinieblas.

Ya empieza a hacer calor. Para que me sienta mejor, Danny me recuerda que hoy es el último día de nuestra corresponsalía en Pakistán. Mañana nos instalaremos en un hotel de cinco estrellas en Dubai y nos bañaremos en las playas del Golfo de Arabia. Se trata de un rodeo en nuestro camino hacia nuestro hogar en Bombay, pero Pakistán y la India están enfrentados y no existe un enlace directo entre sus ciudades. La disputa por el territorio de Cachemira, en el Himalaya, ha prendido la animosidad histórica entre ambas naciones hasta el punto de que el mundo teme que cualquiera de las partes lance un ataque contra la otra. Tanto Pakistán como la India han utilizado Cachemira como una excusa para justificar la escalada de su presupuesto armamentístico. Las dos naciones poseen armas de destrucción masiva y ambas amenazan con utilizarlas. Pienso en los policías de Karachi, patrullando las calles con sus uniformes en estado deplorable y sus porras como única arma.

La tensión se siente a flor de piel. Podemos percibirla en las voces de nuestros amigos paquistaníes. El 24 de diciembre de 2001 (una de esas raras ocasiones en las que coinciden en el mismo día la Navidad, Januká y Eid-ul-Fitr —el fin del Ramadán—), Danny recibió una carta de un amigo de Peshawar, una ciudad algo inestable en la frontera afgano-paquistaní:

> Feliz Eid y felices navidades para ti. Por favor dinos también cómo está tu esposa. Existen ejércitos de India listos para combatir con nosotros, pero ellos no saben que los musulmanes sacrificarán sus vidas por el islam. En caso de guerra, India quedará dividida en un montón de piezas y el islam se quitará sus [ropas].

Mi plegaria es, OH, DIOS, salva a mi país de sus enemigos.

Las condiciones comerciales en Pakistán, especialmente en Peshawar, no son muy buenas... Concluyo deseando que Dios viva por siempre en nosotros y en toda tu familia.

Con los mejores deseos,

Wasim

Wasim es el director de una fábrica de galletas. Danny lo conoció hace dos años en el aeropuerto de Teherán. Musulmán muy conservador, por lo general Wasim desconfía de los occidentales, pero a pesar de eso fuimos a visitarlo el pasado mes de diciembre y nos trató como a sus huéspedes de honor. Nos agasajó con los manjares locales más exquisitos, carnes asadas y, claro, galletas. Nos invitó asimismo a visitar los mercados durante el Ramadán. En uno de los puestos cogió al azar un par de zapatos de tacón, unos zapatos que ninguna devota esposa musulmana hubiese podido llevar jamás, e insistió en regalármelos. Otra noche tuvimos el honor de que nos invitase a cenar en su casa, una mansión de dos plantas en un superpoblado barrio de la ciudad. Nada más llegar, Danny desapareció entre una nube de hombres, mientras que siete mujeres se abalanzaban sobre mí. Se sentaron con las piernas cruzadas sobre las alfombras y se quitaron el velo para estudiarme con una intensa y desinhibida curiosidad mientras me servían tres platos de albóndigas y arroz.

Danny respondió a la carta de Wasim:

Te deseo una feliz Navidad, Januká y Eid. Mariane y yo compartiremos la cena de Navidad con mi colega y nuestros comerciantes locales de alfombras de Cachemira. Seremos tres musulmanes, dos judíos y una budista, lo que parece el inicio de uno de esos chistes de avión, pero quizá sea un buen modo de inspirar paz al mundo, o al menos a Cachemira.

Danny

En este viaje nos alojamos con una buena amiga de Danny y colega de *The Wall Street Journal*, Asra Q. Nomani, una mujer nada convencional. Nacida en la India de padres musulmanes, Asra se crió en Virginia y se encuentra en Karachi recopilando información para un libro sobre el *tantra*. En general se asocia el *tantra* a las prácticas sexuales que enseña el *Kamasutra*. Asra insiste en que a ella le interesa más el aspecto espiritual. Es una mujer bajita y femenina, atlética y dotada de un enorme atractivo. La suya es una belleza que impone: sus cabellos negros a la altura de los hombros brillan con el aceite que en la India se emplea diariamente para masajes en la cabeza. De su rostro destacan los anchos y agudos pómulos, y unos ojos tan oscuros y grandes que, cuando está quieta, recuerda a una antigua estatua de Saraswati, la diosa que posee todas las enseñanzas de los Vedas, desde la sabiduría hasta la devoción. Pero en el contexto en que estamos es escandalosamente *avant-garde*. Por regla general, las mujeres solteras no pueden vivir solas en Karachi, pero eso no le ha impedido alquilar una enorme casa en un distrito que lleva el espantoso nombre de Fase de Defensa 5. No sólo eso: Asra se ha enamorado hace poco de uno de los hijos de una familia de la élite paquistaní, nueve años más joven que ella. Es un muchacho atractivo que me parece un poco superficial.

Para darnos la bienvenida, Asra ha plantado flores en la entrada de su casa, que es un pasillo compartido por toda la comunidad, una de las más lujosas de Karachi. Aquí las casas son vigiladas por un grupo de hombres enjutos, que se turnan para colocarse frente a una garita de guardia cuyo propósito principal es resguardarles del implacable calor. Los vecinos tienen puestos importantes en el Ejército y en el Gobierno, y quizá también en la mafia. Se supone que el temible gánster Dawood Ibrahim, con reputación de ser un bárbaro sanguinario, tiene propiedades en la zona. Danny le da vueltas a la idea de escribir su perfil para el periódico.

Dentro de la casa, Asra nos ha preparado una *suite* de recién casados. Hay flores y velas con esencia de pino, una botella de aceite para masajes y otra para baños de burbujas. A la izquierda de nuestra cama, una pequeña ventana cubierta con tela metálica mira a un patio donde una cuna plegable ocupa el sitio de honor junto a una cuerda de tender la ropa llena de prendas infantiles. Es la casa de los sirvientes, Shabir y Nasrin, de quienes podría decirse que son propiedad del edificio, ya que Asra les contrató cuando alquiló el sitio. Visité su habitación. No tienen nada. Duermen en el suelo y su pequeña hija, Kashva, una muñequita de cabellos cortos, descansa apretujada entre sus padres. Nasrin está embarazada, pero no me atrevo a decir que «igual que yo», tan diferentes serán los destinos de nuestros hijos.

Danny cubre la escena corriendo la cortina y su gesto es una perfecta metáfora del modo en que uno tiende a comportarse ante la pobreza que se ve en todas partes. Poco después ya da la impresión de que un tornado hubiese barrido nuestra habitación. Es el comportamiento habitual de Danny. No bien llega a un sitio abre sus maletas y desparrama todo su contenido. Los calcetines. Los tebeos franceses que emplea para aprender mi lengua natal (y que tanto disfruta). Su maquinilla de afeitar. Su mandolina Flatiron, hecha a mano en Montana y mucho más fácil de transportar que su violín. En el piso de arriba, sus herramientas de trabajo ya han invadido la oficina de Asra: un ordenador portátil; una agenda electrónica con un teclado especial que Danny utiliza cuando viaja; una cámara digital; montañas de facturas; y agendas Super Conquérant que compra al por mayor en París.

Danny sale del lavabo en pantalones cortos, con el teléfono móvil en la mano. Es uno de esos hombres raros a quienes los ojos (en su caso unos ojos verdes con forma de castaña) siempre les delatan. Le resulta imposible ocultar algo, en especial cuando tiene ganas de bromear. Le sonrío, pues me parece un hombre guapo y porque el amor que siento por él es absoluto. Sin desprenderse del móvil se sumerge bajo las sábanas. Gatea con cuidado sobre mi cuerpo y alcanza mi vientre redondeado, donde inicia una conversación privada con nuestro hijo en una lengua que sólo ellos dos conocen. Sólo logro adivinar que le hace al pequeño múltiples promesas para cuando nazca. Yo paso mis dedos por sus gruesos cabellos castaños.

Danny se pone en manos de los peluqueros más inesperados. Ésa es una frase divertida. Cuanto más insólita resulta la peluquería, más feliz parece Danny. En la mayor parte de los casos, los peluqueros no hablan inglés, lo que le asegura que el resultado será siempre sorprendente. Así se enfrenta Danny con el mundo, con total confianza. Cuando nos trasladamos a Bombay, en octubre de 2000, lo primero que hizo fue dirigirse a la peluquería que había en nuestra calle. Era posible que el sujeto no le hubiese cortado el pelo a un joven blanco en toda su vida, pero poseía una enorme y antigua silla de barbero con un asiento de sucio cuero blanco y apoyabrazos rojos. Me senté en un sillón justo detrás de Danny, a fin de seguir la acción a través del espejo. Todo estaba en silencio salvo por el zumbido de las moscas y el sonido de los tijeretazos. De pronto comprendí que las mujeres no debían estar allí. Pues bien, me dije a mí misma, ante cualquier problema pondré como excusa las diferencias culturales. Pero me quedaré. El peluquero comenzó a masajear la cabeza de Danny de forma tan vigorosa que la arrastraba hacia adelante y hacia atrás. Danny parecía invadido por la timidez y luchó denodadamente por evitar mi mirada en el espejo. Una risa nerviosa afloró en mi rostro de modo tan incontenible que se me saltaron las lágrimas. Y esas lágrimas se volvieron tristes cuando tomé conciencia de que íbamos a vivir allí de verdad, en aquella estrecha calle llena de ratas, donde las mujeres no eran bienvenidas y donde todos parecían severos, rígidos y fríos. Un sitio donde siempre sería una extraña, un sujeto marginal.

Danny conversa aún con Embrión (así lo llamamos), y me parece que le dice a Embrión que será niño. Lo hemos sabido el día anterior a salir de Karachi en una clínica de Islamabad, la capital de

Pakistán, donde no sólo realizan ecografías sino que afirman ser capaces de influir en el género del futuro bebé. Le envió entonces un correo a Danny Gill:

¡NIÑO! ¡ES UN NIÑO! ¡YYYUUJUUU! ¡Rock and Roll! ¡Joder, tío! ¡Qué pasada! ¡Joder! No me malinterpretes. Una niña hubiera sido fantástica también. Pero ¡ES UN NIÑO! ¡YYYUUJUUU! ¡YYYUUJUUU! ¡LOS NIÑOS AL PODER!

A decir verdad, me hace sentir un poco extraña el hecho de llevar dentro el sexo masculino. Cuando se lo comento a Danny sus ojos se iluminan, como cada vez que está a punto de lanzar una broma.

—Ya sabes, cariño —me dice—, así es como comenzó todo...

A la mañana siguiente Danny está de un humor más solemne.

—Es increíble —se maravilla— cuánto puedes amar a alguien que aún no has conocido.

Me explica que desea estudiar toda la *Enciclopedia Británica* para ser capaz de responder a las preguntas que los niños nunca dejan de formular, por ejemplo: «¿Cómo se evita que caiga el cielo?».

Danny se levanta de la cama y acaba de vestirse. Sus gafas le dan un aire de seriedad, y cuando trabaja se viste siempre con sutil elegancia. Parece tener una cierta debilidad por las corbatas más finas, pero nunca va como un *baroudeur*, uno de esos periodistas bravucones con sus chaquetas de safari listos para la acción.

Estoy resfriada. Tengo algo de fiebre, me duele la cabeza, esta noche habrá aquí una fiesta y no me siento con ganas de hacer nada. Debo preparar la entrevista que grabaré para la radio francesa con el director de una organización que intenta proteger a las mujeres de la violencia doméstica, y eso demandará toda mi energía. Al igual que en la India, donde este horrendo problema ha recibido mayor atención, los abusos domésticos son algo común aquí. Resultan espeluznantes las cifras de mujeres golpeadas por sus esposos o, mucho peor, atacadas con ácido o quemadas vivas.

La agenda de Danny para este día es especialmente ajetreada, con varias reuniones en tiempos tan apretados como los horarios de despegue de un populoso aeropuerto. Siempre le pasa lo mismo el último día de un reportaje: hay tantas entrevistas por hacer, tantas pistas que seguir. Entre otras citas, se encontrará con un experto en crímenes informáticos, con un sujeto del consulado de Estados Unidos y con un representante de la Agencia Federal de Investigación paquistaní. Debe reunirse también con el director de la Autoridad de Aviación Civil para hablar acerca del control de las fronteras de Pakistán, pues el Gobierno trata de evitar que los terroristas conviertan Karachi en su guarida. Y lo más importante, está investigando los lazos entre Richard C. Reid, el repulsivo *terrorista del zapato*, y un clérigo radical musulmán que vive en esta ciudad.

Desde que el 22 de diciembre fuera abortado el intento de Reid de hacer estallar un vuelo entre París y Miami, han podido confirmarse varias cosas. En particular, que Reid actuaba siguiendo órdenes de alguien perteneciente a la red terrorista Al Qaeda en Pakistán, y muy probablemente en Karachi. En principio Reid iba a abordar un avión el 21 de diciembre, pero fue interrogado de forma intensiva en el aeropuerto de París y acabó perdiendo el vuelo. Entonces envió un correo electrónico a alguien en Pakistán explicando: «He perdido mi vuelo. ¿Qué debo hacer?».

La respuesta anónima fue la siguiente: «Intenta coger otro tan pronto como sea posible».

¿Quién era el hombre en Pakistán? El *Boston Globe* señaló que Reid había visitado la casa en Karachi de Shaij Mubarak Alí Shah Gilani, al parecer un respetado líder espiritual. Ahora, ¿era quizá Gilani algo más que un consejero espiritual para Reid? ¿Era él quien le había ordenado coger el vuelo París-Miami? Tras varias semanas intentando localizar a Gilani a través de intermediarios, Danny parece haberse asegurado al fin una entrevista con él. Se encontrarán a primera hora de esta tarde.

Danny irá acompañado a la ronda de entrevistas de la mañana por su nuevo *negociador*, un sujeto llamado Saeed. El negociador es un elemento vital para el corresponsal. En regiones donde todo debe ser descifrado, desde los discursos del Gobierno hasta el lenguaje corporal, ellos cumplen la función de traductores multidimensionales. Y también de guías. Saeed no ha comenzado bien su trabajo. Acaba de llamar por teléfono para avisar que se ha perdido. Eso preocupa a Asra, que comenta nerviosa:

—¿Qué clase de negociador es ése, que ni siquiera sabe moverse por Karachi?

Saeed es un periodista de *Jang*, el periódico urdu más importante. Sus directivos afirman que *Jang* cuenta con cerca de dos millones de lectores. Es decir, según señala Danny, que imprime aproximadamente la misma cantidad de ejemplares diarios que *The Wall Street Journal*. Con todo, las comparaciones acaban aquí. Saeed llega por fin, pasada cerca de una hora. Lo que más impresiona de él es su aspecto nervioso, que contrasta con su camiseta a cuadros de estilo occidental y sus pantalones a rayas.

Una vez que Danny se ha marchado, el silencio envuelve nuestra gran casa. Al otro lado de la calle, unas cotorras de impactante color verde comienzan a parlotear, y sus voces son un refrescante cambio respecto de la sonrisa cínica de los negros buitres que suelen constituir una compañía inevitable en el sur de Asia. Nasrin está agachada en el suelo del salón recogiendo el polvo con una escobilla casera hecha de finas ramitas atadas con una soga. Su hija Kashva la sigue como una pequeña sombra. Mi presencia asusta a la niña pese a mis intentos de conquistar su amistad. Sin embargo está fascinada con Danny, quien siempre ha tenido más magnetismo que yo con los niños.

Mi jaqueca es atroz. Recuerdo con nostalgia los días en los que se me permitía tomar una aspirina. Regreso a nuestra habitación para descansar un poco y para soñar despierta con Danny, que está haciendo entrevistas en la ciudad. Adoro el modo en que la camiseta que él plancha con tanto cuidado por la mañana ya se encuentra invariablemente arrugada y colgando sobre sus pantalones cuando empieza a anochecer. Danny entra precipitadamente en las oficinas ajenas con las manos siempre demasiado llenas, haciendo malabares con su agenda electrónica, desparramando sus cuadernos y bolígrafos y sacando documentos de sobres de papel. Se gana la confianza de la gente de un modo muy natural, supongo que debido a la sutil combinación de su apariencia adolescente y sus buenos modales. ¿O es acaso porque Danny no miente jamás?

Durante sus primeros días en el *Journal*, Danny se hizo famoso por sus deliciosos recuadros de portada, peculiares artículos publicados por el periódico en medio de la primera plana. Allí escribió sobre la alfombra más grande que se había tejido en Irán («ésta es una población demasiado pequeña a la busca de un suelo verdaderamente grande»). En Astrakán contó la historia de los distribuidores de caviar, que aumentaban sus reservas inyectando hormonas a los esturiones a fin de hacerles producir más huevos; luego los retiraban mediante una incisión en los peces similar a una cesárea («así nació la cirugía para esturiones»). Danny podía obtener historias inesperadas a partir de lo cotidiano.

Pero lo que más admiro de él es el modo en que se ha ido metiendo en asuntos cada vez más complejos y profundos en los últimos años. El territorio que explora en este momento es mucho más incierto. Se abre camino a través de un mundo dominado por ideas estrechas y conflictivas. Él recorre esos caminos con inmensa curiosidad, ata cabos y explica el *efecto mariposa*: cómo el más mínimo movimiento en un sitio puede tener consecuencias masivas en otro. Veo a Danny madurando y adquiriendo nuevas responsabilidades como escritor y como hombre. Está cada vez más apasionado por un mundo que pretende abarcar con su ambición. Me hace creer en el poder del periodismo.

Hace un año, en Bombay, influida por la fuerte espiritualidad de la India, acerqué mi silla de oficina al escritorio de Danny y le pregunté qué valores consideraba esenciales (en otras palabras, en qué consistía su religión personal). No me refería a una religión heredada por tradición, sino a los valores que él colocara sobre todos los demás. Danny, que por entonces trabajaba en un artículo sobre productos farmacéuticos, me dijo que había comprendido la pregunta y que pensaría en ello. Unos minutos después aproximó su silla a la mía: «La ética —declaró con aire triunfante—, la ética y la verdad».

Días más tarde, esa convicción fue puesta a prueba cuando llegamos al estado de Gujarat, en el norte de la India. La región había sufrido un fuerte terremoto que había producido un incalculable número de víctimas. Ninguno de nosotros había informado hasta entonces sobre una catástrofe natural, y cuando nos acercamos al epicentro del desastre el horror nos conmocionó. La potencia del cataclismo parecía haber desmenuzado la corteza de la tierra. Era evidente que cientos de personas habían sido enterradas bajo los escombros. Contemplamos en silencio cómo era extraído un cadáver. El olor de la muerte estaba por todas partes.

Yo trabajaba en el equipo periodístico de una publicación francesa. Cuando completé mi artículo, uno de los redactores consideró que mis descripciones no eran lo «bastante vistosas» y procedió a inventar una serie de impactantes detalles. De regreso a Bombay, Danny y yo cenamos con él. El hombre era un periodista veterano, pero de lo único de que podía hablar era del desdén con el que veía el periodismo. Habló sobre ilusiones y mentiras, sobre las noticias como espectáculo. Parecía por completo indiferente a cualquier sentido de la responsabilidad, a cualquier consideración por la verdad. Era como si algo dentro de él hubiera muerto.

Tras la comida, Danny se deslizó hacia su escritorio, donde estuvo sentado un buen rato, deprimido, con la cabeza entre las manos. Ya tenía listo un artículo sobre las consecuencias económicas del terremoto, pero había sido incapaz de quitarse de encima la fetidez de los cuerpos en descomposición y la sensación de que no había logrado describir de forma adecuada y verídica todo cuanto había visto. Así que escribió un corolario para el artículo:

¿Cómo es en realidad la zona de la India afectada por el terremoto? El olor es insoportable. Apesta. Es imposible imaginar el hedor de cientos y cientos de cuerpos descomponiéndose durante cinco días mientras los equipos de rescate dejan a un lado en su tarea de búsqueda los inmensos escombros de los edificios que se derrumbaron en esta población. La cifra estimada de muertos oscila entre 25.000 y 100.000 personas. Pero nadie lo sabe con exactitud. Y no sólo son estas cifras las que explican la presencia aquí de los medios de comunicación de medio mundo. Aunque reciba menor cobertura periodística, el sida matará este año en la India a muchas más personas. En el estado de Orissa, los informes hablan de gente que muere de hambre a causa de la sequía. En Afganistán, los refugiados mueren congelados en los campos. Pero un terremoto implica muerte repentina, y por lo tanto una historia periodística mucho más convincente.

Tendida sobre la cama de nuestra casa de Asra, esperando a que mi jaqueca me conceda una tregua, cojo sin entusiasmo un cuaderno de apuntes que comencé a escribir hace unas tres semanas, la última vez que estuvimos allí. En aquella ocasión celebramos la llegada del Año Nuevo junto a Asra y su joven «amante», que nos llevaron a infinitas fiestas muy poco interesantes en las que todos iban vestidos de negro, igual que en Nueva York o Bombay. En el coche, mientras íbamos de un sitio a otro, tomé apuntes (la forma irregular de mi letra evidencia la creciente borrachera del amante de Asra):

Karachi, 31 de diciembre de 2001, 22.45. Tres periodistas a punto de pasar el Año Nuevo en Karachi. Los tres enamorados. Felices... ¿Nervios por lo que pueda suceder en 2002? Ni una sola de las palabras que cruzamos indica preocupación. Si se menciona el nombre de Bin Laden es sólo para hacer bromas.

He llegado de París esta misma mañana. Crucé medio planeta para que estuviésemos juntos mi amado esposo, mi esperado bebé y yo. Traje un poco de queso de mi tienda preferida en Montmartre y algo de whisky para Danny en una pequeña botella.

Este hombre conduce como los demonios...

Danny está de regreso antes de las cuatro de la tarde, viene a hacerme una breve visita. Como es habitual, voy corriendo en busca de sus brazos y entierro mi rostro en su cuello. Permanezco ahí, deseando emborracharme de su aroma, de sentir la potencia de su sudor. No me agrada estar separada de él. A veces, cuando voy a alguna parte, le encuentro frente a la puerta esperando mi regreso. Entonces me coge en sus brazos y me dice cuánto me ha echado de menos. Me aprieta con fuerza con una mano, mientras que con la otra acaricia mi rostro susurrándome: «Mi esposa, mi vida».

A veces me gusta estar lejos de él durante unos días sólo para degustar esa sensación penosa y a la vez deliciosa que tenemos cuando aquel a quien amamos está ausente. Sólo por el placer del reencuentro cuando viene a buscarme al aeropuerto. Por el placer de leer los mensajes de correo electrónico que me envía desde algún sitio a mitad de camino de todas partes. Por el mero placer de oírle decirme: «Estoy de camino». Y cuando estoy por fin a su lado me siento completa.

Hablando en el sentido tradicional, no soy una buena esposa. No sé coser ni planchar, sólo me sale bien un plato de comida y nunca me acuerdo de comprar papel higiénico. Lo maravilloso es que Danny no parece notarlo (con excepción de la falta de papel higiénico). Nuestra complicidad aumenta cada día, realzada por el hecho de afrontar cosas nuevas, desafíos, alegrías genuinas. Danny adora sentirse orgulloso de mí. El pasado mes de octubre, durante el Festival de Cine de Montreal, gané un premio por un polémico documental que realicé para las televisiones públicas de Francia y Alemania acerca del uso de controles genéticos en Israel. Según la Ley del Regreso, prácticamente todo judío tiene derecho a volver a su antigua patria. Pero ¿cómo asegurarse de que alguien es de verdad judío? A fin de averiguar quién reúne las condiciones, las autoridades israelíes han comenzado a emplear pruebas de ADN con el objeto de examinar la constitución genética de los solicitantes. Mi película exploraba las implicaciones políticas y sociológicas del proceso, que resultan confusas y perturbadoras. En el momento en que se enteró de la noticia, Danny, que estaba en Kuwait, me envió el siguiente mensaje: «¡Mi nena ha ganado un premio!». Lo firmaba: «Esposo orgulloso».

Es hora de que nos pongamos en marcha. Llevo algo de retraso y tengo que hacer mi entrevista con el experto en violencia doméstica. Asra debe hacer varios recados antes de la cena. Danny tiene que ir a la sede central de Cybernet, una empresa proveedora de acceso a Internet, para ver qué información puede recabar sobre el correo electrónico de Richard C. Reid. Luego debe ir a una o dos citas más hasta, por fin, acudir al encuentro del elusivo Shaij Gilani. Damos vueltas por la casa cogiendo nuestras herramientas de trabajo, nuestras bolsas, grabadoras, teléfonos móviles, bolígrafos... ¿Cómo es posible que nos choquemos aun en una casa tan espaciosa?

Asra llama al hotel Sheraton para que nos envíe un coche. En Karachi no puedes andar por la calle así como así. El protocolo convencional determina que debes alquilar un coche y un chófer de confianza que te lleve a todas partes y te espere cada vez que te detienes. Aunque ha viajado por todo el mundo y ha hecho reportajes en los rincones más peligrosos, Danny cree que siempre conviene tomar precauciones. Es un hombre cauteloso por naturaleza. Cuando nos trasladamos a Bombay, enloqueció al hombre que nos alquilaba el coche insistiendo en que instalase cinturones de seguridad en los asientos traseros de nuestro Hyundai Santro gris. *¿En los asientos traseros?* Les pareció un lujo, pero para él era imprescindible.

Al Sheraton no le queda ningún coche para enviarnos. Ya nos ha pasado antes. Asra lo intenta entonces con un servicio local de alquiler de coches y conductores. Pero también allí la espera es excesiva, por lo menos 20 minutos. Si nos demoramos tanto, Danny no llegará a tiempo a su primera cita, lo que retrasaría a su vez la segunda y pondría en peligro la tercera. Desesperados, le decimos a Shabir, el sirviente de la casa, que deje por un momento el puesto de vigilancia y vaya hasta la esquina para detener dos taxis. Como si por hacerlo fuesen a venir más rápido, Danny se pone de puntillas con impaciencia e impulsa su cuerpo hacia arriba y hacia abajo. Comprueba repetidas veces el paso del tiempo en el lujoso reloj de plata que le regalé en su último cumpleaños, el número 38. Al fin reaparece Shabir montado en su bicicleta, con dos taxis detrás. Le indico a Danny que coja el primero, ya que está mucho más apurado de tiempo. Tras cargar con su equipo, rodea mi cuello con su mano libre, me atrae hacia él y besa mi mejilla. Luego se sienta en el asiento trasero del taxi.

En cuestión de segundos, Danny se ha ido.

2

Cocino como mucho dos veces al año, y siempre el mismo plato, el único que mi madre cubana, Marita, pudo convencerme para aprender. Su picadillo es un *chili* perfectamente equilibrado, sabroso y sorprendente, con alcaparras en salmuera, pasas de uva dulces ocultas dentro de la carne, tomates y cebollas. En este país musulmán me resulta imposible comprar la carne de cerdo que empleo habitualmente, pero esta noche dispondré de todo lo demás (judías rojas si no hay guisantes negros, plátanos, aguacates y arroz blanco). Supongo que éste es el plato adecuado para brindarle un toque de brío latino a la pesadez de Karachi y para celebrar nuestra inminente partida. Durante meses hemos estado concentrados en el terrorismo, en el odio étnico y en el odio religioso. Nos hemos sumergido en ello y ahora necesitamos un poco de aire fresco.

Esta noche, en la casa de Asra, en la calle Zamzama, compartiremos la velada con algunos de sus nuevos amigos, a la mayoría de los cuales ha conocido a través de su amante. Se trata de jóvenes paquistaníes atractivos y de buen pasar económico (analistas financieros de corporaciones multinacionales, agentes de bolsa, ejecutivos del mundo de la alta tecnología). Asra se muestra particularmente feliz por el hecho de que uno de sus invitados es un señor feudal, «uno de verdad». El joven en cuestión nació bajo una antigua estrella y es heredero de una de las familias que han controlado este territorio desde que el colonialismo británico se lo repartió hace unos 200 años. El mundo moderno se ha ido desprendiendo del viejo sistema feudal y ha evolucionado desde la reciente formación de Pakistán, pero no deja de parecerme una barbarie el hecho de que los señores feudales sigan ejerciendo una autoridad casi divina sobre sus arrendatarios y campesinos, limitando el acceso de éstos a la educación, a un sistema legal decente y, de hecho, a la propia tierra.

Por lo que hemos oído, la familia de nuestro huésped posee más de tres millones de hectáreas en esta provincia, algo notable ya que en teoría la reforma agraria limita la propiedad a 6.000 hectáreas.

El joven está comprometido, pero sólo se le permiten visitas a su novia en presencia de una acompañante entre las siete y las nueve de la tarde. Por eso vendrá a cenar solo. En cuanto a los demás, me resultan en general dignos de desconfianza, pero Asra necesita compañía y está intentando forjarse una vida en Karachi. Dos días atrás estaba tan triste que parecía al borde de quebrarse y preparada para abandonar el país en cualquier momento. Se decidió a quedarse gracias a un joven recadero que le llevó el pollo biryani que ella había encargado. Él había jurado entregar el encargo en media hora y ella no le había creído. «Por cierto, *insha'allah*» había sido la respuesta de Asra encogiéndose de hombros en señal de esperanza. Pero él había cumplido su promesa dos minutos antes del tiempo anunciado.

—¡Eres sorprendente! —le dijo Asra—. Me has evitado tener que irme de Pakistán.

El pobre recadero no tenía la menor idea de a qué se refería, pero lo que la había llevado a semejante conclusión era la siguiente premisa: «Tomo esto como una señal divina. Dios me brinda la esperanza de que esta sociedad sea de verdad capaz de funcionar». Y decidió quedarse.

Según he podido comprobar, Asra responde a su propia lógica personal.

Quizá eso se deba a la fractura entre sus dos identidades. Nacida en la India de padres musulmanes y criada en Estados Unidos, lleva las marcas psíquicas de quien ha sido arrancado de sus raíces y colocado en otra tierra para comprobar luego que ese trasplante no resulta tan sencillo. En Morgantown (publicitado como «el mejor pueblo del Mississippi») ayudó a su padre a inaugurar la única mezquita de la región. Tarea complicada. En 1992 accedió a regresar a Pakistán y contraer matrimonio con un musulmán. Asunto tan complicado como cualquiera se pueda imaginar.

El padre de su marido sentó a su lado a Asra durante la luna de miel y le describió los rasgos de su nueva identidad:

—En primer lugar, eres musulmana. En segundo lugar, eres paquistaní. En tercero, eres hablante de urdu.

Asra se sintió como un gato enjaulado, pero intentó ser una buena esposa. Respetó las normas, hablando lo menos posible y procurando arreglarse para estar guapa con su calzado dorado de Stuart Weitzman.

El matrimonio duró menos de tres meses.

Asra había regresado ya a Estados Unidos cuando, según ella misma cuenta, «la región donde yo había nacido se convirtió de repente en el centro del mundo» y se sintió impelida a regresar para hacer reportajes sobre el asunto. Como ya había renunciado a su trabajo en *The Wall Street Journal*, viajó como corresponsal de otras dos publicaciones, la revista de Internet *Salon.com* y el periódico de Morgantown, *Dominion Post*.

Acordó redactar los artículos para el periódico de su pueblo como si se tratase de cartas a los compañeros de clase de Samir y Safiyyah (sus sobrinos), tomando como protagonistas a dos muñecos de trapo: Merve y Blink. Merve era un pequeño unicornio y Blink... bueno, es difícil saber qué era Blink; quizá un asno. Estos andrajosos animales viajaron junto a Asra por todo el sur de Asia y a través de los Himalayas en dirección a Allahabad. Fueron luego a Afganistán, aunque no permanecieron mucho tiempo allí.

Tan pronto como se les permitió a los periodistas cruzar la frontera entre Pakistán y Afganistán, a finales de octubre y principios de noviembre de 2001, Asra decidió que también ella informaría desde el frente. Eso implicaba, entre otras cosas, archivar las aventuras de Merve y Blink en Kabul para el *Dominion Post*. Por lo general, los envíos de Asra iban acompañados de una foto de Merve y Blink tomada en el sitio donde transcurriera el reportaje. De modo que tras haber recorrido un kilómetro en territorio de Afganistán, Asra se detuvo para sacar sus muñecos de una bolsa y fotografiarlos para su artículo. Cuando elevó la mirada, varios afganos le apuntaban amenazadoramente a la cabeza con sus fusiles Kaláshnikov. Poco después, los guías que la acompañaban empezaron a comportarse de forma ruda y maleducada, despectivamente. Lo que Asra percibió en sus ojos la aterrorizó. Ella era una mujer viajando sola en un país donde no se exponía en público ningún rostro femenino desde hacía cinco años. Frustrada, contuvo a duras penas su llanto y se dio media vuelta de regreso a Pakistán.

A veces Asra puede parecer irresponsable, pero debo admitir que su ilusión me parece deliciosa. ¿Quién más arriesgaría su vida por llevar unos muñecos a Afganistán?

Danny se encuentra aún inmerso en su reportaje de la tarde, pero yo ya he acabado la entrevista al experto en violencia doméstica. Al salir del edificio descubro que el corpulento taxista que me ha traído espera junto a la puerta. Por la mañana, cuando Asra me colocó en el taxi, le exigió con autoridad al chófer: «*Jeyal karoe*» («cuídala»). Al parecer el hombre tenía toda la intención de hacerlo. En su mayoría, los paquistaníes pertenecen a uno de estos cuatro grupos étnicos: punjabi, baluchi, sindhi y pathan. Mi chófer es un barbudo y sonriente pathan. Cada poco tiempo me inspecciona atentamente por el espejo retrovisor y pregunta: «*Teek hay?*».

Sí, estoy bien. Aún me duele la cabeza, pero sobreviviré.

Asra y yo debemos hacer algunas compras para la cena que daremos por la noche, de modo que el cordial taxista y yo pasamos por casa de Asra para recogerla e ir luego a Agha's, una tienda frecuentada por extranjeros y por la élite de Karachi. Es mucho más sencillo comprar aquí que en Bombay; pronto hallamos todos los ingredientes necesarios. Mientras llenamos nuestra cesta, comentamos el virulento sentimiento antiestadounidense que se respira en la ciudad. Nos está poniendo nerviosas. Es un sentimiento inherente, no motivado por sucesos o análisis específicos. Fluye de la gente, y no sólo de los conservadores islámicos. Es una furia contenida y grata, un espléndido tema de conversación para los amigos del amante de Asra cuando descansan en su campamento de fin de semana de Playa Francesa, a orillas del Mar Arábigo. Esta noche, en nuestra fiesta, vistiendo sus trajes de Armani, con tarjetas de crédito American Express en sus carteras, no perderán la oportunidad de desahogarse, sin importarles qué sentimientos nos provoquen. La situación nos convierte a Asra y a mí en las más inusuales defensoras de banderas, aun cuando somos conscientes de que los estadounidenses están haciendo un buen trabajo transformando su cultura en una caricatura.

Mientras estamos de compras, me telefonea Danny. Ya ha concluido su entrevista en Cybernet.

—Creo que he encontrado la dirección de correo electrónico del terrorista del zapato —me informa excitado. Va camino a su entrevista de las siete de la tarde y calcula que llegará a la cena con algo de retraso, quizá hacia las nueve. Me llama «nena».

Cuelga. En el anochecer de Karachi todos parecen tener prisa. Los vendedores ambulantes recogen sus cosas y el atasco de tráfico empeora. Los fieles abandonan las mezquitas y la población, que es sobrecogedoramente masculina, se convierte en una multitud. Puedo imaginar a Danny en medio de esa masa de seres humanos, ansioso por registrar con su grabadora sólo una voz más antes del fin del día. Sonrío pensando en su entusiasmo adolescente.

Unas horas antes, Danny se había reunido con Randall Bennett, agente de seguridad regional del consulado de Estados Unidos en Karachi. El consulado es un conjunto de edificios que se levanta junto al hotel Marriott, separado del camino y de todo lo demás por enormes barreras de cemento. Allí, Danny le pidió consejo a Bennett para su cita con Shaij Gilani.

—¿Será seguro? —preguntó Danny.

«Yo le dije que el único modo de que lo fuera —recordaría después Randall— era concertar la entrevista en un sitio público lleno de gente. Él me dijo que habían decidido encontrarse en el restaurante Village, y que estaba conforme con el punto de encuentro. Yo estuve de acuerdo».

Danny se reunió luego con Jameel Yusuf, un exitoso hombre de negocios de Karachi, jefe de una curiosa organización denominada Comité de Enlace de la Policía Ciudadana (CPLC, en sus siglas en inglés). Yusuf había creado ese grupo en 1989, indignado por el modo en que el creciente número de secuestros seguidos de extorsión amenazaba la economía local. La policía de Karachi parecía incapaz de combatir esta amenaza, de modo que Yusuf movilizó a sus colegas empresarios y se convirtieron a sí mismos en un sofisticado cuerpo de luchadores contra el crimen. Desde su fundación, el CPLC ha logrado frustrar 275 secuestros, y los raptos se han reducido en un 75%.

Si alguien conoce los peligros de Karachi, ése es Yusuf.

—¿Es seguro mi encuentro con Gilani? —le consultó Danny.

—Lo será mientras os mantengáis en un sitio público —fue la respuesta de Yusuf.

Danny telefoneó entonces a Asif, el negociador que le había acompañado en Islamabad. Había sido precisamente Asif quien le había puesto en contacto con el tipo que a su vez le había prometido conducirle ante el clérigo. A las seis y media de la tarde, Danny le preguntó a Asif:

—¿Es peligroso reunirme con Gilani?

—Depende de dónde sea la cita —dijo Asif—. ¿Está Mariane contigo?

Danny le dijo al chófer de su taxi que lo dejase en el restaurante Village del hotel Metropole. En las décadas de 1960 y 1970, antes de que el ex primer ministro Zulfiqar Alí Bhutto tratase de aplacar la ira de los fundamentalistas cerrando los clubes y limitando el consumo de alcohol, el Metropole era el sitio de moda para beber y bailar. Hoy en día es un triste hotel para viajeros con poco dinero. Era allí donde Danny debía encontrarse con el hombre que le llevaría ante el escurridizo Shaij Mubarak Alí Shah Gilani.

Tras semanas caminando bajo el polvo de Pakistán, esta noche deseo sentirme bonita, como cualquier mujer. Saco de mi maleta el único vestido que todavía me vale y que es lo bastante sencillo para Karachi. Es un vestido negro sobre el que llevo una camisa blanca de ganchillo. Parezco un pingüino. Asra se pone unos pantalones de nylon negros con la marca Nike en los tobillos. Tiene diez pares de pantalones como ésos, y resultan perfectos para codearse con la élite paquistaní (holgados pero sin llegar a ser demasiado holgados, lo bastante discretos como para sentirse elegante, sobre todo con sus vistosos tacones).

Ponemos el disco *Live* de Bruce Springsteen, Asra enciende velas y yo me enfrento a la montaña de ingredientes que me esperan en la mesa de la cocina. A eso de las ocho de la noche llamo a Danny para comprobar que está bien. Siempre hacemos lo mismo: si uno de los dos va solo a una cita, el otro le llama cada 90 minutos para quedarse tranquilo. El teléfono móvil de Danny está apagado. Podría haber decenas de motivos por los que Danny dejó desconectado su teléfono móvil, pero no es habitual en él hacerlo. «La persona a la que llama no puede atenderle en este momento, por favor inténtelo más tarde», dice una voz femenina cordial y cibernética, que luego repite el mensaje en urdu. He llegado a detestar esa voz.

Comienzan a llegar los invitados. Se acercan con cigarros encendidos en los labios, los hombres con hermosas ropas y recién afeitados, las mujeres elegantes en sus túnicas negras, con zapatillas de lona y muy poco maquillaje. Les saludo, pero estoy distraída. Se reúnen en la sala de estar, y sus veloces conversaciones en urdu e inglés son acentuadas por las risas. Casi todos son amigos de la infancia y se encuentran muy cómodos juntos. Mientras los invitados se relajan con las botellas de cerveza Murree Brewery que le hemos comprado a un contrabandista, Asra termina de prepararlo todo en el comedor. Yo estoy en la cocina preparando con preocupación un picadillo que ya se ha pasado. He estado llamando a Danny cada cuarto de hora y sigo obteniendo el mismo condenado mensaje.

Asra guía al joven señor feudal en un *tour* por la casa. En la segunda planta, le hace notar la acogedora habitación donde trabaja. Esta habitación tiene una forma extraña, parecida a un paralelogramo. El suyo es uno de los escritorios con cubierta enrollable más pequeños que jamás he visto, tan pequeño que la agenda electrónica de Danny parece imponente a su lado.

—¿Conque éste es el cuartel de operaciones de la CIA? —pregunta el señor feudal con una risotada.

Asra no responde, pero no creo que la agudeza del joven le parezca más sorprendente que a mí, algo que confirmo cuando ella me lo comenta un poco después. ¿Por qué se sospecha siempre que los periodistas son espías? El señor feudal bien pudo decirlo bromeando, pero en un país tan tenso y paranoico como Pakistán, una ocurrencia semejante nunca es divertida.

Son las diez de la noche. El impaciente amante de Asra aparece junto al horno.

—¡Eh, que tenemos que trabajar mañana temprano! —exclama, y me doy cuenta de que cuanto antes se sienten nuestros invitados a la mesa, antes se irán. Unos minutos después apenas consigo escuchar los gentiles cumplidos de los comensales reunidos ante sus platos. Finjo comer y me siento afortunada (los invitados esperan poco de mí; instintivamente coloco las manos sobre mi vientre y, dentro de mi corazón, nos siento a los tres unidos: Danny, nuestro hijo y yo). Ignorando su ruidoso parloteo, rezo en silencio pronunciando *Nam Myoho Renge Kyo*, el mantra budista que he recitado a lo largo de más de 18 años. Para mi profundo alivio, los invitados comen a toda prisa, y hacia las 11 de la noche ya se han marchado todos salvo el amante.

Sin prestarle atención al desorden del comedor, subimos al estudio de Asra a comentar la velada. El amante se echa sobre uno de los sofás cama y con un brazo atrae a Asra encima de él. La abraza mientras enciende un cigarro de hachís.

—Quizá lo hayan llevado a una madraza —dice entonces arrastrando las palabras—. Allí no hay teléfonos. O quizá haya salido de la ciudad. Cuando sales de Karachi falla la cobertura de los móviles. Son cosas que pasan.

Su voz me resulta irritante. Lo que el amante no comprende es que esto nunca ha sucedido, ni en Kosovo, ni en Arabia Saudí ni en Irán. Sin importar dónde se encontrase, Danny siempre hallaba el modo de conseguir un teléfono para llamarme.

Asra y yo dejamos al joven sumergido en su humareda y nos apiñamos ante el ordenador de Danny en busca de pistas. Revisamos su calendario y sus mensajes de correo electrónico. «Chaudrey Bashir Ahmad Shabbir», leo en voz alta. Asra anota el nombre y el número de teléfono.

Bashir. Es uno de los que debía llevar a Danny a su encuentro con Gilani.

Encontramos varios mensajes de Bashir en los archivos de Danny, bajo la dirección de correo electrónico nobadmashi@yahoo.com.

—Es extraño —sentencia Asra.

—¿Por qué?

—En urdu «nobadmashi» significa «no equivocarse».

Todo el intercambio epistolar es extraño. Estudiamos con detalle los mensajes, sin intuir todavía su importancia. Es evidente que Bashir y Danny han estado en contacto durante bastante tiempo. El 16 de enero, cuando Danny y yo estábamos en Peshawar, Bashir escribió:

Muchas gracias por sus artículos. He disfrutado al leerlos y le he enviado copias impresas a Shah Saab [Gilani]. Él se ha ido ahora a pasar unos días a Karachi y estoy seguro de que cuando regrese podremos ir a verlo. Lamento no haberle respondido antes, estaba preocupado cuidando a mi esposa, que ha estado enferma. Por favor, rece por su salud.

Espero verle pronto,
Adaab,
Chaudrey Bashir Ahmad Shabbir.

Tres días más tarde, Danny recibió un nuevo mensaje, inusualmente informal:

Querido señor Pearl:
Lamento no haber contactado antes con usted. Se me ha perdido su número de teléfono. Por favor, envíemelo de nuevo. O también puede llamar al móvil de mi hermano. Creo que la última vez le di el número de mi hermano mayor, pero cuando regresé a casa ¡descubrí que él había vendido el teléfono! Hemos pedido una línea familiar y nos la instalarán tan pronto como le paguemos a la *gente relevante*. ¡Así es Pakistán! Mi esposa ya ha regresado del hospital Alhamdolillah y esta experiencia me ha abierto los ojos. Las personas pobres que caen enfermas y deben ir al hospital sufren momentos de abatimiento y agobio. Eso me ha hecho nuevamente consciente de que mi familia tiene mucho de lo que estar agradecida. El Shaij dice que la gratitud es la esencia de la fe.

Ayer hablé con el secretario del Shaij y me dijo que el Shaij-Saab ha leído sus artículos y le recibiría con gusto. De cualquier forma, pasarán algunos días antes de que vuelva de Karachi. Si Karachi está dentro de su ruta, bien podría ir a verlo allí...

Infiero entonces que Danny ha modificado nuestros planes y ha convertido a Karachi en parte de nuestra «ruta», aun cuando nuestra intención era irnos del país en muy poco tiempo. Bashir respondió pronto con novedades:

> Es muy triste saber que se va tan pronto de Pakistán. Espero que haya disfrutado de su estancia. Le concertaré una cita con el Shaij en Karachi para el martes o el miércoles, dependiendo de su agenda. Él me dará el número de teléfono de uno de sus *mureeds* [discípulos], a quien podrá llamar cuando llegue allí. El *mureed* le llevará hasta el Shaij. Por favor, transmítale al Shaij mi consideración y respeto, y pídale que siga incluyéndome en sus plegarias.

Descubrimos entonces que Bashir no ha sido el contacto con el que Danny iba a encontrarse esta tarde. Era un *mureed*. Pero ¿quién? Y por otra parte, ¿quién es ese Shaij?

Buscamos el nombre «Gilani» en Google. Para ser alguien descrito como líder «secreto» de una «oscura secta musulmana», hay muchas páginas sobre él en la Red. Danny y yo hemos conversado acerca de la figura de Gilani, pero ignoraba que un informe del Departamento de Estado estadounidense de 1998 definiera a su organización, Jamaat al-Fuqra, como «un grupo terrorista encomendado a difundir la *yihad* o guerra santa contra Estados Unidos». Tampoco sabía que el FBI acusaba a sus integrantes de haber perpetrado al menos 17 atentados con bombas y 12 asesinatos en aquella nación. Gilani había fundado su grupo en Brooklyn unos 20 años atrás, y desde entonces había desplegado células de musulmanes radicales (en su mayoría afroamericanos) por todo el territorio estadounidense, desde los rincones rurales de Virginia hasta las Montañas Rocosas de Colorado o las sierras de California. Gilani ha traído a Pakistán a más de un centenar de discípulos estadounidenses a fin de proporcionarles entrenamiento religioso y militar. En el Caribe y en Europa hay también seguidores suyos.

¿Estaba Danny al tanto de todo esto? ¿Sabía que «los especialistas en terrorismo sospechan que Fuqra es respaldada (o al menos consentida) por influyentes funcionarios del Gobierno paquistaní»? ¿O que Gilani ha sido sospechoso de tener contactos con los terroristas que atentaron contra el World Trade Center en 1993?

—El mero hecho de que esa información esté en Internet no implica que sea verdadera —dice Asra, notando mi ansiedad.

A pesar de eso, me siento aterrorizada. Las manos de Gilani ya están directa o indirectamente manchadas con la sangre de varias personas. Y nuestra tesis más probable es que Danny haya sido retenido contra su voluntad en una madraza por este hombre o sus subordinados.

—Es muy probable que le hayan dicho que pase la noche allí. Esta gente es muy hospitalaria —añade la voz del amante, que vuelve a fluir desde el sofá.

Desearía arrojarle al suelo de un golpe.

—Sí, sí —intenta calmarme Asra—. Apuesto a que por la mañana le darán una tortilla paquistaní con pimientos verdes y cebolla, y luego le enviarán a casa. Llegará arrastrando los pies lleno de remordimiento porque no le permitieron telefonearte.

—Tengo que ir a trabajar por la mañana —gime la gruesa voz del amante desde su diván.

—Vete a dormir —le responde Asra con gentileza—. Te despertaremos a tiempo.

Danny se ha bajado de la Red el artículo publicado en el *Boston Globe* el 6 de enero que suscitó su interés por Gilani. En ese texto, la periodista Farah Stockman establece la conexión entre Reid y el clérigo. Nada de lo escrito por Stockman me vuelve más optimista.

«A lo largo de los años —dice el artículo—, Gilani ha enviado a numerosos jóvenes a unirse a la *yihad* para luchar contra el Gobierno de la India en Cachemira, contra los rusos en Chechenia, contra los serbios en Bosnia, y para combatir a Israel. Ha organizado campos de entrenamiento en Abbotabad (Pakistán), a unas tres horas en coche de la capital, así como en otros lugares del país». Uno de los sitios donde estudian y se entrenan los seguidores de Gilani es Lahore, «en el extremo oriental de Pakistán, donde han vivido varios líderes espirituales y donde los líderes de los talibanes han fundado varias madrazas».

«*"[Reid] estuvo ahí"*, dijo [un] funcionario refiriéndose al complejo amurallado de Gilani en Lahore [...]. Un miembro de la familia de Gilani afirmó también que Reid había visitado el hogar.»

En su artículo, Stockman cita a Jalid Jawaja, un amigo íntimo de Gilani que niega cualquier vínculo entre los dos. «*Él no es un seguidor, y es un desconocido para todos los integrantes de nuestro cuerpo*", dijo Jawaja de Reid».

La negativa sigue las formas convencionales, pero la mención de Jawaja como «un amigo íntimo» nos provoca escalofríos. Jawaja es un personaje fascinante pero misterioso, una de aquellas personas que parecen conocer a todo el mundo, al menos en los círculos de los militantes islámicos. Antiguo agente de la inteligencia paquistaní y oficial de las fuerzas aéreas, Jawaja disfruta entreteniendo a los periodistas, en particular a los estadounidenses. Adora ver sus rostros cuando les dice que es amigo de Osama Bin Laden. Danny y yo hemos entrevistado a Jawaja en varias ocasiones, al igual que Asra, y nos ha parecido, siguiendo la afilada definición de Danny, «un tío agradable, pero con ligeras tendencias psicópatas».

Danny y yo nos reunimos con él en Islamabad poco después de los atentados del 11 de septiembre de 2001, y más recientemente a principios de enero de este año, en una oficina que posee dentro de una casa prácticamente vacía situada en un barrio al parecer reservado a los militares. Asra le conoció en su verdadero hogar en septiembre, durante el viaje que ella realizó a casa de su tía paterna.

—Me parece que te gustaría entrevistar a nuestro vecino —le había dicho su tía con espíritu de colaboración—. Es un hombre religioso, un amigo de Bin Laden y de los talibanes. Ha luchado junto a la resistencia afgana.

Y así fue como, escoltada por sus tíos, Asra llamó a la puerta de Jalid Jawaja y los tres se sentaron a escuchar con todo respeto cómo él vociferaba con entusiasmo acerca de la justicia indudable de la *yihad* musulmana contra Estados Unidos.

Asra pudo verlo cada mañana cuando, tras rezar, Jawaja se alejaba por la calle con las manos entrelazadas en su espalda para dar su paseo diario alrededor de un pequeño parque local. Un día ella se le unió y, mientras ambos caminaban, él le describió cómo, junto con el influyente empresario paquistaní-estadounidense Mansur Ejaz y el ex director de la CIA James Woolsey, había intentado cerrar un acuerdo que hubiese evitado la guerra entre Estados Unidos y los talibanes. El intento había fallado.

Jawaja nos contó una historia similar a Danny y a mí, y si bien nunca estuvimos en condiciones de saber todos los detalles, nos sentimos inclinados a creerle en parte. Pero mucho de lo que nos contó Jawaja era un absoluto y grosero embuste:

—¿Sabéis quiénes están realmente detrás del ataque al World Trade Center y al Pentágono? —nos preguntó Jawaja en septiembre—. Fueron los judíos, sus servicios secretos; sólo pudieron ser ellos.

No era la primera vez que oíamos la *teoría judía*. La habíamos escuchado el día antes de boca de Hamid Gul, director de los servicios de inteligencia paquistaníes entre 1987 y 1989. Gul es considerado el arquitecto de la *yihad* afgana, el hombre que dirigió la guerra financiada por la Agencia Central de Inteligencia (CIA) estadounidense y que se enfrentó a los muyahidín durante la ocupación soviética. Una década antes, Gul había sido el hombre más poderoso de la región y algunos le denominaban «el padrino de los talibanes». Pero el poder, como una amante infiel, le había dejado sin recompensa. Se habían constituido nuevas alianzas y Hamid Gul no formaba parte de ellas.

Podía percibir la amargura que subyacía bajo su firme diatriba. Gul manifestaba la misma exaltación fanática que Jawaja y otros a los que entrevistamos después del 11-S. Era un ansia de venganza que había permanecido largo tiempo insatisfecha. Un deseo ardiente e incontenible.

Tras un monólogo de una hora durante el que Gul insistió en que Osama Bin Laden no podía tener relación alguna con los atentados, se había inclinado hacia nosotros en actitud conspirativa.

—¿Ya sabéis —dijo entonces— que los 4.000 judíos que trabajaban habitualmente en el World Trade Center no estaban allí aquel día?

Hasta el día en que me muera amaré la frialdad con la que le respondió Danny.

—¿De veras? —comentó sin traza alguna de ironía.

La *teoría* consistía en que los terroristas habían avisado en secreto a todos los judíos de las Torres Gemelas para que no fueran a trabajar y escaparan por tanto a tan horrible destino. Dichas acusaciones se habían originado no mucho después del 11 de septiembre, al parecer en Al Manar, la emisora televisiva de Hezbolá. Una vez que el rumor llegó a Internet, obtuvo devotos seguidores entre los fundamentalistas de todo el mundo.

En un artículo publicado sólo diez días después de los ataques, Danny escribió:

«Una teoría según la cual los judíos o los israelíes gestaron los atentados del 11 de septiembre está ganando credibilidad entre los intelectuales musulmanes, lo que constituye una perturbadora señal de cuán poco ha acortado la globalización las distancias en la percepción de la realidad».

En Pakistán, informaba Danny, pilotos, científicos y expertos se habían reunido para debatir y sus análisis habían llegado a la conclusión de que los ataques no hubiesen podido tener éxito sin la ayuda de los servicios de inteligencia estadounidenses o israelíes. «Los oficiales de las Fuerzas Aéreas paquistaníes comentan que "sólo el servicio secreto israelí pudo haberlo hecho". Periódicos respetables de Arabia Saudí, Pakistán y los Emiratos Árabes Unidos publican noticias sugiriendo que las autoridades sospechan la participación de algunos israelíes en los ataques [...]. Un comentarista paquistaní le explicó a la BBC que la actitud beligerante de Estados Unidos "da crédito" a las teorías conspirativas difundidas en Internet.»

Aquí está el clásico y antiguo odio, aquel que nos hace preguntarnos si la humanidad aprenderá alguna vez las lecciones de su propia historia. Con todo, Danny y yo nos negamos a permitir que eso frustre nuestro trabajo como periodistas. Nos vemos a nosotros mismos como andando sobre la cuerda floja, cautelosos pero insistentes en nuestro intento de enlazar las posturas contrapuestas del mundo. En su trabajo, Danny lucha por mantenerse libre de dogmas y de compromisos. No siempre es sencillo permanecer imparcial, pero el mero intento agudiza la percepción de Danny y su independencia. Él no representa a ningún país ni a ninguna bandera, trabaja sólo en pos de la verdad. Se encuentra aquí para sostener un espejo y forzar a la gente a observarse a sí misma. ¿Qué método mejor existe de respetar a la humanidad?

El *Wall Street Journal* no publicó el artículo de Danny sobre la conspiración judía. Danny envió un correo electrónico a su jefe: «No he visto la historia publicada en el periódico de hoy y no se encuentra entre las que saldrán mañana. Dime por favor que eso se debe a que de algún modo se ha traspapelado, o a que no había espacio, ¡y no a que la gente teme decirle a nuestros lectores lo que piensa en verdad la gente de aquí!».

Fue mucho más enfático en su mensaje a un amigo: «Me enerva que estemos preparados para profundizar en todos los aspectos de la psicología oriental menos en aquellos que puedan ofender a los lectores judíos. [...] Quizá sólo sea un poco paranoico o sea adepto a mi propia teoría conspirativa judía».

Quién sabe qué teoría esperaba confeccionar Jalid Jawaja cuando, mientras nos sermoneaba durante nuestro encuentro, de pronto lanzó una pregunta tangencial:

—¿Qué eres tú, cristiano? —le preguntó a Danny.

—Soy judío —respondió Danny sin dudar ni un momento.

La respuesta desconcertó a Jawaja:

—¿*De veras* lo eres?

Estábamos preparados para que efectuara la pregunta, si no aquel día, cualquier otro. Donde sea que se viaje, y sobre todo en los países menos desarrollados, la gente intenta clasificarte de forma clara y determinante. ¿De parte de quién estás? O, lo que es más pertinente: *¿Eres mi enemigo?* ¿Soy yo vuestro enemigo? En nuestro caso, ésta ha sido siempre una pregunta irrelevante con una única respuesta: hemos venido aquí como periodistas.

Tanto el padre como la madre de Danny son judíos. Ella, llamada Ruth, nació en Bagdad, Irak, descendiente de judíos iraquíes cuyo origen se remonta a la destrucción del templo de Salomón (año 586 antes de Cristo) o quizá un poco después (el segundo exilio, en el año 70 después de Cristo). Su padre, llamado Judea, nació en Israel pero su familia había regresado a Oriente Próximo en tiempos relativamente recientes. El abuelo de Judea, un judío hasídico, se trasladó a Israel en 1924 tras vender sus posesiones en Polonia. Se unió a veinticinco familias estableciendo una vaquería *kosher* en una nueva población denominada Benei Beraq. La madre de Judea huyó de Polonia y llegó a Israel en la víspera de Hanukah de 1935 (los padres, el hermano y las hermanas de Ruth fueron enviados a Auschwitz. Sólo una de sus hermanas sobrevivió). Ruth y Judea se conocieron en el Instituto de Tecnología Technion-Israel, en Haifa. Antes de contraer matrimonio se trasladaron a Estados Unidos, donde nació Danny en 1963.

Es una historia colorida y vital, de la que Danny está orgulloso. Él no es un hombre religioso, pero en una ocasión me dijo que si en algún momento llegaba a sentir la necesidad de hablar con Dios, lo haría recurriendo primero a la religión de sus ancestros. Con todo, se resiste a ser definido por sus orígenes familiares, o por cualquier otra cosa. Es cierto, se ve a sí mismo como judío y también como estadounidense. Pero Danny es a la vez un periodista y un músico. Según lo veo yo, es un hombre libre.

Alrededor de medianoche un coche asciende por la calle. Asra y yo corremos hacia el porche de motas blancas y suplicamos por oír el potente sonido de la campanilla en la puerta. Pero no suena.

Si Danny no ha regresado a las dos de la madrugada llamaremos a las autoridades.

¿Pero a cuáles? La corrupción en la policía paquistaní es un mal endémico; tal es la historia que Danny y yo hemos estado investigando durante meses. De hecho, es posible incluso que llamar a la policía sea lo menos aconsejable. ¿Podemos llamar a la inteligencia paquistaní? Las funciones de este organismo son tan oscuras como aterradoras. Hemos oído que se le denominaba «un reino dentro de una nación» y sabemos que en este país suceden muy pocas cosas que el ISI ignore. ¿Pero qué sucedería si sus miembros estuviesen involucrados? ¿Acaso convendría mejor llamar primero al consulado estadounidense?

Decidimos centrar la fe en los de nuestra propia profesión. Asra llama a un periodista de *Jang* a quien conoció en Peshawar. Tiene novedades, pero no acerca de Danny. Ha desaparecido Ghulam Hasnain, un informador de *Time* y de CNN. ¿Estarán conectados los dos hechos? Es difícil saberlo.

—¿Puedes darnos el teléfono de su casa? ¿Podemos hablar con su esposa a fin de comparar con ella nuestros apuntes? —pregunta Asra.

—Es demasiado tarde para llamar —sugiere el periodista de *Jang*—, no deberían molestarla.

Ya ha pasado la medianoche y se dirige hacia el Club de la Prensa en Karachi para pernoctar. Cuando llegue allí, nos dice, les preguntará a sus colegas, pero dudo que sepan mucho. Creemos que tiene razón, sobre todo de ser ciertos los rumores que he oído:

que la mayor parte de los noctámbulos del Club de la Prensa van allí para ver vídeos porno traídos de contrabando desde el aeropuerto de Dubai (en Dubai es posible comprar cualquier cosa). El periodista nos propone que volvamos a llamarlo por si acaso. Le tomamos la palabra y Asra le telefonea a lo largo de toda la noche, despertándolo en cada ocasión. Nunca tiene la menor novedad.

Llamamos al consulado estadounidense. Responde una voz somnolienta:

—Cabo Bailey, ¿en qué puedo ayudarle?

Con el temor de sonar asustadas, le explicamos la situación exagerando nuestra calma. Pero no importa el tono o las palabras que utilicemos, no conseguimos que el cabo Bailey comprenda que hablamos en serio y que se trata de una emergencia. No duda de que Danny aparecerá al amanecer, borracho y desorientado, habiendo pasado un gran rato lejos de casa. Semejantes llamadas no son raras en el consulado, ni siquiera en un país musulmán.

—Llame de nuevo a las seis de la mañana —ordena con tranquilidad el cabo Bailey—. Pregunten por Randall Bennett, oficial de seguridad regional.

Bennett. Ése es uno de los hombres con quienes Danny se ha reunido por la tarde. Al menos sabrá quién es Danny.

Acurrucadas frente al pequeño escritorio, Asra y yo no pronunciamos ninguna palabra innecesaria. Puedo sentir que ella está conmigo. Nuestros dos cerebros giran a mil revoluciones por minuto, pero nuestros movimientos son calculados y no nos tiemblan las voces. Llamo y llamo al teléfono de Danny, pero él no atiende. Informamos de lo que sucede a *The Wall Street Journal*. Observo cómo Asra estudia mi redondeado vientre mientras le explica la situación con gran cautela, casi calmada, al editor de Internacional John Bussey, el jefe de Danny.

Bussey nos formula la pregunta que nosotras esperábamos formularle a él:

—¿Qué pensáis que deberíamos hacer?

Necesitamos con urgencia tener aliados aquí. Por el momento no parece haber ninguno.

—El Gobierno de Musharraf intenta ser honesto —dice Asra—. Creo que se puede confiar en el Ejército.

El otro día, tras rescatar el gatito extraviado del hijo de unos vecinos, Asra pasó un buen rato conversando con la madre del pequeño. Durante dicha charla, la mujer le reveló ser pariente del comandante del cuerpo en Karachi, el principal representante militar en la provincia del presidente, Pervez Musharraf.

—Ella despertará para la plegaria matinal —me dice Asra—. Podemos ir hasta su casa y pedirle que nos lo presente.

Bussey nos enviará a Steve LeVine, el corresponsal extranjero compañero de Danny, quien se encuentra en Kazajistán. Steve ha vivido en este país y lo conoce bien. Será bueno tenerlo aquí.

Dentro de mi mente sigo hablando con Danny: «Te sacaremos de ésta», le prometo, pero me veo forzada a admitir que cuento con pocas pistas para avanzar, y lo que me indica mi intuición no es para nada alentador. Me niego a permitir que me venzan mis emociones. Me niego a permitir que me atraviese el miedo que me acecha. Mis ojos han desarrollado un tic y tengo mucho frío, lo que me produce cierta satisfacción pues se trata de una forma de dolor aceptable considerando el temor a que Danny esté herido. Recuerdo el viejo chiste sobre el hombre que golpea su cabeza contra un muro de cemento porque eso le distrae de su dolor de muelas.

Se produce una pausa. Faltan todavía varias horas antes de la llamada del almuédano, que marca el final de la noche. Daría cualquier cosa por estar junto a Danny en este momento, donde sea que se encuentre. Estoy segura de que no puede desplazarse según su voluntad. ¿Por qué no le habré prestado mayor atención a las circunstancias de su *rendez-vous*? ¿Por qué no me porté de un modo más atento? El embarazo no me había provocado tantos malestares. ¿Por qué...?

Basta, me digo a mí misma. Detén esta cadena de pensamientos.

Lamentarse sólo es desperdiciar energías. No se puede cambiar la realidad.

Si la actual situación continúa mucho tiempo más deberé informar a los padres de Danny. Son gente que enseguida se alarma y resultará doloroso hacerlo, pero es necesario que estén al corriente. Hace unos meses, cuando visitábamos París, Judea halló en Internet un artículo donde se afirmaba que 200 árabes habían atacado a personas de origen judío en los Campos Elíseos. Danny jamás pudo confirmar tal cosa, pero Judea se preocupó tanto que nos exhortó a marcharnos de París. En su mensaje de correo electrónico a Danny, añadía con mordacidad: «Quien te escribe es tu moderado padre, no tu aterrada madre».

En la familia Pearl, por lo general es Ruth quien da la voz de alarma. Cuando Asra y yo revisamos los mensajes de Danny en busca de pistas sobre su desaparición, nos topamos con un intercambio madre-hijo de ayer por la mañana. Danny escribió: «Estamos en la hermosa casa de Asra en Karachi, sintiéndonos como de vacaciones (si bien en realidad yo sigo trabajando en la eterna cuestión del terrorismo...)». Ruth acababa de ser intervenida quirúrgicamente y Danny le preguntaba: «¿Ha evolucionado bien tu salud?».

«Sí, estoy como nueva», le había respondido ella, y añadía a continuación: «He leído que el estrés, en especial durante la 26.ª semana del embarazo, cuando se desarrolla el cerebro, puede provocar autismo en el niño. Cuida bien de tu mujer y asegúrate de no alterarla (incluyendo no hablarle acerca de esto). Te quiere, mamá».

Antes de marcar el número de su casa en Los Ángeles, me aíslo en la habitación de Asra, intentando calmar el latido frenético de mi corazón. Hundo las uñas de los dedos de una mano en la parte superior de la otra. El dolor físico me ayudará a mantenerme entera. ¿Dónde he aprendido tal cosa? Ruth y Judea descuelgan ambos a la vez, como es habitual, ella en el teléfono de la cocina, y él sentado ante su escritorio de la primera planta. Me formulan preguntas precisas que intento responder tan bien como puedo. «Esperaremos a que te enteres de algo más», me dicen.

Sé que están muertos de miedo, pero controlan sus sentimientos. Son personas valientes. Antes de colgar, de todos modos, Ruth pronuncia la pregunta que, estoy segura, ha sido la primera que cruzó por su mente: «¿Sabe alguien que somos judíos? ¿Sabe alguien acerca de nosotros?».

«No os preocupéis —le respondo—. Nadie sabe nada».

Pero eso no es cierto, me recuerdo a mí misma no bien cuelgo el teléfono. Alguien sabe: Jalid Jawaja. Antiguo agente de la inteligencia paquistaní, amigo de Gilani, amigo de Osama Bin Laden, o al menos eso es lo que asegura.

Son las 5.58 de la madrugada. Hemos decidido llamar a Jawaja, no porque nos merezca confianza sino porque ignoramos quién nos la merece. Además, él representa el vínculo más cercano con Gilani que tenemos.

—*As-salam alaykum* —dice Asra—, la paz sea contigo.

—*Wa'alaykum as-salam* —responde Jawaja.

Asra no pierde el tiempo:

—Conoces a mi amigo Danny Pearl. Anoche a las siete acordó reunirse con Shaij Gilani y no ha regresado. Necesitamos tu colaboración para encontrarlo.

—Ah —advierte Jawaja—, debe de ser otra conspiración de la CIA.

Añade que no puede sino tratarse de un montaje, ya que Gilani jamás aceptaría reunirse con un periodista, y mucho menos con un periodista extranjero.

Asra hace grandes esfuerzos por no perder la paciencia ante Jawaja, pues en verdad lo necesitamos. Le suplica que deje a un lado la política y colabore por mi bien.

—Su esposa está aquí en mi casa. Ha estado en pie toda la noche, muy preocupada, y espera un bebé.

Jawaja no resiste la tentación de sermonear:

—Piensa también en los ruegos de las mujeres afganas cuyos maridos están siendo asesinados en la guerra estadounidense contra los talibanes —afirma—. Piensa en los niños y mujeres inocentes que están siendo asesinados por las bombas estadounidenses. Piensa también en todos los paquistaníes desaparecidos, y tampoco sabemos nada sobre ellos. Piensa en...

El canto del almuédano anunciando la plegaria matinal corta el aire y nos libra de la letanía de Jawaja. Una furiosa Asra cuelga de un golpe el teléfono y profiere multitud de insultos. Añado algunos de mi parte. Entonces ella se cubre la cabeza con un *dupatta* y nos deslizamos al exterior, donde aún está oscuro pues los rezos de la mañana comienzan antes del amanecer y todavía no hay señales del sol. Bajo el tenue brillo de los postes de luz nos encaminamos a casa de los vecinos y presionamos el timbre con ansiedad.

Nadie responde. Volvemos a presionarlo una y otra vez. Luego regresamos al muro compartido por ambas casas y nos alzamos mutuamente a fin de espiar por las ventanas en busca de algún indicio de movimiento. Nuestras conciencias se sienten un poco culpables, como las de niñas robando manzanas del árbol del vecino.

Asra regresa al portal de enfrente y sigue probando suerte con el timbre. Por fin, una mujer emerge en el porche, llevando también una *dupatta* en su cabeza. Parece como si estuviera por ir a rezar, o como si recién hubiese acabado de hacerlo. Es una silueta recortada en la oscuridad. Apenas podemos distinguir sus rasgos mientras permanece inmóvil, escuchando la petición de ayuda de Asra.

—Antes debo ir a trabajar —explica cuando al fin abre la boca—, intentaré encontrar al comandante cuando regrese.

La vecina trabaja en una escuela local.

Tras oír su respuesta, sabemos con seguridad que no podremos esperar ninguna colaboración de parte de esta mujer.

Empiezo a alejarme cuando todavía no ha dejado de hablar. En la oficina, despierto al amante, quien se marcha de la casa sin siquiera peinarse el cabello, sin preguntarnos si nuestros esfuerzos han alcanzado algún resultado.

Ya es lo bastante tarde como para llamar a Randall Bennett al Consulado de Estados Unidos. Bennett nos confirma que ayer estuvo con Danny. No exhibe la menor señal de alarma, pero nos aconseja que avisemos de inmediato a las autoridades, a las que él considera «hermanos leales».

—Pregunte por Tariq Jameel, subinspector general, que es quien dirige las operaciones policiales en tales asuntos. Luego contacte con Jameel Yusuf en el Comité de Enlace de la Policía Ciudadana. Es una persona de mi plena confianza.

Tariq Jameel tarda menos de un minuto en comprender lo que está sucediendo.

—Deme su dirección, iré de inmediato.

Tras colgar, Asra y yo nos miramos entre nosotras como si en verdad hubiésemos escuchado buenas noticias. ¿Qué más podemos hacer? Ya han transcurrido 12 horas desde mi último contacto con Danny.

3

Mi padre era un hombre brillante, un matemático que hablaba siete lenguas. Pero era también un hombre triste que se suicidó cuando yo tenía apenas nueve años. Mi madre, en cambio, ¡cuánto amaba la vida! Adoraba a la gente, la música y, sobre todo, la danza. Cuando mi madre bailaba no le importaba nada salvo el palpitar del momento. Uno podía verla absorber el ritmo y empezar a moverse de forma sutil, involuntariamente sensual. Incapaz de evitar compartir su placer, su rostro presentaba una sonrisa espontánea e irradiaba paz y satisfacción.

En años recientes, mi madre se convirtió en una figura conocida de París a causa de las fiestas cubanas clandestinas que organizaba los domingos, fiestas tan populares que podía verse a 400 o 500 personas haciendo cola para entrar. Derechistas, izquierdistas, hombres bien trajeados con sombreros y zapatos lustrados, mujeres con guantes blancos y faldas con vuelo. Alguna gente llevaba a sus hijos, otra a sus perros. Todos bailaban.

Ésa era la misión de mi madre, desvanecer la ola de soledad que podía azotar París los fines de semana y congregar a todos bajo la bandera de la música cubana que ella tanto amaba. Marita basaba sus fiestas en los *guateques*, las celebraciones tradicionales de los campesinos en Cuba. Cada domingo, ella ocupaba un espacio (por ejemplo, el garaje) y lo convertía en una especie de escenario cinematográfico. Extendía a lo largo del techo la cuerda de la lavandería y colgaba allí prendas de vestir (camisetas, ropa interior, lo que fuera) en recuerdo de las casas comunitarias de La Habana, denominadas *solares*. Luego disponía bares que sirviesen *mojitos* y mesas colmadas de carne de cerdo asada y arroz con pollo. Músicos de todo tipo podían subir al tablado y entonar una canción:

> Sandunguera, tú te vas por encima del nivel
> No te muevas más así

Entre el crepúsculo y la medianoche mi madre iba de una a otra persona, triunfante. Era una mujer común que había logrado concretar una ambición humilde y, sin embargo, noble.

Me hallaba bailando con mi madre cuando me fijé en Danny por primera vez, a finales de 1998. Él ya me había visto. Estábamos en un amplio piso frente al Palacio Elíseo. Una amiga común había organizado una fiesta para festejar su propio cumpleaños y Danny estaba de pie, solo, con un vaso de whisky en la mano y rodeado de una alegre multitud. Vestía un conservador traje azul y pequeñas gafas redondas. Nos miraba a ambas, a mi madre y a mí, absorbidas como estábamos en la danza. Parecía fascinarle nuestra complicidad. Me miraba como si fuese un elegante extraterrestre analizando con placer pero también con cierta perplejidad a dos especímenes terrestres. Su cuerpo estaba ligeramente inclinado hacia adelante, como si desease darnos algo o, quizá, atrapar algo que tuviésemos en nuestro poder.

—Vosotros dos sois periodistas, deberíais conoceros —dijo alguien a modo de presentación. Danny me dio su tarjeta. Quedé impactada, por su actitud y por lo que leí: «Daniel Pearl, corresponsal en Oriente Medio, *The Wall Street Journal*». En contraste, la información en mi propia tarjeta daba lástima, pero se la entregué de todos modos. Sólo mencionaba mi nombre, Mariane van Neyenhoff, y un número de teléfono.

Me dijo que vivía en Londres, pero que viajaba constantemente y confesó sentir una gran debilidad por Irán. Le hablé del programa de radio que yo había creado y desde entonces dirigía en Radio France International. Se llamaba *Migraciones* y estaba basado en el concepto de que los grupos migratorios constituían a la vez los grandes aventureros y los auténticos ciudadanos del siglo XXI. ¡Otra coincidencia! Él estaba trabajando en un reportaje sobre inmigrantes en Arabia Saudí.

Apoyados contra la pared, discutimos cómo la gente que abandona su tierra natal deja atrás también su marco de referencia. De qué modo los extranjeros son vistos eternamente como intrusos. Cómo, en tanto que el mundo se convierte en una aldea global, ha sido preciso desarrollar nuevas raíces.

Los ojos de Danny alternaban entre mi madre, que todavía bailaba, y yo, que le cantaba mis teorías.

—Deberías venir a Irán e informar desde allí —me dijo encendiendo su sonrisa tímida pero atractiva.

—Olvídalo —respondí—, la cadena de radio no tiene dinero para enviarme allí.

—Quizá yo pueda ayudarte a hallar el modo de viajar.

Sólo cuando Danny estaba a punto de marcharse me percaté de que estaba acompañado. Alta, rubia y de ojos azules, los rasgos físicos de su amiga eran exactamente opuestos a los míos. Luego me enteré de que era una diseñadora alemana de ropa interior. Con aire posesivo, cogió a Danny entre sus brazos y se lo llevó dejando tras de sí la fragancia de su perfume.

Dos semanas más tarde, Danny me envió dos de sus artículos detallando la situación de los inmigrantes en Arabia Saudí. Su breve mensaje repetía su invitación a Irán. Podía imaginármelo partiendo rumbo a países exóticos con el mismo traje y la misma corbata, exhibiendo con idéntico candor esa mirada siempre curiosa. Representaba para mí un genuino misterio y me envolvió el deseo de volver a verlo, sin importarme la mujer que lo acompañaba la noche anterior.

Poco después Danny hizo otra fugaz aparición. Durante un trasbordo entre dos vuelos, salió apurado del aeropuerto Charles de Gaulle a fin de traerme un libro que, en su opinión, yo tenía que leer. Era *Shah of Shahs*, del periodista polaco Ryszard Kapuscinski, y hablaba acerca del último sha de Irán y los sucesos que llevaron al estallido de la revolución islámica de 1977.

—Ya sabes que estoy intentando conseguir una casa en Teherán —me dijo, y yo pensé: este sujeto está loco, lo que no deja de ser una pena, porque me agrada.

Luego se marchó y yo me acurruqué con el libro, inmersa en un trance. Es posible que esté loco, pensé, pero nunca antes he leído un periodismo tan original, libre, fluido y vital. El hecho de que Danny amase aquel libro (que luego también me impactaría a mí) me hizo reflexionar. Dios, en verdad tenemos algo en común. En qué consistía era algo que todavía no podía ver. Pero se trataba de algo intenso.

De regreso a París tras un viaje por Cuba, respondí una de sus cartas con otra muy extensa garabateada en un manojo de papeles viejos. Le hablé sobre la visita del Papa a la isla, notable porque hasta entonces los católicos podían ser encarcelados en Cuba. Le describí la desesperación por obtener dólares en un país donde las diatribas antiimperialistas aún cubrían los ruinosos muros de una cada vez más decadente La Habana. Le narré cómo la gente en la calle me tomaba por una prostituta debido a que mi aspecto era cubano pero se me veía tratando con amigos extranjeros. Le hablé del precio extraordinario de la carne. Debatí el raro don de los cubanos para disfrutar del presente a pesar de todo.

Le dije que deseaba volver a verlo.

No supe nada de él durante meses. Y luego me llamó, mostrando apuro en la voz. Al parecer, mi carta se había confundido entre el mar de facturas que él ignoraba durante sus viajes. Recién cuando regresó a Londres había visto mi nombre en el sobre y había rescatado la carta del montón.

«¿Cuándo puedo verte?», me preguntaba.

Él tenía planes. Yo tenía planes. Pero pronto me llamó desde España con una propuesta concreta. Cogería el tren nocturno desde Madrid a París y llegaría a tiempo para prepararme el desayuno. Me sorprendió, pues conseguí leer su mente: si, por casualidad, yo resultaba estar en otro sitio, él tendría tiempo suficiente para coger un tren de regreso a Londres aquella misma tarde.

A la mañana siguiente, a las ocho de la mañana, abrí la puerta de mi casa para recibir a Danny, bronceado y con excelente aspecto vistiendo su camiseta de Freddy's Pizza. En una mano llevaba una abultada maleta y en la otra una no menos abultada bolsa de compras. Bajo uno de sus brazos apretaba el estuche de una mandolina. Me saludó con una gigantesca sonrisa y luego se dirigió directo a la cocina. De su bolsa extrajo media docena de huevos, un bote de tomates deshidratados, cebollas, un par de pimientos y naranjas coloradas españolas. Tras percatarse de que había olvidado en su maleta unas hierbas aromáticas, la abrió en medio del comedor (que yo había dejado inmaculado en su honor) y no bien comenzó a hurgar entre sus cosas procedió a esparcir todo *(realmente todo)* de un extremo a otro de mi moqueta. Cuadernos, calcetines, camisetas arrugadas. Por fin halló las hierbas y corrió de regreso a la cocina.

Revoloteando sobre el horno, Danny parecía un director de orquesta dirigiendo una sinfonía. Sus cabellos se habían erizado por el esfuerzo y el calor. Aún sonriendo, me tendió un plato sobre el que yacía su humeante obra maestra.

—Helo aquí —anunció con exagerado ademán y auténtico orgullo. Mi cocina se había convertido en un caos. Aunque hasta entonces no había hecho ningún comentario, estallé en carcajadas.

Aquella tarde Danny no cogió el tren de regreso a Londres. Cuando llegó la hora de dormir, improvisamos una cama en el suelo de mi comedor. Éramos ambos demasiado tímidos incluso como para admitir cuán tímidos éramos. Danny desapareció en el lavabo y emergió con mirada muy seria vistiendo un pijama verde con rayas rojas. Volví a estallar en carcajadas. Él me ayudó a doblar las sábanas. Luego, tras tomarse un instante para no errar el tiro, se arrojó sobre el lecho con los brazos extendidos en forma de cruz, intentando alcanzar a la vez los dos extremos del colchón como si fuese un personaje de caricatura. De repente comprendí qué era lo que me atraía tanto de Danny: se entregaba por completo en todo lo que hacía.

¿En cuántas camas diferentes habremos dormido a lo largo de los cuatro años que han transcurrido desde que nos conocimos? Imposible calcularlo. En el contrato matrimonial que redactamos ambos para leerlo durante nuestra boda, en 1999, proclamábamos: «Prometemos descubrir unidos cosas nuevas, nuevos sitios y nuevas personas, y encarar nuestra vida en común como si fuese una obra literaria». Hemos descubierto juntos muchas cosas en muy poco tiempo.

Danny conserva en su ordenador una lista titulada «Sitios en los que hemos estado»:

París	Líbano
Londres	Croacia
Gales	San Francisco
Port-Vendres	Grecia
Barcelona	Holanda
Los Ángeles	Israel
North Adams	Cuba
Rhode Island	País Vasco
Washington D.C.	República Dominicana
Nueva York	Hong Kong
Seattle	Singapur
Vancouver	India
Estambul	Qatar
Sur de Turquía	Pakistán

Llegamos a Karachi por primera vez hace unos cuatro meses, el 12 de septiembre de 2001. Veníamos desde Nueva Delhi, donde el aeropuerto nos pareció casi terroríficamente tranquilo. Noté cómo Danny luchaba por contener sus emociones buscando placer en las actividades cotidianas. Recorrió los pasillos de la tienda libre de impuestos, donde inspeccionó hileras e hileras de Ganesh, el típico dios hindú de forma de elefante. Era posible encontrar a Ganesh en cerámica, madera, plástico, poliéster y cualquier otro material que uno consiguiese imaginar. Le conté a Danny que el motivo por el que Ganesh era tan apreciado por todos los conductores de taxis era que, en teoría, ayudaba a eliminar los obstáculos. Danny simuló interesarse, pero su mente parecía dispersa. Todo el mundo parecía disperso aquel día.

Cogió entre sus brazos varias cajas de chocolates. En cada aeropuerto importante, Danny se aprovisionaba de golosinas, con la intención de repartirlas entre los niños de sus nuevas amistades. Sin embargo siempre se olvidaba y, en consecuencia, las golosinas quedaban en la habitación del hotel, rancias o derretidas.

En dicha oportunidad sólo había otro cliente en la tienda, un periodista alemán que también se dirigía a Pakistán. Estaba comprando whisky, que planeaba meter de contrabando.

—Yo tengo mis fuentes —nos dijo con una extraña sonrisa—, la guerra comienza el próximo jueves y ¡ppppffffff! Afganistán será borrado del mapa.

Lo observamos absortos.

Dos jornadas atrás habíamos visitado un poblado *mushahar* en Bihar. Bihar es la tierra donde fue instruido Shakyamuni Buda, y donde Gandhi adquirió el nombre de Mahatma («alma grande»). Yo me hallaba allí a fin de trazar el perfil de un discípulo de Gandhi para una revista francesa. En la actualidad, Bihar ostenta la distinción de ser el estado más pobre y más anárquico en toda la India. Si es que tales cosas pueden ser cuantificadas, las poblaciones *mushahar* son quizá las más desesperadamente desprovistas de todo. Su nombre significa «comedor de rata» y los habitantes locales en verdad ingieren esos roedores. Tras siglos de endogamia y dietas carentes de hierro, estas personas han desarrollado un aspecto monstruoso, con gigantescas protuberancias de bocio en sus cuellos. Nos sentimos como si hubiésemos sido transportados a la Edad Media.

En medio del impacto posterior al 11 de septiembre, hacíamos enormes esfuerzos por devolver nuestras mentes al siglo XXI, donde el caos reinaba en el mundo *civilizado*. A través de la CNN habíamos presenciado los ataques casi en el momento en que habían sucedido. Y ambos permanecimos congelados ante la pantalla de la televisión mientras John Bussey («¡Es mi jefe! ¡Mi jefe!», había gritado Danny) contaba de modo gráfico y conmovedor todo aquello de cuanto era testigo desde el ventanal de las oficinas del *Wall Street Journal*.

Las oficinas del *Journal* estaban justo enfrente del World Trade Center. Bussey escribió una terrorífica descripción de esa mañana, que fue publicada a la mañana siguiente en la portada de dicho periódico. Narró con vivacidad lo que podía verse desde la novena planta, el sonido que se produjo cuando se estrelló el primer avión y todo lo que sucedió en los instantes posteriores. «Inmensas nubes de humo inundaban el cielo. Intensas llamas consumían las plantas más altas, por encima del punto de impacto. Los escombros se desplomaron sobre las calles (enormes trozos metálicos que rebotaban luego a gran distancia del sitio en que habían caído). Documentos de oficina cubrían el suelo. Los coches de un aparcamiento cercano (a dos calles enteras de la explosión) estaban en llamas.» John describía luego, de forma llana y terrible, a la gente saltando desde las torres «en un vuelo desesperado».

Permaneció en su oficina informando sobre los sucesos para el noticiario de la cadena televisiva CNBC, y estuvo a punto de permanecer demasiado tiempo. La torre sur se derrumbó y las oficinas del *Journal* «se llenaron de cenizas, polvo de cemento, humo y restos de la torre sur». Lograr salir del edificio constituyó un peligroso desafío, pero no fue nada en relación con lo que sucedió a continuación: «Mientras descendía por la calle, intentando orientarme [...] comenzó a debilitarse la segunda torre. Oí rugir su esqueleto metálico, como el Chicago El retumbando sobre nuestras cabezas.[1] Y entonces el bombero que estaba junto a mí gritó: "¡Se viene abajo! ¡Corred!". ¿Correr hacia dónde?».

John pudo haber figurado fácilmente entre las miles de personas que murieron aquel día.

Pese a estar en el otro extremo del mundo, Danny y yo nos enteramos de todo y quedamos conmocionados. Allí, en la sala de tránsito del Aeropuerto Internacional de Pakistán, intentamos con frenesí conectarnos a Internet para establecer contacto con nuestros amigos y colegas. Cuando por fin lo logramos, en la bandeja de entrada de Danny había esperándolo más de un millar de mensajes de correo electrónico.

Danny había acordado que un guardia de seguridad personal nos recogiese en el aeropuerto de Karachi. Incluso en *circunstancias normales* el aeropuerto de Karachi tenía fama de ser uno de los más violentos del mundo, donde el robo a los empresarios en tránsito era algo más que común. Y no vivíamos circunstancias nada normales.

No era posible confundir a nuestro guardia. En una mano sostenía un trozo de cartulina con la inscripción «Mister Peul», mientras que en la otra exhibía un AK-47. Vestía ropas militares y botas de combate, y sus ojos eran de un penetrante color turquesa. Nos condujo hacia su 4x4, que recordaba más a un tanque que a un jeep. Dentro había otro hombre, sentado, inmóvil, también armado. Mientras nos llevaba rumbo a la ciudad, los ojos

---

1. Nombre popular de la red ferroviaria Chicago Transit Authority's Elevated Trains. (*N. del T.*)

turquesas del conductor escrutaban los alrededores, aunque el resto de su rostro permanecía impasible. Era como ser custodiados por un gigantesco y nervioso gato.

Una sombra de hostilidad se cernía sobre la ciudad. Estábamos allí para responder las preguntas fundamentales. ¿Quién era responsable de los ataques? ¿Quién los había financiado? ¿Quién protegía a los terroristas? En los días subsiguientes, Estados Unidos recibió un tenue apoyo de Pakistán, pero si el periodista alemán estaba en lo cierto y Estados Unidos bombardeaba Afganistán... ¿Seguiría Pakistán ofreciendo su apoyo? ¿Caería Musharraf víctima de un golpe de Estado como señalaban los rumores?

En cada sitio que visitábamos, nos enfrentábamos a ciudadanos de Karachi ofendidos ante lo que consideraban un prejuicio occidental poderoso y negativo contra el islam. Danny le envió un mensaje de correo electrónico a un amigo el 17 de septiembre: «Hola, desde Karachi, que sería una ciudad maravillosa si no nos aterrase salir del hotel».

Deseábamos comprender ese mundo, pero no resultaba sencillo saber cómo o por dónde comenzar. Era imposible aproximarse a extraños en las calles de Karachi y formularles preguntas. En busca de ayuda, acudimos a un negociador local. Un hombre a quien conocíamos nos recomendó a Saeed, pero no nos cayó demasiado bien y tampoco fue de gran ayuda. Aun así, consiguió organizar una reunión entre nosotros y un grupo que constituía, en esencia, la rama auxiliar femenina del partido de militancia islámica Jaish-e-Mohamed. Nunca llegamos a comprender del todo su función específica, y mucho menos esquivar su furia.

El encuentro se produjo en un piso de dos habitaciones, en un amplio barrio de clase media de Karachi. Una de las habitaciones estaba completamente vacía. En la otra había apenas unas cuantas sillas alineadas contra las paredes. Todas salvo una las ocupaban mujeres cubiertas de la cabeza a los pies con *burjas* negros, que ocultaban sus miradas pero no su ira. También había un hombre, el alcalde de Karachi, vestido con un *salwar kameez* blanco. En el centro de la sala habían sido dispuestas dos sillas, destinadas a nosotros, que vestíamos ropa de color.

Durante lo que sentí como varios minutos pero debieron ser apenas unos segundos, nadie emitió el menor sonido. Por fin Danny habló.

—¿Por dónde deberíamos comenzar? —preguntó con suavidad—. Nos agradaría mucho conocer lo que opináis sobre los sucesos de los últimos días.

Las mujeres respondieron de forma agresiva. De sus bocas partían ásperas palabras. Una mujer, particularmente afectada por la cobertura de la CNN durante los ataques del 11 de septiembre, criticó con dureza a la prensa occidental por atribuirle la responsabilidad a una red de grupos militantes islámicos. Grupos como el de ellas mismas.

—¿Qué pruebas tienen? —inquirió—. No tienen ninguna prueba.

Al tiempo que nos cuestionaban, nos estudiaban con la mirada. Danny era blanco, pero de tez más o menos oscura. Mi piel tenía un color similar al de ellas. Nadie me preguntó acerca de mi origen ni mi religión, pero pude apreciar una vez más las ventajas de formar una pareja interracial. Nadie juzga con precisión a una pareja interracial. Nadie puede suponer que sabe algo sobre ti, ni de forma individual ni en tanto pareja. Y no sólo porque no te limites a respetar los límites convencionales, sino porque evidencias que esas fronteras carecen de significado para ti. Eres libre de crear algo nuevo. «Mi mulata», me llama Danny.

En el vecindario de clase media parisino donde me crié, la gente con frecuencia creía que mi hermano Satchi y yo proveníamos de Argelia. Se equivocaban, pero eso no impidió que los matones racistas acosasen a mi pobre hermano. Una noche, tras irse a bailar, llegó a casa tambaleándose y con el rostro cubierto de sangre, ya que le habían propinado un golpe en la cabeza con una palanca. Pero la mayor parte de las veces, ambos (mitad cubanos y mitad holandeses, con muchas más vertientes étnicas corriendo por nuestras venas de lo que nadie pudiese imaginar) éramos catalogados como «exóticos».

Mi padre era hijo ilegítimo de un mercader de diamantes holandés, un desagradable homosexual que sólo hizo el amor con una mujer en una única ocasión y logró dejarla embarazada. Poco antes de morir, él le confirmó a mi madre la veracidad de esta historia extraordinaria. De hecho, él demostró siempre muy poco interés tanto por el hijo como por la madre. Cuando los nazis amenazaron con invadir los Países Bajos, mi abuela y mi padre huyeron a pie todo el trayecto hasta el sur de Francia, y allí fue donde se crió mi padre. El resto de su familia murió en el Holocausto. Mi padre se convirtió en un voluntario revolucionario, oscilando entre uno y otro de los puntos políticamente más calientes del planeta. Así fue como aterrizó en La Habana en la década de 1960, a tiempo para participar de la Revolución. Allí conoció a mi madre, Marita. Ella provenía de una familia pobre, era de raza negra y tenía un abuelo chino. Era evidente que en ella confluían tanto sangre española como africana, y quién sabe qué más. Siempre sentí que la historia se había esforzado mucho para que a mí no me faltase una pizca de nada.

Muy al inicio de nuestra relación, Danny decidió que beber café resaltaba mi parte francesa, y asumió como una de sus obligaciones proveerme del precioso néctar negro. Sólo en una oportunidad fue incapaz de cumplir con éxito tan importante misión. Estábamos en Dubrovnik, Croacia, y debíamos coger un avión hacia Zagreb, la capital, a las seis de la mañana. La guerra estaba arrasando la vecina Kosovo y el hotel se encontraba vacío. El hombre en el mostrador de la recepción se negó a abrir la cocina. Hosco y musculoso, no era el tipo de persona con el que uno desea discutir. Danny pareció tan abatido que decidí con valentía partir de inmediato hacia el aeropuerto sin la dosis que requería mi organismo. Con todo, la experiencia nos enseñó una lección: desde entonces nunca fuimos a ningún sitio sin un equipo de café portátil especialmente diseñado por Danny (cafetera, filtro, café comprado al por mayor en París o Dubai y que yo distribuía en pequeños recipientes, azúcar y sucedáneos de azúcar).

De modo que cuando Danny apareció en nuestra habitación sin traerme mi café matinal aquella mañana de junio de 2000, supe que algo importante sucedía.

—¡Eh, nena!, ¿no te gustaría ir a vivir a Bombay?

—Por supuesto —respondí, aunque la idea no me agradase.

Mientras Danny se sentaba frente a su ordenador aceptando la oferta de convertirse en el nuevo jefe de noticias de *The Wall Street Journal* en el sur de Asia, yo me concentré observando la silueta de la torre Eiffel a través de la ventana de nuestro comedor. Había sido revestida de pequeñas luces azules con motivo de la celebración del nuevo milenio, pero era imposible distinguirlas en la luminosa mañana primaveral. El trabajo, según me explicó Danny, consistía en cubrir todo cuanto sucediese en Asia del Sur (Sri Lanka, Pakistán, Bhutan, Nepal, Bangladesh, la India y sus millones de almas). Ya hacía dos años que conocía a Danny y tenía en él plena confianza. Además, era consciente de que tras cinco años de hacer reportajes en Oriente Medio su carrera estaba en un punto muerto. Le era necesario un desafío nuevo y más amplio. Al mismo tiempo, la India me producía un intenso temor. Por mi mente sobrevolaba un mosaico de imágenes: vacas sagradas y plácidos elefantes; niños famélicos y manos extendidas mendigando; kilómetros y kilómetros repletos de tugurios.

Nuestra llegada a Bombay en octubre hizo que todas mis aprensiones parecieran el dulce sueño de un niño. Danny y yo no intercambiamos una sola palabra mientras nuestro avión sobrevolaba un paisaje de la más extrema miseria. Por debajo de nosotros había montañas de basura y kilómetros de casuchas con ondulados techos de metal. Quizá suene cruel, pero la imagen que no podía sacarme de la cabeza durante el aterrizaje era la de piel manchada por la viruela o, aún peor, rostros afectados por la lepra.

Nuestro avión descendió en el aeropuerto Chatrapati Shivaji, denominado así en homenaje a un rey guerrero del siglo XVII cuya vida se consideraba símbolo de progreso y seguridad. Danny había reservado alojamiento en un hotel de cinco estrellas del distrito de Bandra, en el norte de Bombay, allí donde viven las más encumbradas estrellas de Bollywood. (Siempre he sentido debilidad por los filmes indios. Con sus elipsis y sus guiones tan poco enmarcados en la realidad, me parecen muy divertidos.) Se nos dijo que nuestra habitación estaba «en la 15.ª planta», pero el edificio tenía apenas siete. Al recepcionista pareció sorprenderle nuestra sorpresa. Según nos explicó, para un hotel contar con numerosas plantas era una señal de prestigio.

Nuestras ventanas daban a uno de los paisajes costeros más tristes que jamás haya visto. El mar, de un sucio color marrón, olía a aguas residuales. A lo largo de la costa flotaba toda variedad de papeles grasientos. El único toque de color en este ceniciento escenario eran los *saris* de las mujeres que iban y venían con sus espaldas torcidas. Un niño azotaba a un mono con un bastón, forzándolo a efectuar acrobacias al ritmo de un disco bastante rayado del tema de Michael Jackson *Beat it*.

Danny se colocó a mi lado junto a la ventana. Olía al repelente de mosquitos con el que acabábamos de empaparnos. Para darnos mutuo coraje, comentamos todos los casos que recordábamos de periodistas que se hubiesen visto en una situación similar. Por ejemplo un corresponsal de la BBC que, unos años atrás, se había percatado de que debía cubrir las noticias de un país en el cual le daba miedo incluso caminar por las calles. También hablamos sobre algunas parejas que, según teníamos entendido, no habían conseguido superar traslados como el nuestro.

—Estaremos bien si conservamos el sentido del humor —advirtió Danny.

Ésa era otra de las cláusulas presentes en nuestro contrato matrimonial. Recordábamos nuestro contrato con frecuencia y Danny conservaba una copia en su agenda electrónica. Yo guardaba otra en mi ordenador:

En el noveno día del decimosegundo mes del año cinco mil setecientos cincuenta y nueve desde la creación de la Tierra, equivalente al vigésimo primer día del octavo mes del año mil novecientos noventa y nueve, según se contabiliza el tiempo en la nación francesa.

En presencia de nuestros adorados familiares y amigos, Mariane van Neyenhoff y Daniel Pearl establecen el siguiente acuerdo:

Prometemos envejecer juntos, manteniéndonos mutuamente jóvenes, conservando nuestro sentido del humor, compartiendo nuestro amor y nuestros secretos.

Prometemos descubrir unidos cosas nuevas, nuevos sitios y nuevas personas, y encarar nuestra vida en común como si fuese una obra literaria.

Prometemos compartir nuestra felicidad con nuestros parientes y amigos.

Prometemos no permitir que el dinero, la falta de dinero o el paso del tiempo nos cambien.

Prometemos valorar la felicidad del otro por lo menos tanto como la propia, apoyar la mutua creatividad y conservar siempre la fe en la solidez del amor del otro.

Incluso después de semejante juramento, Bombay representaba un desafío. Nos esforzamos por hallar un piso y trasladamos desde Francia nuestros bienes básicos, incluyendo, pese a sus dimensiones excesivas, la silla Barcalounger de cuero azul de Danny. Sentado en esta silla elefantina Danny había escrito sus mejores reflexiones, y él solía trasladarla por todo el mundo. Le preocupó que el cuero pudiese ofender el culto a las vacas sagradas de nuestros anfitriones hindúes, de modo que había consultado la cuestión con sus amigos por correo electrónico. Ellos le aseguraron que no habría problemas con la silla en tanto él no hubiese asesinado a la propietaria original del cuero.

En la práctica, la India resultó ser un gran productor y consumidor de cuero y al descubrirlo Danny redactó un artículo titulado: «¿De cuántas maneras puede ser desollada una vaca? En la India, de muchas». Implica «algún esfuerzo congeniar los negocios con la religión cuando hablamos del cuero vacuno», escribió. «La religión hindú prohíbe tanto matar vacas como comer su carne, pero permite coger el cuero de una vaca *caída* o de una que muera de forma natural. Los musulmanes, que pueden matar vacas, trabajan en mataderos y carnicerías. Pero en el caso de las vacas *caídas*, un hindú de casta inferior es quien realiza el trabajo, ya que desollar un animal muerto de forma natural va contra la fe islámica.»

Sí, allí había mucho que aprender e intentábamos con toda nuestra voluntad asimilarlo. Pero no tuvimos tiempo de establecernos realmente en Bombay. Un mes antes de que Danny cumpliese su primer aniversario como jefe de noticias en Asia del Sur, el mundo pareció perder su centro de gravedad. Primero Nueva York, luego Afganistán, la India, Pakistán... *Le monde ne tourne plus rond*, pensé, el mundo ha dejado de girar. Y el sur de Asia se había convertido en uno de los rincones más ardientes y complejos del globo.

4

—Son las siete en punto —me dice Asra, como si yo no lo supiera.

Asra posee la mirada más cautivadora que jamás haya visto. Parece perpetuamente sorprendida y, con la falta de sueño, da la sensación de que sus ojos son más grandes y más negros que nunca. Son casi perturbadores. Aunque es evidente que lo hace, nunca la veo pestañear.

Se ha duchado y se ha vestido como si pensase partir de expedición (pantalones de viaje, una ajustada camiseta negra de Nike y botas de trabajador de la construcción). Yo me he quitado el vestido que llevaba para agradar a Danny y me he puesto un uniforme de batalla similar al de Asra salvo porque en lugar de las botas llevo zapatillas deportivas.

Ni siquiera por un momento considero como una posibilidad que Danny haya sufrido un accidente automovilístico, ni que le hayan robado y luego quedase abandonado a un lado del camino. Soy consciente de que lo han capturado militantes islámicos. Estoy segura. En lo más hondo de mi corazón sé que ha sido secuestrado por hombres que han secuestrado a su propio dios, con lo que quiero decir que han retorcido el concepto de *yihad*, de guerra santa, hasta convertirlo en algo perverso y erróneo. Numerosos musulmanes nos han explicado a Danny y a mí que la *yihad* es la acción más valerosa que puede acometer una persona.

Un *yihadí* lucha consigo mismo para superar sus propias limitaciones a fin de aportar un bien a la sociedad en general. Esta lenta y ardua batalla, la auténtica *yihad*, es lo que los budistas denominan «revolución humana».

La tregua del amanecer ha concluido y la ola de calor vuelve a abrasar Karachi. Penetra en todos los ambientes y ocasiona que el polvo dance ante los rayos del sol. A medida que los vecinos de la calle Zamzama empiezan a levantarse para ir a trabajar, oímos abrirse y cerrarse las puertas de los coches.

Asra y yo seguimos obsesionadas ante el ordenador portátil de Danny, como si gracias al mismo pudiésemos reconstruir todos sus últimos movimientos antes de desaparecer. Encontramos el nombre del discípulo que iba a reunirse con él en el restaurante Village y lo llevaría luego con Shaij Gilani: Imtiaz Siddique. Llamamos al número que Siddique le dio a Danny. Ha sido desconectado.

Asra comienza a establecer una cronología de eventos, y las dos juntas estructuramos un amplio plano para ayudarnos a ordenar todos los nombres y visualizar mejor el mar de información en el que nadamos. En el centro de un gran trozo de papel ponemos DANNY. Junto a su nombre escribimos Shaij Mubarak Alí Shah Gilani. Añadimos los nombres de Bashir y de Siddique. Luego empezamos a extender la red añadiendo a Jalid Jawaja y Mansur Ejaz, el empresario paquistaní-estadounidense de excelentes contactos que le sugirió a Danny hablar con Jawaja.

—Llama al negociador habitual de Danny —propone Asra.

Sí, el regordete Asif, en Islamabad. Lo más probable es que no tenga ni la más remota idea de lo que nos está sucediendo. Coge el teléfono su esposa y parece nerviosa cuando le exijo hablar con su marido. Todavía está en el lavabo, me dice.

—Debo hablar con él de inmediato.

Le pido a Asif que responda a mis preguntas de forma directa y sin hacer ningún otro comentario. Lo que escucha lo despierta más que cualquier ducha fría.

Sí, admite, él concertó la entrevista. Danny insistió en encontrarse con Gilani, y la única manera en la que Asif podía conseguir tal cosa era pidiendo ayuda a «gente bien conectada con ese tipo de personas».

—¿*Qué* tipo de personas?

Los integrantes del movimiento de la *yihad*. En este caso, un joven de aspecto frágil que actúa como portavoz de Harkat-ul-Muyahidín, un grupo militante recientemente ilegalizado por el presidente Musharraf. ¿Cómo se llama ese portavoz? Arif. Entre Asif el negociador y Arif el portavoz terrorista mi cabeza empieza a confundirse. Decido denominar a uno «Asif el negociador» y al otro «el portavoz *yihadí*». Eso resulta útil.

—¿Qué aspecto tiene?

—Un poco sofisticado, con una larga barba.

Asra pregunta si lleva alzados los pantalones holgados, los *salwar*. Es una pregunta extraña pero reveladora, ya que entre los fundamentalistas se ha puesto de moda alzar sus pantalones. Se afirma que el profeta Mahoma sugirió este hábito a sus discípulos para que evitasen ensuciar sus prendas con el barro de los caminos. En medio de la interminable pretensión por demostrar su ortodoxia, los fundamentalistas musulmanes han adoptado esa costumbre. Así es, el portavoz *yihadí* llevaba alzados sus *salwar*.

—¿Era un hombre limpio? —indaga Asra.

Me avergüenzo ante semejante pregunta, pero saberlo nos aporta también información, pues los paquistaníes se quejan siempre de la falta de higiene personal de los afganos. Antes de que ella pueda proseguir por esta senda, interrumpo la conversación para formular el interrogante que me carcome por dentro:

—¿Tenía este portavoz *yihadí* contactos con Al Qaeda?

Un silencio mortal. Puedo oír la respiración agitada de Asif, pero no dice nada.

—¿Danny lo sabía?

Más silencio. Más respiración agitada.

—¿Por qué no dijiste nada? Tu trabajo era protegernos. *¿Por qué nos has traicionado?*

Un negociador debe conocer cómo navegar entre las indefinibles fronteras que separan lo peligroso de lo que no lo es. Uno debería poder confiar en su negociador y depender de él. La ira se concentra en mi cerebro y casi enmudezco de odio.

—Prepárate, Asif. La policía está en camino.

Cuelgo el teléfono.

Asra y yo ocupamos tan poco espacio en este pequeño escritorio que la casa a nuestro alrededor parece inmensa. Mientras ella recorre el ordenador de Danny en busca de más información, yo me sumerjo en su montón de diminutos cuadernos. En cada uno de ellos, Danny ha colocado su tarjeta de visita y ha escrito de forma metódica dónde estábamos por entonces. Desde Jaipur hasta Doha, todos nuestros recorridos han sido escrupulosamente detallados, pero siempre empleando el lenguaje abreviado que Danny inventó cuando estudiaba periodismo en Stanford. No consigo descifrarlo. Con el tiempo llegaré a descubrir que *nadie* puede. El FBI contratará a algunos de los más destacados descifradores de códigos para intentar leer el singular lenguaje de Pearl. Ninguno tendrá éxito en su misión.

En la memoria de seguridad de su agenda electrónica hallamos la letra de decenas de canciones (*The Harder They Come*, *What a Wonderful World* y *Love Minus Zero*, de Bob Dylan, con sus versos «Mi amor habla como el silencio / sin ideales ni violencia»). Encontramos también multitud de listas cómicas: «Cosas que nos agradan de los alemanes: su curiosidad, su buena cerveza, su adopción de miles de refugiados, su puntualidad, haber dado a Beethoven, no ser tan malos como los austriacos, la honestidad de sus mujeres, su remordimiento acerca de la guerra». Siempre optimista, ha escrito incluso una lista titulada «Cosas gratas de Bombay», que es muy breve. También hay listas de libros leídos y de frases en francés que ha aprendido. Esa lista nunca ha dejado de crecer:

Forcenées: maníacos

Suppot: secuaz

La risée: un hazmerreír

Boucher un coin: desconcertar a alguien

La branlette: masturbación

Se goinfrer: pegarse un atracón

Prendre des gants: tratar con delicadeza

Frémir: escalofrío

Cuando descubrí por primera vez la debilidad de Danny por confeccionar listas, me pareció un poco extravagante, sobre todo tras saber que había iniciado una sobre mí. Eso hirió mi orgullo. ¿Acaso precisaba de una lista que le recordase mis características? Danny me explicó que cada uno de los puntos enumerados constituía material primario para la letra de una canción que quería dedicarme. Añadió incluso que si seguía agregando puntos, para el tiempo en que fuésemos ancianos se habría convertido en una oda épica a la mujer que amaba.

Muy hermoso. Interrumpo ahora mi pesquisa para ver cuántos puntos contiene la lista hasta el momento. 16.

LAS COSAS QUE AMO DE MARIANE

Pone Led Zep por las mañanas.

Dice que no desea ninguna de esas mierdas comerciales en nuestra boda.

Baila con o sin música.

No cree que uno deba rendirse en ciertas cosas a medida que se envejece.

Es tímida al día siguiente.

No teme llorar.

Disfruta de las cosas convencionales (las fogatas, la navegación) sin ser convencional.

Me permite comportarme tan estúpidamente como lo desee sin sentirse avergonzada.

No toma a papá demasiado en serio.

Es intrépida y práctica.

No hay nada de lo que no pueda conversar con ella.

Le agradan los animales disecados.

Se sienta sobre mí mientras trabajo.

Viste la misma camiseta durante dos días seguidos si le place.

No suele mirar por dónde va.

Tiene una increíble habilidad para analizarse a sí misma y a nosotros dos con una clara perspectiva.

—Son las nueve en punto —dice Asra.

Han transcurrido casi tres horas desde que llamamos a la policía. No deberían tardar en venir. Nos ponemos de pie y guardamos las botellas de cerveza de anoche en un armario de la cocina. Escondemos también el ordenador de Danny y el nuestro a fin de mantener el control sobre ciertas piezas claves de información. Sabemos que los hombres paquistaníes no siempre agradecen la colaboración de mujeres profesionales. Es esencial que permanezcamos involucradas y con libertad para hacer lo que nos parezca oportuno para hallar a Danny. Nos mantenemos en guardia.

Asra se quita sus botas y vuelve a ponerse los tacones. Yo no me cambio. Sigo vestida para la batalla.

Tariq Jameel se sienta en un extremo del sofá del comedor, rodeado por media docena de sus hombres, ninguno de los cuales nos dirige la mirada. Tampoco se sientan. En señal de respeto, mantienen sus cabezas bajas hasta que Jameel les habla en urdu. Entonces todos asienten: «*Ji sir*». Asra trata de fingir que no comprende, pero sus ojos la delatan.

—¡Shhhh! —escucha que Jameel le dice a uno de sus lugartenientes—. Ella puede escucharnos.

Jameel es el subjefe de policía de Karachi. De baja estatura, viste un uniforme verde oliva. Su bigote está cuidadosamente recortado y sus ojos son pequeños y redondos, como de mármol negro. Con palabras lentas y medidas, vertidas en un tono de seda, nos pide que le digamos todo lo que sabemos. Mientras le explicamos los acontecimientos de ayer y nuestros descubrimientos de la noche, nos estudia con la mirada. Cuanto más avanzamos, más preocupado parece.

—Y usted está embarazada —advierte finalmente, fijando los ojos en mi vientre.

«¡Joder! ¡Este detective sí que es perspicaz!», murmuro para mis adentros.

En el exterior, la calle ha sido cercada por una falange de desvencijados jeeps y mediocres vehículos militares. Una y otra vez suena el timbre, y en cada ocasión entra en la casa un nuevo hombre desconocido. ¿Cuántos más podrán caber? La gente de Jameel recibe a sus compatriotas con un saludo militar. Los recién llegados, en su mayoría vestidos con ropas de civil al estilo occidental, vagan de una a otra habitación como si la clave de la desaparición de Danny, de algún modo, pudiese haber pasado inadvertida para los demás. En la cocina toman nota de los restos de la cena de anoche. En el comedor abren todos los cajones y escrutan cuanto papel haya cerca del teléfono.

¿Por qué no están rastreando Karachi en busca de Danny? Contemplo esta escena con incredulidad. Me recuerda a aquellas series televisivas que miraba de adolescente en las aburridas tardes de domingo: la policía llega y recoge las evidencias, se presenta la esposa de la víctima con los brazos cruzados sobre su pecho, la voz consumida por la pena y el rostro bañado en lágrimas.

Desesperada por lograr que Jameel movilice a sus hombres por la ciudad, Asra coge el teléfono y llama a John Bussey como para demostrar que la «gente importante» de Estados Unidos espera también para entrar en acción. Al teléfono, se las compone para deslizar letra por letra el nombre de Jameel, esperando obtener una sonrisa del jefe de policía. Sin embargo, no creo que este hombre suela reírse demasiado en su vida cotidiana.

Asra le pasa el teléfono a Jameel. Lo escucho asegurarle a Bussey que «la policía realizará todos los esfuerzos posibles para encontrar a Danny». El empleo de semejante cliché acaba por derrumbar cualquier mínima esperanza que pudiese tener en él.

Una duendecilla de cabellos cortos se pasea por entre todos estos hombres, con sus ojos negros tan abiertos como si nunca hubiese visto antes tantos adultos reunidos a la vez. Se trata de Kashva, la hija de los sirvientes. Vestida con una larga falda, descalza y sucia, recorre la sala con la boca abierta. Me percato de que la aterradora extrañeza de su aspecto deriva de la forma en que están pintados sus ojos. Las madres paquistaníes delinean los ojos de sus pequeños con polvo negro de *kohl* a fin de protegerlos de los malos espíritus. Les proporciona una apariencia de ángeles del demonio. Tan pronto como su madre le habla, Kashva corre hacia ella, que está ocupada barriendo la moqueta empleando para ello un método por completo ineficaz (ponerse en cuclillas); la mujer va fatigada de aquí hacia allá raspando la superficie con su primitivo cepillo casero. A ese ritmo barrer la casa le llevará todo el día.

Aunque nadie alza la voz, muchos de los hombres a nuestro alrededor no logran contener su excitación. Se trata de un caso de perfil alto, y se preocupan por ser incluidos. Asra hace cuanto puede por enterarse de las idas y venidas. Puesto que es una talentosa periodista, persigue a los hombres preguntándoles su nombre y apellido y su cargo, que anota en un pequeño cuaderno. Algunos se sienten claramente intimidados. No están habituados a que los interroguen, y mucho menos a que lo haga una hermosa mujer urduparlante, estadounidense nacida en la India, quien alquila una casa para ella sola en el loco y fuera de la ley Karachi, pagando el (al parecer) irracional precio de 4.000 rupias mensuales. SSP, DIG, DSP, CID... lo único que consigue son iniciales. Su cuaderno parece como si hubiese cogido el alfabeto en medio del aire para luego estamparlo sin orden alguno en el papel. La única sigla que me resulta familiar es ISI, la inteligencia paquistaní, y como parece razonable suponer que ellos estén aquí, no menos cierto es que a estos hombres no les agrada revelar su verdadera identidad.

Se presenta un hombre de baja estatura vistiendo uniforme y birrete. Cada uno de sus pasos llega precedido por un golpe de su bastón. Me es presentado como Kamal Shah, inspector general (IG). Es un individuo tranquilo y de modales sobrios, y procede a escuchar el informe que Tariq Jameel le susurra al oído con sumo respeto. Un policía da un paso adelante y añade unas pocas palabras al oído del IG. Todos ellos se comportan como si compartiesen secretos personales. Comienzo a sentirme irritada ante tanto misterio, pero me fuerzo a mí misma a mantener la calma. Analizo la cadena de mandos. Es evidente que Jameel le informa al IG, y que luego el IG le informa al gobernador de Sindh, con quien ahora habla por teléfono. Conversan en urdu, pero el IG subraya sus frases en inglés: «Esto es importante, señor, esto es importante».

Los hombres proceden a interrogarme. ¿Por qué deseaba Danny encontrarse con Gilani? ¿Cómo es que se metió en tales problemas? Como ministro de Interior, Moinuddin Haider me comentará unos días más tarde en tono acusador:

—Pakistán ha recibido a 3.000 periodistas durante todo el transcurso de la guerra de Afganistán y hasta ahora ninguno ha desaparecido.

Está muy claro lo que quiere decir: Danny se ha puesto a sí mismo en esta situación. Ha de ser muy descuidado, o habrá querido ir demasiado lejos.

—No lo creo —respondo—, y si lo deseáis puedo demostrarlo.

Para empezar, si Danny fuese alguna especie de *cowboy*, ahora estaríamos en Afganistán. En el instante preciso en que Estados Unidos dejó claro que tomaría represalias por el 11 de septiembre, los periodistas comenzaron a competir por un puesto como reportero en Afganistán. Nosotros no. Esperábamos un hijo y estuvimos de acuerdo en que ir allí sería demasiado peligroso. Además, Danny ya había degustado bastante la tarea de reportero de guerra durante su corresponsalía en Bosnia en 1999. Allí fue testigo de las posteriores masacres y comprobó cómo es vivir en un mundo colmado de francotiradores y territorios infestados de minas. Danny ya no tenía el hambre de adrenalina que satisface trabajar desde zonas de peligro.

Aun así, el *Wall Street Journal* no se quiso quedar al margen. Estábamos informando desde Islamabad cuando el editor de noticias Bill Spindle envió a Danny un correo electrónico preguntándole: «A propósito, ¿te resultaría muy complicado conseguir un visado para Afganistán? Sólo por si acaso... Bussey arde por contar con alguien que viaje a Afganistán. Arde por ello, te lo aseguro».

La respuesta de Danny fue inmediata y contundente:

> Por cuanto he leído (en el último cable de Reuters) los periodistas extranjeros que informaron sobre el arresto de trabajadores sanitarios se han marchado ya de Afganistán. En Nueva Delhi resulta sencillo conseguir un visado para el norte de Afganistán, pero desde allí se debe luego atravesar tres países para llegar a algún destino, e incluso entonces se acaba en un enclave que controlaba Masud, quien ha muerto [...].
>
> De cualquier forma, me negaría a ir a Afganistán, y lo hago en parte basándome en un detallado informe que le envié a Bussey sobre seguridad periodística hace algo más de un año. Allí mencionaba la necesidad de establecer procedimientos para asegurar un control y contacto regular, conseguir que los editores sepan qué hacer si un periodista desaparece, averiguar si es necesario el entrenamiento que efectúan algunos periodistas para trabajar en condiciones de guerra, así como si no deberíamos tener conocimientos y equipos básicos de primeros auxilios. Bussey nunca me respondió. No he sido entrenado como corresponsal de guerra y no me parece que sea responsable por parte de un medio de prensa enviar a gente sin una preparación apropiada a vivir situaciones como ésa.

Por supuesto, no soy nadie para sermonear a Bussey, y menos ahora que él ha pasado por una circunstancia mucho más complicada que cualquiera que yo haya experimentado [el ataque a las Torres Gemelas]. Insha'allah.—D.P.

La guerra carecía de atractivos para Danny y para mí. Lo que nos interesaba era el desafío de la paz. Por lo general, la gente considera paz a la mera ausencia de guerra. En cambio, es el resultado de acciones muy valientes encaminadas a iniciar un diálogo entre diferentes civilizaciones. Tanto Danny como yo considerábamos nuestra profesión como un modo de contribuir al diálogo, de permitir que se oyesen todas las voces, y de ser testigos.

Poseíamos una sólida ética periodística, pero también era grande nuestra vulnerabilidad. Retrocediendo al período en que informaba desde los Balcanes, Danny hizo una llamada a Nueva York para discutir con sus editores el contenido de un artículo que estaba redactando. «Ah, Danny, a propósito, ¿dónde estás?», le preguntó su editor. Pregunta básica, formulada en tono inocente, pero que llenó a Danny de ira al comprender que se le había enviado a una zona de guerra sin que sus jefes se tomasen el trabajo de recordarlo.

«[Muchas gracias por] toda la excelente cobertura desde Kosovo que realizaste para el periódico», le escribió en un correo electrónico uno de los editores jefe en el verano de 1999. «Lo hiciste de forma ingeniosa, manteniéndonos en vilo a lo largo de todo el desarrollo de los sucesos [...]. De modo que gracias. Te tendremos en cuenta para la próxima guerra.»

Eso no era lo que Danny esperaba escuchar.

Tan pronto como regresó a París, redactó un detallado documento titulado «Informe sobre la protección de los periodistas», aquel que había mencionado cuando el editor de Internacional Spindle le preguntó si no deseaba ir a Afganistán. El informe demostraría ser notablemente premonitorio e instructivo:

Primero, una idea general: muchos de nosotros hemos oído el estribillo según el cual el *Journal* «no envía gente a sitios peligrosos». Existe algo de verdad en ello. Es mucho menos probable hallar un corresponsal del *Wall Street Journal* a bordo de un convoy militar fuera de Freetown que toparse con corresponsales de APTV o de Reuters. En el *WSJ* no sentimos la misma presión que los corresponsales de radio o televisión por ser los primeros en la zona del conflicto, y eso es positivo. Sin embargo, el concepto puede llevar al periódico a un equivocado sentimiento de seguridad. El hecho es que hemos enviado gente a Kosovo mientras todavía se producían tiroteos (y sin el tipo de preparación que hubiese recibido si el periódico estuviese más acostumbrado a este tipo de cosas). También hemos hecho corresponsalías en Chechenia [...]. Los extranjeros se están convirtiendo poco a poco en blancos predilectos en sitios como Oriente Medio o el sur de Asia. Si se produjese algo como un secuestro o un arresto... ¿sabríamos cómo reaccionar?

Danny había sido lo bastante ambicioso como para saber que una corresponsalía en un lugar de conflicto era exactamente eso. Pero en su opinión el asunto consistía en controlar los riesgos del camino en lugar de permitir que los riesgos lo controlasen a él.

CONTROLES REGULARES: a lo largo de los últimos años hemos tenido periodistas detenidos en numerosos sitios. Por fortuna esas detenciones no han durado nunca más de una jornada. Pero existe el peligro de que un periodista esté desaparecido durante varios días sin que nadie se percate de ello. En repetidas ocasiones le he dicho a mi editor o asistente de noticias que llamaría diariamente, y que me llamasen si no tenían noticias mías. Sin embargo, cuando estuve unos cuantos días sin llamar nadie se comunicó conmigo. [...] Como mínimo debería formar parte de los deberes del editor seguir el rastro de un reportero que cubre un conflicto. Debería existir algún sistema [...] para recordarles seguirle la pista al reportero, y contar con un listado de números para llamar si existe alguna duda sobre la seguridad de dicho reportero. [...] El primer contacto (después del cónyuge) debería ser el negociador/traductor, luego otros periodistas en el país de destino, luego cualquier agencia gubernamental responsable de los periodistas en tránsito, luego la embajada estadounidense o la institución pertinente. Esos teléfonos deberían estar disponibles para cualquiera que siguiese el rastro del periodista o que fuese sobresaltado en medio de la noche por alguien preocupado acerca de la situación del periodista.

Existen números adicionales a los que debería llamarse si desaparece un periodista: primero, el Comité Internacional de la Cruz Roja (011-41-22-734-6001, atiende las 24 horas; o 730-2088, la oficina de prensa; o 734-8280, fax). El CICR tiene facultades para visitar prisiones y comprobar si un periodista ha sido arrestado, así como para lograr que los mensajes entren y salgan del país de destino. En segundo lugar, el Comité de Protección Periodística (212-465-1004). En caso de ser necesario, ellos saben cómo ejercer presión pública para lograr la liberación de alguien.

CONSEJO: cuanto más tiempo pasa un periodista en un lugar conflictivo, mayor es el riesgo que asume. Una manera de reducir ese riesgo es disuadir a los periodistas de realizar coberturas que no se desean en Nueva York o que no podrían utilizarse bajo ningún concepto. Pero en sitios como Kosovo, la decisión acerca de hacia dónde ir y qué hacer debe tomarse hacia las ocho de la mañana, y debido a las diferencias horarias el consejo desde Nueva York sólo podría llegar demasiado tarde como para ser de alguna utilidad. Obviamente, sería demasiado llamar al director para tomar una decisión instantánea, o al editor de Internacional para que tome decisiones a las dos de la madrugada. Pero si existiese un modo de obtener respuestas veloces en el caso de alguien que trabaja en una zona peligrosa, resultaría de gran ayuda [...].

DINERO: existen todavía numerosos países en los que una tarjeta visa carece de utilidad. Llevar encima dólares estadounidenses resulta esencial en Irán, llevar marcos alemanes es esencial en buena parte de la ex Yugoslavia. Pero no existe ningún sistema que les permita a los periodistas recibir dinero de forma rápida después que se ha viajado. De hecho, eso redunda en un gasto extra para el *Journal* (50 dólares por cada cheque de mil a fin de obtener francos aquí, más el cargo por el cambio posterior de francos a dólares), y en una pérdida de tiempo (esperar a que llegue el dinero para iniciar un viaje). Pero implica también problemas de seguridad. Si uno se queda sin dinero en el sitio inapropiado, podría quedar varado allí durante mucho más tiempo del necesario a la espera de que llegue. En Montenegro, los periodistas se veían forzados a efectuar recorridos de una jornada entera a Dubrovnik para probar suerte en los cajeros automáticos, exponiéndose por lo tanto a situaciones hostiles sin motivo. Por otra parte, si empiezas a quedarte corto de dinero, deberás ahorrar suprimiendo a tu chófer habitual, yendo a lugares sin un negociador o moviéndote por las afueras del hotel (todos ellos riesgos potenciales).

Sugerencias: Mantener una cuenta corriente en algunas posiciones estratégicas, donde el periodista pueda obtener sin demora 5.000 o 6.000 dólares para un viaje. Desarrollar un sistema [...] que permita al editor transferir dinero electrónicamente a un periodista sin necesidad de que transcurran días de papeleo burocrático o de colocar billetes en efectivo sobre las mesas del Citibank. Western Union es otra opción, pero resulta cara, y obligaría a mantener un cierto volumen de efectivo en Nueva York que alguien debería transportar hasta Western Union [...].

ENTRENAMIENTO: existen al menos dos cursos disponibles para los periodistas que cubren zonas de conflicto. Mucha gente se siente molesta ante su connotación militar: ¿acaso deben recibir los periodistas cursos de entrenamiento de ex soldados de las fuerzas especiales? Pero Craig Copetas, que realizó uno de estos cursos hace algunos años, me aseguró que le resultó de gran utilidad en más de una ocasión y que, en su opinión, deberían ser obligatorios. Otros que no han experimentado los cursos están de acuerdo, ya que el plan de estudios incluye cuestiones como primeros auxilios básicos (por ejemplo, se enseña a realizar un torniquete), armamento (cómo saber si el arma que apunta a tu rostro tiene puesto el seguro y si está cargada), psicología humana (cómo razonar con gente hostil en los controles fronterizos), conducta (cómo escapar de situaciones comprometidas) y gran variedad de cosas, como qué ropa vestir para evitar ser un blanco, de qué modo enfrentar climas extremos, de qué modo no correr riesgos durante las manifestaciones, métodos para esquivar las minas, etc. En el Reino Unido existe un curso de una compañía llamada Centurion Risk Assessment Services que ha obtenido buenas referencias (*The New York Times* y la BBC han enviado gente allí). El curso que siguió Copetas es el de Andy Kain Enterprises (han pasado por él periodistas de la cadena CNN y la BBC), que se ofrece en el Reino Unido y en muchos otros sitios. Los tres corresponsales que cayeron en una emboscada en Sierra Leona siguieron al parecer el curso de Centurion; dos sobrevivieron, uno murió. El precio de cada curso, que dura de tres a cinco días, ronda los 500 dólares diarios. Adjunto un artículo de *The New Yorker* acerca del curso de Centurion.

EQUIPAMIENTO: los chalecos antibalas ponen nerviosa a la gente, pero si vamos a usarlos ha de ser de forma responsable y no recordando en el último minuto: «Creo que en mi oficina de París hace cinco años había un chaleco antibalas». Desventajas: son incómodos, calurosos y pesados (casi tres kilos). Ventajas: el chaleco adecuado puede proteger contra las granadas y proyectiles tanto como de las pistolas, y no es preciso llevarlo puesto todo el tiempo. Por ejemplo, se puede tener uno en el coche mientras se viaja por cualquier sitio cercano a una zona de batalla si empiezan a volar proyectiles. Muchos colegas dicen que en numerosas ocasiones hubiesen deseado tener uno a mano. El problema es que se debe tener uno de la talla exacta y es preciso saber cómo emplearlo.

A partir de este momento, el informe de Danny se volvía *aún más* específico.

No se le dio importancia.

Sentada en el sofá junto al jefe de policía, me resulta arduo dejar de repetir el informe en mi mente, punto por punto.

Mientras Tariq Jameel susurra en urdu al teléfono, otro hombre de aspecto oficial, de unos 30 años, amable, sonriente y vestido de traje me llama con un gesto discreto. Me informa de que pertenece a una rama de la policía representada por otra sigla (al igual que Asra, ya no distingo una de otra) y me pide una fotografía de Danny «para los fines de la investigación». Por suerte Danny y yo nos hemos tomado hace poco fotos de carné y me dirijo al bolso del ordenador de Danny para buscar las suyas. Cuando las encuentro, la expresión dulce y un poco irónica de los ojos de Danny se encuentra con la mía y algo comienza a gritar en mi interior. Experimento un instante del más puro pánico. Siento una devastadora urgencia por salir a las calles gritando su nombre, exigiendo que me lo devuelvan *de inmediato*.

Yo soy Danny, yo soy nuestro hijo, y me he rebelado.

La ira que me invade sobrepasa con mucho la noche infernal que he pasado. De pronto siento un terrible lazo no sólo con las víctimas del 11 de septiembre sino también con los niños víctimas de un lavado de cerebro que se convierten en instrumentos de la muerte en nombre de un falso islam. Me subyuga lo terriblemente absurdo que es todo.

Dos hombres de pie en el salón me observan a distancia. Uno de ellos, que ronda los 40 años, es muy elegante. Fuma como un actor en una película de la década de 1940 (exhibiendo una absoluta serenidad). Sus ropas se ajustan con exactitud a su delgada silueta y sus cabellos y bigote presentan algunas canas. Su compañero es más joven, también muy elegante y apuesto. Sostiene un cuaderno pero no lo utiliza. Ambos parecen esperar de forma paciente a que acabe todo el barullo antes de empezar a trabajar. Siento que están familiarizándose con la escena. ¿Cómo pude no fijarme en ellos con anterioridad?

Me acerco y el caballero de más edad me da la mano.

—Soy el SSP, CID.

—Muy bien.

—Y él es el MI Dost —añade señalando a su compañero aunque sin dejar nunca de mirarme.

—Sí.

Poseen un aire de seriedad que, de algún modo, me agrada. Recordando la opinión favorable que tiene Asra de los militares, les pregunto si pertenecen al Ejército.

—Pertenecí —afirma el de más edad, sonriendo—. He sido capitán del Ejército, pero ahora soy jefe de CID.

Espero, rogando por todos los cielos que me explique qué es el CID, pero no lo hace. El más joven acude en mi ayuda:

—La unidad a cargo del contraterrorismo.

Et voilà. A pesar de nuestra noche en blanco nunca he estado más despierta en mi vida. Al fin, pienso, aquí está. Esto es lo que necesitamos. El jefe de contraterrorismo se encargará de buscar a Danny (buenas noticias si me preguntáis, aunque sólo hablen mis instintos).

Siempre me ha unido a Danny un lazo invisible. Si él está asustado, yo estoy asustada; donde a él le duele me duele a mí. Me brinda coraje el coraje que él está mostrando donde sea que esté.

—Escuche, capitán —digo con brusquedad—, estamos perdiendo el tiempo. Es preciso que hallemos a mi marido con rapidez. Usted es un profesional, pero yo soy su mejor aliada.

Le explico por qué Asra y yo deberíamos permanecer en el centro de la investigación. Le cuento lo que hemos averiguado. Le permito ver nuestro esquema. Le pido que no se aleje de nosotras. Me mira fijo y profundamente a los ojos, reflexivo, irradiando una calma olímpica. No puedo determinar si se trata de increíble serenidad o de mera distancia profesional.

—Trabajaremos juntos —advierte por fin, y agrega—, vosotras no habéis dormido en toda la noche.

Asra se nos une en el pasillo y yo la presento a toda prisa. Desde su llegada, el capitán y Dost han analizado el eficaz modo en que ella monitoreaba cuanto sucedía en la casa. Sin ser consciente de ello, Asra ya se ha ganado el respeto de ambos hombres.

El capitán señala los tacones de Asra.

—Quítese ese calzado —le dice con firmeza. Tacones semejantes podrán ser aceptables entre la élite paquistaní, pero para otros resultan provocativos. Además, son poco prácticos. Asra se los quita.

Luego, hablando con un amigo, me refiero al *capitán* mediante esta denominación, espontáneamente aplicada. Mi amigo parece aturdido.

—Has degradado a ese hombre tres categorías —protesta, pero la verdad es que ni conozco ni me interesan demasiado las jerarquías militares. Para mí, el capitán es el hombre que me guiará a través de un sistema del que tengo buenos motivos para desconfiar. Es el comandante de nuestra nave.

Debe de estar próxima la hora del almuerzo, pues la casa se vacía. El capitán y Dost se sientan a la mesa del comedor, donde hemos colocado el ordenador de Danny, recién sacado de su escondite. Asra y yo decidimos compartir con él nuestros hallazgos de esa noche, así como unos platos de pollo biryaní.

«En esta casa ha pasado algo demasiado grave, algo se ha quebrado», piensa el capitán, según me revelará tiempo después, «y sin embargo estas mujeres intentan comportarse con normalidad. E intentan mantener las esperanzas». Hemos conquistado su corazón. «Y me muestran el esquema que han trazado, con lo que estoy ya seguro de que colaborarán conmigo. No sé todavía de qué modo, pero me ayudarán, lo sé desde el principio.»

El móvil del capitán suena sin cesar. En general son llamadas de sus superiores, que empiezan a sentir cómo crece la presión. Sigo marcando el número del móvil de Danny cada 15 minutos, siempre sacudida por la voz mecánica del contestador. También llamo de forma regular a Siddique, el hombre con quien Danny debía encontrarse. Me atiende la misma voz infernal. Sólo empleamos nuestros teléfonos móviles, ya que hemos decidido dejar libre la línea fija por si Danny intentase llamar. Sobre el aparato hemos colocado una hoja de cuaderno con el letrero: «No tocar. Teléfono de Danny». El único equipo que ha traído Dost es una grabadora con contestador automático a fin de registrar una posible llamada del secuestrador. El problema es que el teléfono se halla enchufado a dicha máquina, que a la vez está enchufada a una toma de corriente del comedor, y en algún sitio la conexión falla, obligándonos a controlar los cables cada 20 minutos para asegurarnos de que el teléfono aún funciona.

Asra empieza a charlar con Dost como si fuesen compañeros de cena en un banquete. Tanto Dost como el capitán han viajado a Estados Unidos. De hecho, ambos estaban en Nueva York el 11 de septiembre, participando de una conferencia internacional contra el terrorismo.

—¡Eso sí que es bueno! —comenta Asra—. ¿En qué consiste exactamente vuestra tarea? —le pregunta. Dost responde que sus antecedentes son información de inteligencia. Supongo que en este caso eso es algo positivo.

—¿Qué sabéis sobre Gilani? —indago.

—No sabemos nada acerca de él —responde. ¿Cómo es posible que no conozcan a ese hombre? Mi preciosa confianza empieza a derrumbarse.

La familia Gilani, nos explica, se encarga de custodiar un histórico santuario sufí en la región de Lahore.

—Gilani es una figura muy respetada en Lahore —añade—, eso es todo cuanto sabemos.

Mi corazón se hunde. Estos hijos de puta no saben nada, pienso. Sólo entonces se me ocurre que las autoridades estadounidenses todavía no se han dignado a hacernos una visita. Exhausta, cojo el teléfono y llamo a Randall Bennett al consulado de Estados Unidos.

—¿Cómo se encuentra? —me pregunta con tono de preocupación.

—¡Pues bien! ¡Muy bien! Mi marido ha sido secuestrado, nadie sabe una mierda sobre los tipos que lo acompañan y usted sigue sentado en su oficina en alguna parte en lugar de ayudar. ¡Así que me siento muy bien, de puta madre!

Condescendiente, Bennett me ruega que me calme y asegura que tiene la situación bajo control. Cuando le digo que estoy a punto de denunciar su incompetencia en Washington, me explica que, a pesar de las apariencias, no está sentado en una oficina sino trabajando por la liberación de Danny, y que vendrá a verme en unas dos horas.

Dost y el capitán han escuchado mi discusión sin pronunciar palabra.

—Necesitamos que Bennett venga —me dice sin más el capitán y a continuación empieza a interrogarme, en esta ocasión acerca de mi estado de salud. ¿En qué período estoy de mi embarazo? ¿Cuándo dormí por última vez? ¿Qué he comido? Me ordena recostarme en el sillón.

—Soy un hombre casado —me informa—, y también un padre. Sé todo acerca del embarazo. Sé sobre las sensaciones y las hormonas. Lo sé todo. Y le diré una cosa: encontraremos a su Danny, pero usted debe cuidarse a sí misma y al bebé.

Al tiempo que obedezco, me percato de que nadie me ha hablado de ese modo desde la muerte de mi padre 27 años atrás. La voz de papá, olvidada tras tanto tiempo, vuelve a mi memoria. Era una voz debilitada por los incontables cigarrillos que fumaba, una voz que mi hermano y yo obedecíamos sin discusión, no sólo por el aire de respeto que emanaba, sino también por la dulzura que escondía. Por lo general no me gusta recibir órdenes de nadie, pero esta vez es diferente. Tiene razón, reflexiono, puedo confiar en el capitán.

Temo quedarme dormida, como si el sueño fuese a volver los sucesos más y más reales, y la realidad ya es de por sí una pesadilla. Dost hace cuanto puede por ayudarme.

—Si se duerme —me dice—, quizá sólo sea un mal sueño y Danny esté aquí para despertarla.

Suena el timbre. Compruebo que nos hemos convertido en un equipo cuando los cuatro aparecemos a la vez en el comedor, cerrando con cuidado las puertas de vidrio a nuestras espaldas para evitar que miradas indiscretas se posen sobre nuestro esquema y demás. Shabir, el sirviente, anuncia a Najeeb, un periodista de *Jang*. Es el hombre a quien llamó Asra hace un rato, y que nos habló sobre el informador desaparecido de la revista *Time*.

Asra se vuelve hacia Dost y el capitán, insegura de si debemos o no hablar con Najeeb. Dost lanza la primera orden de lo que acabará convirtiéndose en un curso intensivo sobre tácticas policiales en este singular entramado de agentes de inteligencia, policías auténticos, terroristas y personas bien intencionadas:

—Adelante, pero no le digáis nada. Formulad preguntas y esperad para ver qué información posee. Tomad notas mentalmente.

Najeeb, alto y delgado, está junto a la puerta.

—Soy el periodista de la sección de noticias policiales de *Jang* —explica. Parece originario de Pathan y viste un *salwar kameez* blanco. Desconfío de toda la prensa paquistaní, que nunca se ha distinguido por su objetividad o neutralidad. Más allá de eso, desconfío de forma instintiva de Najeeb. Disimula con muy poco talento el hecho de que el secuestro de Danny representa para él una auténtica primicia. Intenta dejar su huella en este caso. Me dice que acaba de regresar del restaurante Village, donde «gente que conozco en el lugar» le contó que Danny había dejado el lugar en compañía de dos hombres con barba.

—Le diré más si responde a algunas de mis preguntas —sugiere.

Por un fugaz momento alucino y veo a Najeeb convertido en un buitre, con sus pequeños ojos vacíos de toda humanidad. Regreso a la casa sin siquiera molestarme en responder.

Le comento al capitán la propuesta de Najeeb. Quizá él sepa alguna otra cosa, pero no puedo negociar con él. Deseo que lo interrogue la policía. Sin embargo, el capitán no tiene ninguna prisa por preguntarle nada.

—Será mejor mantener a los periodistas alejados de nosotros —aconseja—. Comencemos ahora con lo que sabemos. Tenemos tres números telefónicos. Primero, el del móvil de Imtiaz Siddique, quien iba a llevar a Danny con Gilani. Segundo, el móvil de Bashir, quien conectó a Danny con Siddique. Por último, tenemos el número del móvil de Danny. Con esto contamos para empezar.

—Pero... —protesté— eso es demasiado poco como para avanzar.

El capitán encendió otro cigarrillo y asintió.

5

Asif el negociador llega desde Islamabad a las cinco de la madrugada. La habitual mirada somnolienta se ha extinguido por completo de su rostro. Sus ojos están tan abiertos, tan inyectados en sangre, que me recuerda al Alex de *La naranja mecánica*. Al abrir la puerta, su expresión de terror me fuerza a retroceder. Su sien palpita de modo tan evidente que me produce vergüenza ajena. Entra en la casa sin admitir su perturbación; me tiende su mano brillante y sudorosa, pero yo rechazo el saludo.

—No quise lastimar a nadie —me confiesa, y el pánico se apodera de él con tanta intensidad que casi aligera mi ira—. Yo sólo le di a Danny lo que él quería. Eso es todo.

Asra se incorpora desde el sofá del comedor, donde ha estado descansando con el teléfono a su lado. Se restriega con fuerza sus ojos agotados, coge el cuaderno y nos conduce a la terraza, donde podremos hablar sin que nos escuchen nuestros custodios policiales.

Le explicamos a Asif que ya es hora de que llamemos a su amigo, aquel que le presentó a Danny al portavoz *yihadí*.

—¿Cómo se llama? ¿Cuál es su número?

Asif niega con la cabeza.

—No puedo decirles eso. Le prometí que nunca revelaría su nombre.

—¿Cuánto te paga Danny? —inquiere Asra.

Con la cabeza inclinada hacia abajo admite que Danny le paga 100 dólares diarios. Semejante salario es casi indecente en esta región (¿quién obtiene 100 dólares diarios en Pakistán?) y él sabe que negarnos su ayuda sería algo imperdonable.

Es una hora demasiado temprana como para que me comporte de forma diplomática. Asra y yo vestimos ambas nuestras camisetas y pantalones holgados, tenemos los cabellos despeinados y nuestros rostros evidencian la falta de sueño. No tenemos buen aspecto y no parecemos amigables.

—¡Dame el nombre y el número! —ladro.

Asif se rinde.

El hombre se llama Zafar y es otro periodista de *Jang*. Es un viejo amigo de Asif.

—Le rogué que me ayudase —sostiene Asif—. Le dije que si hacía un buen trabajo con Danny me convertiría en informante del *Wall Street Journal* en Pakistán. Le supliqué que me ayudase. Nosotros nos ayudamos mutuamente como periodistas. Pero nunca le hablé a Danny sobre él.

En sus notas, Asra comienza a delinear un árbol genealógico: Asif → Zafar <__> el portavoz *yihadí* → Bashir → Imtiaz Siddique → Gilani.

En otras palabras, Asif el negociador recurrió a Zafar en busca de ayuda. Zafar contactó con el portavoz *yihadí*, quien luego llevó a Danny ante el discípulo de Shaij Gilani, Imtiaz Siddique. Él debía de haber conducido a Danny hacia Gilani. Y este último quizá haya desempeñado un papel muy importante en el intento de Richard C. Reid de hacer estallar el vuelo 63 de American Airlines con una bomba oculta en la suela de su zapato.

—¿Cómo de bien conocía Zafar al portavoz? ¿Y a qué grupo representa el portavoz? —le preguntamos.

Asif nos dice que Zafar y el portavoz se conocieron al parecer durante una reunión de Harkat-ul-Muyahidín un año atrás. «Pero él es sólo un portavoz», aclara como si eso fuese a tranquilizarme. En absoluto. Harkat es uno de los grupos musulmanes más radicales de los que operan en Pakistán.

Asra y yo necesitamos hablar con Zafar. Con gran reluctancia, Asif marca su número. El tono con que le habla es curiosamente respetuoso:

—Estoy aquí con la esposa de Danny y su amiga. Saben quién eres —advierte—. Ellas se asegurarán de que goces de protección y de que no seas interrogado por la policía paquistaní sino por la estadounidense. Se asegurarán también de que tu nombre no se haga público. Van a llamarte desde otra línea.

—¡Una mierda! —exclamo cuando Asif cuelga—. También lo interrogará la policía paquistaní.

Asif enmudece. Asra y yo ponemos un micrófono junto al teléfono para grabar nuestra llamada. Del otro lado de la línea, Zafar parece mucho menos asustado que Asif y responde de buena gana a todas las preguntas que le disparamos.

Nos aclara su relación con los grupos extremistas islámicos.

Para comprenderla, es necesario conocer antes algo sobre la larga y mortal batalla en torno a Cachemira. En 1947, cuando la India y Pakistán se declararon independientes de Gran Bretaña, el futuro del estado de Cachemira, en el Himalaya, quedó sin definir. La mayor parte de sus habitantes eran musulmanes, pero era gobernado por un rajá hindú y, según el acuerdo con los británicos, el rajá tenía poder para decidir si el estado se convertía en parte del Pakistán predominantemente musulmán o de la India, en su mayor parte devota de la religión hindú. Antes de que él pudiese tomar tal decisión, Pakistán se adelantó y exigió la soberanía de Cachemira. En respuesta, el rajá decidió unirse a la India. La disputa resultante ha persistido durante más de medio siglo.

Se han producido tres guerras por el control de Cachemira, y en su disputa han muerto unas 60.000 personas. Las Naciones Unidas decretaron un alto el fuego en 1948, y el territorio fue dividido de tal manera que aproximadamente un tercio quedaba en manos de Pakistán mientras el resto permanecía en poder de la India. Tanto los británicos como las Naciones Unidas exigieron un plebiscito para permitir que la población de Cachemira tuviese alguna oportunidad de expresar su opinión acerca de su estatus y su futuro. Pero ese proyecto nunca fue llevado a la práctica y así el juego de la guerra ha seguido vivo hasta la actualidad. Hoy en día, el deseo de ver todo Cachemira bajo el gobierno islámico se ha convertido en una obsesión nacional para los paquistaníes. Un millón de hombres han sido movilizados a lo largo de la frontera de Cachemira, formando la llamada Línea de Control, y el mundo entero está a la expectativa de una nueva guerra, una guerra que, lo que es mucho más aterrador, podría incluir el uso de armas nucleares. Tanto la India como Pakistán las poseen, y las dos naciones parecen dispuestas a utilizarlas. Tan intransigentes son que mantienen asentamientos militares incluso en el glaciar Siachen, en el remoto extremo noreste de Cachemira. El glaciar se encuentra tan lejos que jamás fue asignado a ninguna de las dos naciones, y por lo tanto ambas lo reclaman. Siachen presume de muchas cosas: ubicado a unos 6.900 metros de altura, es el campo de batalla más alto del mundo; a la vez, se trata del glaciar más extenso que existe con excepción de los situados en los polos; por lo general la temperatura es de 70 grados bajo cero (muchos de los soldados viven en iglúes). Ambos contendientes parecen estar dilapidando más de un millón de dólares diario disparándose entre sí a través del inquietante territorio, pero han muerto muchos más combatientes a causa del terrible clima que como resultado de las balas.

Lo que ha subido la tensión en años recientes es la escalada tanto del fundamentalismo islámico como del hindú, y en particular la intensificación de los esfuerzos de los primeros por reclamar su soberanía sobre la región. En 1989, cuando los soviéticos se retiraron de Afganistán y los talibanes asumieron el poder, grupos *yihadíes* volcaron su atención sobre Cachemira.

Cubrir las actividades de los grupos en Cachemira se ha convertido ahora en una noticia caliente para un periodista como Zafar. Coches bomba, campos minados, suicidas con bombas...

—Esta gente ha salido a la superficie —explica—, y su actividad se ha vuelto más intensa. Yo trabajo para *Jang*. Estoy informando sobre la defensa. Organizaciones diplomáticas, Cachemira y Afganistán. Con frecuencia me cruzo con estos *yihadíes*. Me pongo en contacto con ellos para saber qué es lo que sucede.

Sus fuentes son personas como el portavoz *yihadí*.

—¿Cómo es el portavoz? —preguntamos—. ¿Quién es? ¿Dónde vive?

—Es un simple activista —afirma Zafar—, y parece una persona responsable.

Añade que ronda los 20 años y posee estudios (lo que en un país donde el 60% de la población es analfabeta no deja de ser significativo). En cuanto a la vida privada del portavoz, Zafar no sabe mucho. Tiene la impresión de que pasa la mayoría de sus noches en los cuarteles centrales de la organización en la ciudad de Rawalpindi. Antigua base de acción del colonialismo británico, Rawalpindi es a la vez la ciudad gemela y la antítesis de Islamabad, que se encuentra pocos kilómetros al norte. Mientras que Islamabad es ordenada, Rawalpindi es masiva, caótica y descuidada.

El portavoz es un joven con buenos contactos.

—También parece relacionarse con Jaish-e-Mohamed —añade Zafar—. Cuando fue bombardeado su campo en Afganistán, el portavoz me invitó, junto con otros periodistas, a presenciar la ceremonia fúnebre.

Tal fue el motivo por el cual Zafar pensó que, si alguien tenía posibilidades de establecer contacto con Shaij Gilani, ése sería el joven portavoz.

—Ya sabéis —explica—, hasta no hace mucho no representaba riesgo alguno visitar tales organizaciones.

Es un punto importante. Fue sólo hace unas semanas que el presidente Pervez Musharraf ilegalizó a todos los grupos *yihadíes*. Danny escribió sobre eso en su artículo «Pakistán tiene una doble meta al enfrentarse a los militantes islámicos», publicado el 2 de enero. «Al rodear a los líderes de los grupos militantes islámicos», decía Danny, «Pakistán intenta matar dos pájaros de un tiro: evitar una guerra con la India y resolver los problemas internos relacionados con el terrorismo».

Desde los atentados del 11 de septiembre, Estados Unidos ha presionado a Musharraf para que ejerza un firme control sobre las actividades terroristas con base en Pakistán. Sin embargo, temeroso de las posibles repercusiones políticas, Musharraf se ha resistido a actuar. Entonces se produjo el ataque terrorista al Parlamento de la India el 13 de diciembre de 2001. Tomando al asalto el edificio, ubicado en Nueva Delhi, cinco militantes de Cachemira consiguieron asesinar a nueve personas antes de morir a manos de la policía.

Por aquel entonces Danny y yo estábamos en Islamabad. Telefónicamente, Danny organizó la cobertura periodística en la India y luego salimos a las calles para conocer la repercusión entre los paquistaníes. Lo que descubrimos fue cuando menos desconcertante. La mayor parte de la gente con la que hablamos estaba en verdad convencida de que la India había escenificado el ataque a fin de que el mundo se volviese contra Pakistán. Todos parecían inmersos en la teoría conspirativa. Daba la sensación de que el caos mental se había convertido en la norma. Si los ciudadanos paquistaníes podían creer en un complot tan improbable, ¿hasta qué punto no sería sencillo manipularlos? ¿Cuán hondo llegaban la ignorancia y la paranoia?

La India amenazó con una respuesta militar a menos que Pakistán acorralase a los grupos que, con toda probabilidad, se escondían tras el ataque: Harkat-ul-Muyahidín (HUM), Jaish-e-Mohamed (JEM) y Lashkar-e-Taiba (LET). Musharraf estuvo de acuerdo en ilegalizar a las tres agrupaciones, pero las medidas contra los extremistas son mucho más fáciles de anunciar que de implementar. Pakistán protege a numerosas organizaciones que protagonizan actos terroristas. Las autoridades conocen a unas 50, y varias de ellas están interrelacionadas. Por otra parte, los grupos extremistas tienden a vivir un constante estado de cambio, tanto

si se los persigue como si no: se sumen en la clandestinidad, ad-
quieren nuevas denominaciones y se subdividen sin cesar. Jaish-e-
Mohamed es una partición de Harkat-ul-Muyahidín; Lashkar-e-
Taiba tiene sus raíces en la secta fundamentalista wahhabi de Arabia
Saudí, que a su vez presenta lazos con Lashkar-e-Jhangvi, una
agrupación ilegal de musulmanes suníes que ha sido responsable
de la muerte de incontables chiíes. Si Pakistán desea deshacerse de
los terroristas, deberá derrumbar una red constituida tras 20 años
de conspiraciones y sangrientas alianzas.

Tras el ataque al Parlamento de la India y la crisis resultante,
Danny y Asif el negociador viajaron a Bahawalpur, un distrito dedicado al cultivo del algodón en la provincia paquistaní de Punjab
en el cual Jaish-e-Mohamed tiene sus cuarteles centrales. Unos
días antes, la policía paquistaní había requisado buena parte de las
instalaciones de JEM, pero sus militantes sabían de antemano que
irían las autoridades y habían trasladado sus archivos y sus ordenadores a un escondite secreto con anterioridad a la llegada de la
policía. Además, aunque se efectuaron arrestos, la policía dejó en
libertad a militantes suficientes de JEM como para permitir la
continuidad de sus actividades.

Danny y Asif encontraron sin dificultad la oficina de JEM en
una casa sin número situada en un sucio vecindario de Bahawalpur. Aparcados en la puerta había camiones Hilux con cabina doble para uso de los miembros de JEM. Según me contó Danny
más tarde, algunos tenían matrícula del Gobierno paquistaní. Sobre el muro de la oficina de reclutamiento se había cubierto con
pintura el nombre de la agrupación, pero por todas partes podían
verse carteles instando a la guerra santa con las siguientes palabras: «Si no te levantas en esta ocasión, la nación musulmana será
destruida». Danny subió hasta un despacho en cuya puerta se leía
la inscripción «finanzas», y allí se entrevistó con un integrante
del comité ejecutivo central de JEM. El hombre se ubicó detrás
de un escritorio, alineó delante de él sus tres teléfonos móviles
encendidos y procedió a pontificar sobre la causa de los «comba-

tientes por la libertad» de Cachemira (según me explicó Danny, en la India también denominan «combatientes por la libertad» a sus propios hombres). No se topó allí más que con el habitual discurso *yihadí*.

Como parte de la ilegalización, se suponía que serían inmovilizados los fondos bancarios de los grupos prohibidos. Pero cuando Danny visitó la sede del banco local, descubrió que JEM no había poseído jamás una cuenta bancaria. La organización depositaba sus donaciones en cuentas «personales», en miles de ellas, de hecho. Dado que ninguna pertenecía técnicamente a Jaish-e-Mohamed, el dinero siguió fluyendo.

Jaish-e-Mohamed significa «Ejército del Profeta». Es una organización reciente, fundada a principios de 2000 cuando Maulana Masood Azhar, en algún momento líder de Harkat-ul-Muyahidín, fue liberado de una prisión hindú. ¿Cuán extremista es JEM? ¿Y cuán rico y poderoso puede ser un grupo tan reciente? Al fundar la agrupación, Azhar voló hasta Afganistán, donde se reunió con Osama Bin Laden, quien, se dice, le dio considerables sumas de dinero. Azhar ha sido nuevamente arrestado, pero tal como escribió Danny hace poco, «es improbable que el grupo sufra demasiado por la ausencia del joven Azhar, de apenas 33 años, quien después de todo logró su celebridad en prisión [...]. Ahora el grupo clama haber enviado miles de combatientes a Cachemira y afirma que su publicación bisemanal tiene una tirada de 50.000 ejemplares distribuidos en Pakistán y en el exterior».

El 12 de enero de 2002, un mes después de la ofensiva sobre los tres principales grupos de la *yihad*, Musharraf anunció una prohibición semejante sobre todas las demás organizaciones terroristas paquistaníes. Danny y yo nos encontrábamos en Peshawar y fuimos al Jyber Bazaar para escuchar el anuncio. Danny halló el único restaurante en la zona con un aparato de televisión. Sonriente y cortés, pidió pollo frito y té dulce, y solicitó un pequeño espacio en el banco repleto a fin de poder ver la transmisión. Éramos los únicos extranjeros y yo era la única mujer. Había llevado conmigo mi radio grabadora, y registré la conversación de Danny con el hombre ubicado a nuestro lado, quien deseaba complacer al inquisitivo estadounidense respondiendo a sus preguntas, pero no conseguía imaginar cuáles serían las respuestas *correctas*. Del mismo modo, la multitud que nos observaba trabajar comprendía que estábamos ejercitando una libertad de movimientos y pensamiento que para ellos era casi exótica. En la televisión, el general Musharraf ocupaba toda la pantalla, lo que lo hacía parecer a la vez solemne e insignificante. Auguró un futuro brillante para Pakistán: «Tendremos una democracia, pero será *nuestra propia* democracia».

Absorta ante el esquema centrado en Danny que cuelga de la pared del comedor en la casa de la calle Zamzama, compruebo que casi todos los nombres que hemos anotado allí a lo largo de las 36 horas transcurridas desde su desaparición pertenecen a personas mencionadas por el mismo Danny en uno u otro artículo durante los últimos cuatro meses. Me produce escalofríos pensarlo, y aun así ignoro si puede ser de alguna utilidad.

Llevamos media hora hablando con Zafar, y nos cuenta algo que nos perturba todavía más. Dice haber hablado en la mañana de ayer con el portavoz, quien le aseguró que había perdido su agenda y, por lo tanto, le resultaría imposible darnos el número de Bashir. Al mismo tiempo, Zafar promete que nos ayudará a dar con Bashir (con la condición, por cierto, de que seamos discretas acerca de su participación).

Mentimos, le prometemos guardar silencio, pero en realidad no existe motivo alguno por el cual debamos o deseemos ocultarle la identidad de Zafar al capitán.

Suena el timbre; la policía está de regreso. Guardo en un bolsillo la cinta donde he grabado la conversación con Zafar. Asra le dice a Asif el negociador: «Tu interrogatorio está a punto de comenzar». Luego añade de modo un poco más amable: «Asif, sé que estás asustado, pero no estás en peligro. Danny sí lo está, y es a él a quien debemos proteger».

Steve LeVine y Danny habían contratado a Asif en septiembre de 2001 para que los ayudase en un reportaje a Bashiruddin Mehmood, un prominente científico nuclear paquistaní dotado de sólidos y alarmantes lazos con los talibanes. Asif había estado trabajando para Jiji Press, la cadena de noticias japonesa. Firmar contrato con el *Wall Street Journal* representaba para él un claro ascenso. Consciente de su propia imagen personal y de aspecto razonablemente apuesto, aunque un poco rollizo, Asif exhibía una cierta tendencia a ser lascivo, pero más allá de eso parecía adecuado para su tarea. Y lo que era aún más importante: afirmaba poseer todos los contactos que necesitaban Danny y Steve. Cuando todos los grandes medios de comunicación internacionales entablan competencia, lo único que cuenta es la calidad de los negociadores que uno tenga en la agenda.

Danny se encontraba con Asif todos los días para recibir breves informes en la recepción del hotel Marriott de Islamabad. El Marriott era un escenario central aquel mes de septiembre, cuando estaba por iniciarse la guerra en Afganistán. Soldados fuertemente armados permanecían de guardia en todas las esquinas cercanas, protegidos por montones de sacos terreros. El interior del hotel de cinco estrellas, entretanto, se había convertido en un templo de la información mundial. Al parecer todo el planeta estaba representado en esa torre de Babel periodística, donde los batallones de la prensa internacional ocupaban 270 de las 290 habitaciones.

Los ascensores recibían y expulsaban una continua ola de reporteros, camarógrafos y técnicos listos para saltar sobre la información, *cualquier* información con la que alguien pudiese toparse en las primeras jornadas que siguieron a los ataques. Era posible hallar allí a todos los iconos de las noticias («Mira, allí va John Burns, del *New York Times*»). Daba la impresión de que los fatigados corresponsales de guerra lo habían visto todo, mientras que los nerviosos y jóvenes principiantes exhibían una constante ansiedad. Los veteranos narraban historias sobre sus no tan lejanas experiencias en los Balcanes, mientras que una corriente de personas cruzaba el suelo de mármol de la recepción con los teléfonos móviles adheridos a sus oídos. Había periodistas de la radio croata y de la televisión mexicana, más periódicos de los que uno pudiese imaginar que existiesen y, por supuesto, la BBC y la CNN. Las dos últimas habían cogido la mayor parte de la planta superior del hotel, y por lo tanto reinaban sobre el resto de nosotros.

Teníamos un único problema: no había nada que ver ni sobre lo que informar.

Septiembre, octubre, noviembre... la acción se producía en otro sitio, en el inaccesible Afganistán. En sus países de origen, los editores presionaban a los periodistas para que especulasen. El *Wall Street Journal* tenía poca presencia histórica en Pakistán, y sufría de una carencia de peso internacional, pero ésas no eran las grandes primicias que deseaba oír el director. El 14 de noviembre, John Bussey descargó su impotencia sobre Danny y sus colegas: «Camaradas, tengo grandes deseos de colocar el asunto Pakistán/Musharraf en portada... ¿hay alguna manera de lograrlo? (...) Todas las publicaciones importantes y canales de televisión han obtenido una entrevista con el sujeto. ¿Sigue pendiente nuestra solicitud?».

Sí, absolutamente pendiente.

Los camarógrafos occidentales, desesperados por filmar algo y presionados por sus emisoras, tomaban imágenes de los militantes islámicos que de forma regular se agrupaban frente al hotel. Si exhibían la elocuencia necesaria, algunos portavoces paquistaníes tenían garantizadas al menos diez entrevistas diarias. Yo escribí sobre los propios periodistas y el invernadero en que se había convertido el hotel. Lo cierto es que a la mayor parte de los periodistas no les agrada ser entrevistados. Una famosa estrella del periodismo presente en la constelación del Marriott me reprendió alzando la voz cuando me aproximé a ella, cuaderno en mano. «¿Es que no sabes quién soy?», me espetó ofendida. Para ser justos, debo admitir que ella aún no había bebido su café matinal. Danny, que acababa de levantarse de nuestra mesa, me dirigió con alegría una frase de aprobación («Muy buena cita, nena, muy buena cita») mientras yo me retiraba del modo más digno posible.

Islamabad se transformó en un abismo del aburrimiento. Entablé amistad con un anciano que vendía paraguas. Solía sentarse en un claro en la intersección de dos caminos. A su alrededor había construido un sistema de cuerdas de lavandería sobre las cuales colgaba sus paraguas. No cayó una sola gota de lluvia durante los cuatro meses que estuvimos en la ciudad, pero el hombrecito no perdió las esperanzas.

Abandonamos el hotel y nos trasladamos a una casa de huéspedes llamada Chez Soi, que también albergaba casi exclusivamente a periodistas, aunque éstos en general preferían mantener un perfil bajo. Chez Soi parecía un hogar burgués como el que podría hallarse en Burdeos, repleto de elegantes reproducciones de paisajes parisinos. Lo que marcaba la diferencia eran los teléfonos vía satélite Inmarsat Thrane & Thrane ubicados en cada terraza, con sus antenas grises y blancas apuntando al sur en dirección al satélite del océano Índico. El Chez Soi poseía conexiones a Internet aún mejores que las del hotel Marriott, y el personal estaba habituado a complacer los deseos y necesidades de los periodistas, por extraños que fuesen. Aquí, los huéspedes se trataban con mutua cortesía. Pero a la vez estábamos todos compitiendo, y ninguno lo olvidaba. Las conversaciones durante el almuerzo se producían entre susurros.

Danny nunca dejó de tener trabajo. Así fue como viajamos a Kuwait, Qatar (para la Conferencia de Países Islámicos, donde Danny entrevistó a uno de los más respetados líderes espirituales locales, Yussef Qaradawi) y Peshawar (sobre la frontera afgana, en tierra pastun). Sus misiones eran fascinantes, pero se producían incontables frustraciones. Al principio Danny estuvo muy satisfecho con la labor de su nuevo negociador, pero más tarde comenzó a ser evidente que Asif no era el mejor, y que en ciertos aspectos era una nulidad.

Daba la impresión de que en cualquier momento Cachemira estallaría en un baño de sangre, pero las autoridades paquistaníes le negaban a Danny acceso al territorio a menos que aceptase unirse a un recorrido especialmente organizado para periodistas (él se negó de forma rotunda). Circulaban rumores aduciendo que científicos especialistas en armas nucleares como Bashiruddin colaboraban con los talibanes y Al Qaeda, y había periodistas de todo el mundo siguiendo esa historia, pero el primero en conseguirla fue el *New York Times*. El correo electrónico que Danny y su colega Steve LeVine recibieron en diciembre de parte de la jefatura de Internacional del *Wall Street Journal* fue más que elocuente: «Leed el titular de hoy del *New York Times*». Sin firma, sin comentarios. La verdad es que no era preciso hacer ninguno.

Durante jornadas semejantes, Danny se deprimía. También Steve LeVine. Steve, jefe del departamento sobre Asia Central en Kazajistán del *Journal*, es un hombre de apariencia seria y discreta, bendecido con un don para la observación y un tranquilo pero agudo sentido del humor. Él y Danny trabajaban bien juntos. Compartían su sinceridad y su desconfianza frente a las opiniones apresuradas. La novia de Steve viajaba con él (la adorable Nurilda, kazaja, quien al igual que yo estaba embarazada). Como nuestras situaciones eran similares, una parte de mí esperaba encontrar en Nurilda una compinche en Islamabad. Pero ella era mucho más joven y exhibía un absoluto desinterés por los acontecimientos políticos que la rodeaban.

Ha comenzado el interrogatorio oficial a Asif el negociador.

—Muy bien —dice el capitán con su tranquilidad regia—, me agradaría volver a oír lo siguiente: ¿cuándo se produjo el primer contacto de Danny con esta gente?

Según explica Asif, a principios de mes Danny y él alquilaron coche y chófer para que los recogiese en el hotel Marriott de Islamabad y, tal y como habían convenido, se encontraron con el portavoz *yihadí* en un punto intermedio entre Islamabad y Rawalpindi. El portavoz los esperaba a un lado del camino. Estaba solo. Subió al coche de Danny y Asif y los guió hacia un edificio que, según sostuvo, era la casa de Shaij Gilani. Agregó que ya había estado allí unos pocos meses atrás, pero cuando los tres llegaron la casa estaba vacía. Tanto Gilani como sus vecinos se habían trasladado.

El portavoz *yihadí* les aseguró a unos decepcionados Danny y Asif que volvería a encontrar a Gilani. El segundo encuentro se produjo el 11 de enero. En esta ocasión el portavoz prometió presentarles a Bashir, un hombre que podría conducirlos hasta Gilani. La presentación tendría lugar en el hotel internacional Akbar de Rawalpindi, en la avenida Liaqat.

Una vez más, Danny y Asif recogieron al portavoz a un lado del camino. En esta ocasión lo acompañaba un sujeto no identificado, a quien presentó como un ex compañero de escuela de Karachi con el cual planeaba viajar aquella misma tarde a las colinas Murree, un centro de vacaciones local.

El Akbar era un hotel de diez dólares la noche con 75 habitaciones. Cuando Danny y Asif llegaron allí, cogieron el ascensor hasta la cuarta planta, como se les había dicho que hiciesen, pero la habitación donde en teoría debían encontrarse con Bashir estaba cerrada con llave. De modo que Asif el negociador y el portavoz *yihadí* dejaron a Danny y al compañero de escuela en la cuarta planta mientras ellos bajaban al restaurante en busca de Bashir. Allí lo hallaron, sentado con dos amigos. Eran las siete de la tarde y Bashir ya había pedido la cena.

—Ha llegado su huésped —le dijo el portavoz.

Los hombres hablaron unas dos horas, durante las cuales Danny no cesó de llenar las hojas de sus Super Conquérants con su misteriosa escritura en clave. Danny es capaz de tomar notas sin echar ni una sola mirada al papel ni interrumpir el contacto visual con su entrevistado. Según Asif, Bashir, que al parecer era punjabi, hablaba un «inglés fluido».

—Bashir dijo que en Pindi se dedicaba a la confección de ropa. Parecía equilibrado. Parecía educado. En su conversación no mencionó nada acerca de su vida privada. No se habló de ninguna esposa, ni nada parecido.

Según el relato de Asif, Danny le preguntó entonces a Bashir sobre Gilani (su personalidad, su ideología, sus sermones, sus actividades). Bashir no le preguntó nada a Danny. En palabras de Asif, «no mostró por Danny la menor señal de curiosidad».

Violando la tradición paquistaní, Bashir no les ofreció a sus huéspedes ni comida ni bebida hasta que Asif insistió en pedir unos bocadillos y café al servicio del hotel. Sirvieron la comida de muy mala gana. Cuando culminó la entrevista, el grupo se puso de pie. Danny sacó una tarjeta de visita de su cartera y se la tendió a Bashir. En el sur de Asia la gente intercambia sus tarjetas tan pronto como se conoce. Bashir no le dio la suya.

Justo antes de marcharse, Danny le preguntó a Bashir si pensaba que podría concertarse un encuentro con Gilani. Bashir respondió que lo intentaría, pero Danny debería demostrar previamente que no era «ni antiislámico ni antipaquistaní» enviando una selección de sus artículos. Otro obstáculo. Si los artículos eran aprobados, el encuentro tendría lugar en la capital después de nuestro regreso desde Peshawar.

Cuando Danny llegó a casa esa noche yo estaba casi dormida. Gateó sobre la cama, aún vestido, para hacerme saber que había regresado y que me había echado de menos.

—¿Cómo fue tu entrevista? —murmuré.

—Interesante —respondió—. Siempre es interesante observar cómo funciona la mente de otras personas.

Al día siguiente fuimos a Peshawar por un documental que yo estaba produciendo para la radio francesa acerca de un prestigioso liceo francés de Kabul. Había sido clausurado por los talibanes, trasladado a Pakistán y, una vez derrocado el régimen talibán, estaba a punto de regresar a Afganistán. Antes de partir, Danny cumplió la promesa efectuada a Bashir enviándole un puñado de artículos recientes. Muchos periodistas (en verdad, casi todos) hubiesen escogido con cuidado y astucia aquellos artículos que se adecuaran a las ideas de sus receptores. Danny no. Fiel a sí mismo y a su trabajo, no escondió ninguna de las temáticas sobre las que había estado escribiendo, sin importarle cuánto pudiesen conmover la sensibilidad de sus destinatarios. Así, le envió a Bashir por correo electrónico sus artículos acerca de Cachemira y la ilegalización de los extremistas islámicos. También les envió textos sobre otros asuntos menos controvertidos (investigación sobre células madre en la India, la carrera para encontrar una vacuna contra el sida en el subcontinente, donde las autoridades estaban empezando a admitir la magnitud del daño causado por el virus).

«Hola, muchas gracias por concertar el encuentro con Pir-Sahab [uno de los títulos honoríficos de Gilani]», escribió Danny en su breve mensaje. «Aquí le envío algunos artículos del año pasado. Mis mejores deseos.»

Comenzó a continuación el insólito intercambio de mensajes entre Danny y Bashir que Asra y yo analizamos luego de forma tan intensa. El primer correo electrónico de Bashir a Danny llegó dos días después de que Danny enviase sus artículos, tres días después de su encuentro. Era una respuesta aduladora:

> Estimado Sr. Pearl:
> Muchas gracias por sus artículos. He disfrutado al leerlos y le he enviado copias impresas a Shah Saab. Él se ha ido ahora a Karachi por unos días y estoy seguro de que cuando regrese podremos ir a verlo. Lamento no haberle respondido antes, estaba preocupado cuidando a mi esposa que ha estado enferma. Por favor rece por su salud.
> Espero verlo pronto,
> Adaab,
> Chaudrey Bashir Ahmad Shabbir.

¿Adaab? Cuando Asra y yo le mostramos al capitán y Asif los mensajes de Danny, ambos parecen sorprendidos de que Bashir haya empleado esa palabra. Se trata, explican, de un saludo formal usado habitualmente por los musulmanes instruidos pero no por la población paquistaní corriente. El detalle podría tener alguna importancia. Además, dicha palabra también se emplea en ocasiones para saludar a no musulmanes. Quizá no sea más que eso.

El correo electrónico fue enviado el 16 de enero, ocho minutos después de la medianoche. Tras luchar durante una hora para conseguir una conexión a Internet desde nuestra habitación en Peshawar, Danny se dio por vencido y bajó a leer sus mensajes a la recepción, lo que alimentó la curiosidad del personal del hotel. Respondió brevemente al mensaje de Bashir: «Deseo que su esposa se recupere pronto, y espero volver a verlo en Islamabad. Estaré de regreso el viernes. Con mi mayor consideración, Daniel Pearl».

Regresamos el 18 de enero. Al día siguiente Danny recibió otro mensaje de correo electrónico de Bashir, quien tenía buenas noticias: el Shaij había leído los artículos y tenía intención de reunirse con Danny. Sólo había un problema: ya no estaba en Islamabad.

Estimado señor Pearl:

Lamento no haber contactado antes con usted. Se me ha perdido su número telefónico. Por favor, envíemelo de nuevo. O también puede llamar al móvil de mi hermano. Creo que la última vez le di el número de mi hermano mayor, pero cuando regresé a casa ¡descubrí que él había vendido el teléfono! Hemos solicitado una línea familiar y nos la instalarán tan pronto como le paguemos a la *gente relevante*. ¡Así es Pakistán! Mi esposa ya ha regresado del hospital y toda la experiencia me ha abierto los ojos. Las personas pobres que caen enfermas y deben ir al hospital sufren momentos de abatimiento y agobio. Eso me ha hecho nuevamente consciente de que mi familia tiene mucho de lo que estar agradecida. El Shaij dice que la gratitud es la esencia de la fe.

Le he hablado ayer al secretario del Shaij y me dijo que el Shaij-Saab ha leído sus artículos y le recibiría con gusto. De cualquier forma, pasarán algunos días antes de que vuelva de Karachi. Si Karachi está dentro de su ruta, bien podría ir a verlo allí. O si prefiere formularle algunas preguntas, entonces puede enviarme un correo electrónico y yo le pasaré una copia impresa a su secretario. O si quiere esperar a que él regrese aquí, también estará bien.

Le deseo lo mejor y espero tener noticias suyas.

Adaab, Bashir.

Cuando vuelvo a leerlos, los mensajes me parecen en verdad extraños. Muestran una interacción mucho más personal y cálida que la que se produjo, según Asif, durante el encuentro con Bashir en el Hotel Internacional Akbar.

Al día siguiente, Danny y Bashir hicieron planes para que Danny se reuniese con el Shaij en Karachi. Yendo a Karachi, me dijo Danny sonriendo, mataríamos dos pájaros de un tiro: por fin podría entrevistarse con Gilani y quizá, sólo quizá, yo podría «ayudar a Asra a recomponer su vida amorosa».

Bashir escribió que Gilani le daría el número de uno de sus *mureeds*, a quien Danny podría telefonear en cuanto llegase a Karachi. «El *mureed* lo llevará hasta el Shaij. Por favor, recuérdele al Shaij mi consideración y respeto, y pídale que siga incluyéndome en sus plegarias. Dígale que le echo de menos y espero volver a verlo pronto.» Indicaba entonces el nombre y el teléfono de Imtiaz Siddique. El viaje de Danny estaba concertado.

El capitán estudia los mensajes con aire preocupado.

—Necesito una copia de todos ellos —solicita.

—¿Por qué no le pide a alguien que los imprima para usted? —inquiere Asra.

El capitán le dirige una sonrisa apenada, pero no responde. Una simple mirada al desvencijado jeep que espera aparcado afuera y al desnutrido chófer que lo conduce son suficientes para comprender lo que intenta decir el capitán: no tiene una impresora a su disposición.

He sentido el sobrecogedor ruido de los F-16 volando sobre mi cabeza para bombardear a los hombres con barba ocultos en las cuevas de Afganistán. Pero no tenía ni idea (pocos la tienen) de lo que es en verdad estar en la línea de fuego de esta guerra contra el terrorismo. Aquí, sobre el suelo de Karachi, la auténtica fortaleza de la red de Al Qaeda, aquellos que combaten a los malvados en beneficio de todo el mundo (las personas que efectúan las pesquisas y desafían las amenazas de muerte) carecen de la impresora más rudimentaria, por no hablar de ordenadores, acceso a bases de datos o teléfonos móviles. Ni siquiera poseen coches decentes.

—¿Qué es lo que precisa? —le pregunto al capitán.

—Su confianza —me responde—. Y tecnología.

Asra comprende de inmediato la misión que nos espera: debemos establecer una central antiterrorista fiable aquí, en esta misma casa. Se pone a esbozar una lista de artículos necesarios que enviaremos al *Wall Street Journal* para que nos los suministre. Precisamos teléfonos móviles, al menos dos más para nosotras y muchos otros para los hombres que el capitán deba enviar para rastrear los pasos de Gilani en Lahore, para encontrar a Bashir y al portavoz *yihadí* en Rawalpindi y para recorrer cada rincón de Karachi. Necesitamos una o dos impresoras láser, si es posible que puedan servir a la vez para enviar faxes. Y sobres y carpetas para organizar documentos, bolígrafos, cinta adhesiva y papel para trazar un esquema que se extiende cada vez más. Solicitamos también un nuevo contestador automático que no corra el riesgo de quedar fuera de combate, y sobre todo cables para establecer la conexión a Internet, poner en funcionamiento el fax y poder efectuar llamadas internacionales. Necesitamos, por último, un técnico que pueda poner todo eso en marcha.

Steve LeVine aparece con algunas cajas de equipamiento: carpetas azules de tres centímetros de ancho, cuadernos, una perforadora de papel, una grapadora, etiquetas adhesivas y hasta una caja de lápices. Un nuevo recluta del capitán, un joven de actitud modesta llamado Imran, compra una enorme impresora láser con sistema de fax.

—¡Ésta no es la que quería! —murmura Asra inspeccionando la caja.

Imran intenta justificar su compra, pero Asra recibe sus palabras con suma frialdad... hasta que Imran conecta hábilmente el aparato a los ordenadores de Danny y Asra, que comienzan a escupir la información que precisamos de forma tan desesperada. A partir de entonces Asra siente adoración por Imran.

No es sencillo instalar más cables. En Pakistán, conseguir una nueva línea telefónica puede llevar meses, o incluso años. Nos lleva algunos días descubrir un modo más veloz de obtener líneas adicionales, pero una vez que las autoridades han desarrollado su método, lo ponen en práctica sin piedad. El secreto es controlar si los vecinos se han retrasado en el pago de sus facturas telefónicas, o si tienen facturas pendientes. Cuando eso ocurre, aparece la policía, desconecta esas líneas y ¡rrriiiipppp!, nos las adjudica. Por lo general eso sucede durante el día, cuando no hay nadie en las casas.

—¡Dios mío! —exclama Steve cuando se percata del origen de todas la líneas que nos instalan—, ¡precisaremos de protección policial extra sólo para que nos salve de la ira de nuestros vecinos!

Me pregunto cómo consigue el capitán mantener su dignidad en medio de obstáculos tan absurdos.

—¿Qué más precisa? —le pregunto.

—Necesito que *ellos* confíen en mí —sostiene el capitán, refiriéndose al FBI. Es como si los dos grupos (los paquistaníes y los estadounidenses) habitaran en mundos por completo diferentes. La desconfianza es endémica. Pero ninguna de las dos partes podrá tener éxito sin la ayuda de la otra, y resulta esencial para nosotros que inviertan toda su buena voluntad para cooperar desde ya.

Acudimos al FBI. Les explico que las líneas de comunicación deben permanecer abiertas y es imprescindible desarrollar un sistema para compartir la información.

Enviamos a Imran a comprar un teléfono que rastree las llamadas y aquella misma tarde el núcleo de nuestro equipo se reúne alrededor de la mesita de café. Hay tres paquistaníes (el capitán, Dost y Zahoor, quien trabaja con Randall) y cuatro estadounidenses (Randall, dos expertos en informática del FBI y Maureen Platt). Maureen es una oficial corpulenta y áspera. Sin duda es una mujer más habituada a dar órdenes que a recibirlas.

Nada más cruzar la puerta, Maureen detecta de inmediato la presencia de los tres funcionarios franceses que han llegado desde el consulado para ofrecer sus servicios.

—¿Qué hacen ellos aquí? —inquiere con malos modos—. ¿Qué les han dicho?

Ése no es exactamente el espíritu colaborador que teníamos en mente, y resulta claro que pedirle a Maureen que colabore, y más aún que colabore con los paquistaníes, es esperar demasiado. Con gran reluctancia les decimos a los franceses que se marchen.

—¿Hay algo que podamos hacer para ayudaros? —nos preguntan.

Les respondemos que sí:

—Nos vendría bien un poco de cocina francesa.

Al anochecer se presentan con un glorioso cargamento de tartas que sus esposas han preparado para nosotros (*quiche lorraine* sin carne de cerdo, *tarte à l'oignon*, *tarte Tatin*, *tarte aux poires* y merengues).

Suena el teléfono y al otro lado de la línea están las oficinas centrales del FBI en Nueva Jersey. Ahora Maureen insiste en que Asra y yo nos marchemos de la sala. Nos parece una petición estúpida, pero nos encogemos de hombros y la cumplimos. Ya hemos logrado para el capitán lo que él desea, la vital cooperación del FBI. Podemos tragarnos un poco de orgullo.

Llega un hombre con un ramo de flores para mí. Hay tanta tensión en el ambiente que Dost y el capitán me cogen del brazo en el mismo momento en que pensaba recogerlo. Analizan la pequeña tarjeta y luego me lo entregan. Allí está escrito: «Mis mejores deseos. Syed Anwar Mahmood, secretario de Información y Desarrollo de las Comunicaciones». Danny y yo le entrevistamos hace unos días en las oficinas centrales del PTV para un artículo sobre los medios de comunicación paquistaníes y su cobertura del conflicto con la India.

La visión de las flores trae a mi boca un sabor nauseabundo provocado por la brutal recuperación de recuerdos, tan cuidadosamente dejados a un lado. Mi amada madre, hace dos años, enferma de cáncer. Alrededor de su lecho los visitantes habían dispuesto enormes ramos de flores. «¿Puedes sacarlas de aquí?», me había pedido ella: «Todas estas flores... parece un cementerio».

Deposito el ramo en la cocina. No quiero pensar en mi madre en este preciso momento. De pronto viene a mi memoria el informante de la revista *Time*, Ghulam Hasnain. ¿Qué habrá sido de él?

Asra y yo nos unimos al capitán en la acera, frente a la casa. Es la primera vez que salgo de la casa desde la desaparición de Danny. Mis piernas caminan inestables, la luz del sol ciega mis ojos. Asra formula la pregunta con delicadeza:

—¿Está involucrada en la desaparición de Danny la misma gente que participó en la desaparición del informante de *Time*?

La respuesta del capitán llega con un hilo de voz:

—Entre vosotras y yo, no existe ninguna relación.

—¿Quién secuestró a Hasnain? ¿La inteligencia paquistaní? —pregunto con idéntica discreción.

El capitán no lo admite, pero nos cuenta que Hasnain ha sido liberado, y que el propio informante se ha negado rotundamente a revelarle a nadie qué pasó durante las 36 horas que duró su *desaparición*. Ahora sólo tenemos claras dos cosas: Danny no ha estado con él y, sea lo que sea lo que haya experimentado Hasnain, no hay duda de que lo traumatizará de por vida.

Dost y el capitán se han marchado a cenar con sus familias. Asra oscila entre su ordenador y el de Danny, entre los que ha colocado un plato de arroz con pollo. El mero hecho de ver comida me revuelve el estómago.

Asra dirige una mirada indirecta a mi vientre. Entonces me siento junto a ella e intento comer algo. Como con las manos, como los paquistaníes. Mientras trago mi pollo, demasiado condimentado, ruego que alimenten a Danny, que al menos lo traten dignamente.

De las pertenencias de Danny extraigo una foto que él recortó de un periódico el día previo a nuestra llegada a Karachi. En la imagen aparece el animal favorito de Danny, una jirafa con su cría. Cuando la besa, la madre parece casi engullir su ojo derecho. Por eso da la sensación de que el bebé nos guiña un ojo, y la foto es a la vez cómica y conmovedora. La coloco en la pared, imaginando que mi esposo me guiña el ojo rogándome que no me preocupe.

Arriba, en su oficina, Asra se encuentra en el sofá con el amante. Oigo cómo sus voces se vuelven más fuertes y agudas. Al fin Asra baja las escaleras. Parece destruida. Sin saber que estoy despierta, se sienta en la mesa del comedor y esconde el rostro entre sus manos. La puerta de entrada se cierra con violencia. Por los delicados dedos de Asra corren enormes lágrimas que se estrellan contra la mesa de madera. Me explica que él la ha dejado. Ya no desea volver a verla. Ha dicho que debe elegir entre ella y su familia, y que ha escogido a su familia. Opina que Asra tiene demasiados problemas.

—¡Qué! —exclamo.

—Eso es lo que ha dicho.

Al parecer, los agentes de inteligencia le llamaron por teléfono durante el día, mientras estaba trabajando. «Sabemos todo sobre su relación con la joven hindú», le amonestaron. Llevaban un registro de las ocasiones en que Asra y el amante habían ido a la playa los fines de semana. Habían empezado a seguir a Asra en diciembre, cuando ella fue a la fiesta de un niño adinerado en la zona más rica de la ciudad. Poco les importaba (si en verdad lo sabían) que ella fuese una periodista trabajando en un artículo sobre sexo, drogas y *rock & roll* en la ciudad portuaria.

—Permanece con la joven —instruyeron al amante—, y mantennos informados.

Si bien nunca le amenazaron de forma explícita, el mensaje subliminal era inconfundible. El amante estaba involucrado en una relación ilegal y ellos podían utilizar eso en su contra cuando quisieran.

Se trata de una amenaza real. El sexo «ilegal» (*zina*) es punible en Pakistán con 100 azotes. O cosas peores. En algunos sectores de Pakistán (todavía, aunque parezca increíble) las mujeres pueden ser sentenciadas por ello al castigo indicado por la *sharia*: ser lapidadas hasta la muerte.

Lo que más me perturba es que los agentes que visitaron al amante de Asra parecían mucho más interesados en investigar a Asra que en encontrar a Danny. El hecho es que ella es aquí un personaje sospechoso:

—Yo nací en la India —me recuerda.

—También el presidente Musharraf —le recuerdo.

Musharraf nació en Nueva Delhi. Su familia emigró a Pakistán durante la Partición, cuatro años más tarde. De cualquier forma, no soy tan ingenua. Me consta que para el ISI cualquier evento es susceptible de ser un complot de la India para desestabilizar Pakistán y hacer peligrar la relación de este país con Estados Unidos. No me sorprendería que el secuestro de Danny se transformase en la base de una nueva especulación conspirativa. Pero... ¡joder!, ¿por qué sospechar que Asra puede estar involucrada?

Y además, ¿cómo pudo el amante abandonarla en semejantes circunstancias? ¿Por qué no le brindó al menos algo de cariño o le dio muestras de preocuparse por ella? Está demostrando ser todavía más cobarde de lo que me esperaba, y no es que yo depositase en él grandes esperanzas.

Cojo a Asra entre mis brazos y permanecemos unidas por un rato, solas en la casa desierta, sin pronunciar ni una palabra.

Regresa el capitán, como había anunciado, a las once de la noche. Le sigue el leal Dost.

—Gilani es un tremendo idiota —proclama el capitán mientras Dost toma asiento y comienza a pasar su informe a ordenador. Empleando sólo dos dedos, escribe: «DANIEL PEARL. PERIODISTA DESAPARECIDO».

Varios hombres del capitán han visitado la casa de Gilani en Lahore. Gilani tiene tres esposas. De todos los parientes del clérigo por vía matrimonial, consiguieron hallar sólo a uno, una cuñada, que ha resultado ser muy locuaz. Describió a Gilani como «un idiota, arrogante con todos y especialmente con los miembros de su propia familia, incluyendo a su mismo padre, quien murió hace unos diez años. Adora rodearse de un aura de misterio, pero es estúpido». En opinión de esta mujer, Gilani es incapaz de organizar un secuestro.

Asra revela los resultados de su última búsqueda en Google.

—Muy bien, gente —dice—, he aquí lo que encontré. Gilani cree que existen fuerzas invisibles que habitan la Tierra, dañando a la gente, provocando enfermedades mentales, arrebatos y epilepsia. Cree que estas fuerzas controlan a los seres humanos y son mucho más temibles que los terroristas.

Dost es el primero que estalla en carcajadas, seguido nerviosamente por el resto de nosotros.

—Aun así tenemos que encontrarle —afirma el capitán, sacando de su cartera una foto de Gilani. Su aspecto en la imagen es poco avispado y aburrido. Asra se la pide al capitán y la añade a nuestro esquema. Dost la mira con un gesto de aprobación. Asra se disculpa por haber escrito mal algunos de los nombres, pero Dost le aclara que eso no importa pues «todos los terroristas operan con seudónimos». Algunos tienen más de una docena de identidades falsas.

—A propósito de Asif... —añade Dost—. ¿Qué haremos con el negociador?

—Ha sido negligente —admito—. Se portó de forma estúpida. Pero no estoy segura de que haya hecho en verdad nada malo. Tiene esposa y una hija a la que adora.

Dost hace un gesto con su barbilla señalando la sala de estar.

—Él ha regresado aquí, ¿estaba usted enterada?

Sigo con mis ojos a Dost y veo a Asif el negociador sentado en el sillón, ansioso pero inmóvil, entre otros dos hombres. ¿Quiénes son esos sujetos? ¿Qué están haciendo en la casa?

Cierro la puerta del comedor. No quiero que vean nuestros documentos. Uno de los hombres resulta ser Saeed, el periodista con poco sentido de la orientación a quien Danny empleó como negociador en Karachi la mañana del 23 de enero, el día en que desapareció. El otro es el cuñado de Asif el negociador. Es gordo, lleva un poblado bigote y viste una chaqueta marrón que le queda pequeña. Dost conoce al cuñado, que trabaja en *Takbeer*, un periódico *yihadí*.

—Es un medio muy antiestadounidense —me informa.

Me parece sorprendente que haya traído a estos hombres a casa. Exploto incontenible frente a Asif, que parece aterrorizado por mi ira. Les exijo a él y a su cuñado que se marchen.

Asif se encuentra en casa porque el capitán le ha ordenado que regrese a Rawalpindi para localizar al portavoz *yihadí*. Le acompañará un oficial de la policía, un hombre cuya reputación parece conocer Asif.

—Ese sujeto es un torturador. Me torturará —aduce Asif, en tono lastimero.

Me dirijo a la otra habitación, donde espera el temido oficial de policía. Tiene bigote y una notable barriga, y su mirada es sombría. Tiene las manos entrelazadas a su espalda.

—Hola, ¿cómo se llama? —le pregunto extendiendo mi mano.

—Mi nombre es Butt. B-U-T-T.

Asra casi fracasa en su intento por contener una carcajada inapropiada. Yo también. Dost está de pie junto a nosotras. Le llevo a un lado y le ruego que controle de forma estricta los métodos del oficial.

Dost nos dice que no nos preocupemos. Debido al elevado perfil de este caso, sus superiores le han notificado a Butt que debe comportarse con corrección. En cualquier caso, para confirmar lo dicho Dost se aproxima a Butt y le señala directamente con un dedo.

—¡Nada de torturas, nada de sobornos! —le advierte con severidad.

Con las manos todavía entrelazadas tras la espalda, Butt asiente y clava la mirada en sus propios pies.

6

Como en tantas otras ocasiones, el capitán y yo estamos de pie ante el esquema.

—¿Qué hacemos ahora? —le consulto.

—Esperar una llamada telefónica. Ellos van a llamar. Llamarán desde un teléfono público, o enviarán una carta, o contactarán con el consulado o con la prensa.

—¿Por qué no han llamado todavía?

El capitán reflexiona un instante.

—No estoy seguro, pero lo harán.

—¿Qué puedo hacer yo ahora?

—Seguir llamándoles.

Hay tres teléfonos que he marcado ya tantas veces que mis dedos encuentran los números de forma automática. Son los del móvil de Danny y de Bashir, y el presunto teléfono de Imtiaz Siddique. Considerando que he marcado el número de Danny al menos cuatro veces cada hora durante las pasadas 60, podría calcular que lo he marcado aproximadamente unas 200 veces, restando los ratos en los que estaba dormida.

A pesar de eso, no hay nada mecánico en el acto. En cada ocasión espero que la voz de Danny surja a través del ruido estático, débil, como si susurrase desde un sitio oculto, estuviese en medio de fuego cruzado, o me buscase desde el medio de la nada, desde algún otro país.

La esperanza es un músculo notable.

—Si esperasen una recompensa económica, ¿cuánto podrían llegar a pedir? —le pregunto al capitán.

Debido al gran número de secuestradores capturados en Karachi en los últimos días, el rescate medio por un empresario ha descendido de 100.000 a 20.000 dólares. Pero en cualquier caso éste no parece un secuestro normal. Alguien me sugiere que quizá pidan unos cinco millones de dólares, la misma cifra que Estados Unidos ofreció como recompensa por Osama Bin Laden en 1998.

Pero bueno, siempre podré hallar el modo de conseguir la suma, por alta que resulte. «Venga usted sola.» Podría ir sola, pero la policía no me lo permitiría. Todos (el capitán, el *Wall Street Journal*, Asra, el FBI) intentarían retenerme, así que me veré forzada a escapar de casa.

Me coloco cerca del teléfono para ser la primera en cogerlo cuando llegue la petición de rescate.

En Nueva York, John Bussey, el jefe de Danny ha tenido la misma idea. Ha permanecido frente al teléfono junto a un especialista en secuestros, un empleado de una contrata del *Journal*. Están preparados para una situación parecida, y Bussey quiere estar seguro de que el dinero llegará a Pakistán a toda prisa cuando lo necesitemos. Pero el especialista proviene de Hong Kong, y a Bussey le parece que carece de la experiencia suficiente para negociar en el sur de Asia. «Para cuando cogí el teléfono el viernes —me dirá Bussey luego—, ya era consciente de que no lo necesitaríamos».

Bussey nos llama. Desea venir a Karachi, pero teme que su visita desequilibre la química que se ha creado entre las autoridades paquistaníes, Asra y yo. A pesar de eso, sospecho que su presencia nos será útil.

—Ven —le digo—. Tú serás mi imagen pública. Reúnete con Musharraf y con el ministro de Interior, encárgate por nosotras de las visitas diplomáticas en Islamabad.

Prosigo luego mis pruebas con el móvil de Danny.

—Mire, es posible que no exijan dinero como rescate —me comenta el capitán—, sino que demanden la liberación de algún prisionero a modo de intercambio. Por ejemplo, Danny a cambio de prisioneros de Guantánamo.

Un colega en la oficina del *Journal* en Londres ha recibido un intrigante correo electrónico de Andrea Gerlin, periodista de *The Philadelphia Inquirer*. Ella le adjuntaba un artículo publicado en el diario británico *Independent* el 24 de enero, donde se describe a un oscuro personaje sospechoso de haber financiado los ataques del 11 de septiembre. El hombre se llama Omar Saeed Shaij y es un británico de buen pasar, ex estudiante de la London School of Economics que luego se volvió militante islámico. Al parecer Omar, desde su base en Rawalpindi, le transfirió 100.000 dólares a Mohamed Atta, uno de los líderes de los atentados, poco antes de que los aviones se estrellaran contra el World Trade Center. Pero el motivo por el cual Andrea nos envía el artículo es otro. Lo que la ha perturbado es la especialidad de Omar: secuestrar occidentales. El artículo contiene extractos de su diario, donde relata cómo hizo caer en una de sus trampas a cuatro estudiantes.

Omar Saeed Shaij es un nombre que oiremos repetirse en una y otra ocasión durante las semanas siguientes. Por el momento, sin embargo, no hemos hallado nada que lo conecte a la desaparición de Danny. Shaij Mubarak Alí Shah Gilani, en cambio, parece cada vez más sospechoso. Su amigo Jawaja ha tomado por costumbre telefonearnos para vociferar de forma cada vez más inquietante. Durante su llamada más reciente, ha afirmado que el padre de Gilani murió como consecuencia de los interrogatorios a los que le sometió un periodista del *Boston Globe* que investigaba los lazos entre Gilani y Richard Reid. De acuerdo con su historia, el anciano había caído fulminado, víctima del impacto que le causó leer una carta del periodista consultándole acerca de las conexiones de su hijo con los terroristas.

Jawaja posee una voz desagradable y además grita. Pero Asra y yo somos modelos de autocontrol y aplicamos la primera regla de los servicios de inteligencia que nos enseñó Dost: decir poco y dejarle hablar.

—¿Dónde se encuentra Gilani? —preguntamos.

—Yo no hablo con él —afirma Jawaja, y prosigue su sermón.

Tras varias de estas llamadas, el capitán decide hacerse cargo. Lleva el teléfono a la sala de estar y, cubriendo con una mano el auricular, murmura en voz bien baja, insistentemente. Ignoramos qué es con exactitud lo que el capitán le está diciendo a Jawaja pero el tono de su voz no augura buenas noticias. Pese a su voz suave, el capitán demuestra cuán duro puede ser.

Jawaja no vuelve a llamarnos, y Gilani se esfuma. La policía ha registrado mezquitas, aeropuertos y todas sus residencias conocidas (que son muchas). Han oído decir que se encontraba en Muzaffarabad, una ciudad de Punjab en la frontera de la región de Cachemira controlada por Pakistán. Tenía sentido que estuviese allí (Muzaffarabad es uno de los puntos de la ruta de viaje que siguen los *yihadíes* rumbo a Cachemira, donde Gilani posee otra casa). Pero para cuando la policía llega a esa vivienda, ya está vacía, y el clérigo ha huido junto con sus tres esposas (dos estadounidenses y una paquistaní).

El móvil del capitán suena sin pausa. Ha sido localizado el padre de Gilani... su hijo está siendo buscado... ha sido detectada su presencia en Rawalpindi... Gilani está en un avión en algún sitio entre Lahore e Islamabad...

Tenemos esperanzas.

Y tenemos al capitán. Donde sea que me encuentre, él se acerca a mí con sus ojos clavados en los míos, intentando detectar mis dudas, ansioso por conseguir mi confianza. Intento compensar sus esfuerzos y le devuelvo la mirada con tanta sinceridad y determinación como puedo.

—Usted es quien me da fuerzas —me dice.

Así es que nos protegemos el uno al otro, unidos como estamos por nuestro desafío.

La esperanza es nuestra arma más poderosa, el miedo es la mayor amenaza que esgrimen los terroristas contra nosotros. El miedo podría paralizarnos y no podemos permitirnos tal cosa.

Mi padre solía leer una vez tras otra *Dune*, la novela épica de ciencia ficción de Frank Herbert. La releía como si fuese una Biblia. Herbert escribió: «No debo tener miedo. El miedo es el asesino de la mente. El miedo es la pequeña muerte que ocasiona una destrucción absoluta. Haré frente a mi miedo, le permitiré invadirme y traspasarme. Cuando se haya marchado, volveré mi ojo interior hacia atrás para observar sus huellas. Donde alguna vez haya estado el miedo ya no habrá nada. Sólo quedaré yo».

Sé que, donde sea que lo retengan, Danny pone en práctica lo mismo que yo, negándose a permitir que el miedo lo derrote, dejándole atravesar su cuerpo y seguir su camino.

El pequeño embrión se ha comportado bien hasta ahora, se mantiene en calma, no me impone ninguna presión adicional. De vez en cuando me escabullo hacia mi dormitorio para echar un vistazo a *¿Qué se puede esperar cuando se está esperando?* No es que en ese libro para embarazadas haya un capítulo específico explicando qué esperar cuando tu marido ha sido secuestrado, pero sí aconsejan mucho descanso, evitar el estrés e ingerir toneladas de verduras frescas. Estoy transgrediendo las tres reglas, pero al menos mantengo mis fuerzas con una firme dieta de pollo biryaní y té con especias. Y hablo con mi bebé. Le explico: «Tú serás un luchador, bebé, y vamos a estar bien». Le digo que confío en él. Nunca antes se me había ocurrido que alguien pudiese confiar en un feto.

Llega Randall Bennett, quien por fin ha decidido hacernos una visita.

—He estado muy atareado, como sabéis —aclara con agresividad.

La primera vez que lo vi, el día de la conversación entre las autoridades paquistaníes y el FBI, esperaba encontrarme con un sujeto a mitad de camino entre un diplomático y un soldado de élite. Nada que ver. Para empezar, Randall lleva un pendiente en su oreja izquierda, una diminuta pieza de oro. Sus cabellos rubios (que le llegan a la altura de los hombros) están recogidos sobre su espalda y viste todo de negro (vaqueros negros y una camisa negra abotonada hasta el cuello, como si se fuera a ir a una discoteca). Debe rondar los 50 años, pero está en muy buena forma. Según me entero más tarde, ha sido instructor de taekwondo, se entrena de forma regular con una bolsa de boxeo en el patio de su casa y levanta pesas en el gimnasio de la Marina. Y es más: es un experto lanzador de cuchillos, un arte del que también es maestro. Al parecer su esposa Carolina, a quien Randall conoció y con la que se casó durante su estancia en Colombia, también ha demostrado habilidad en esta disciplina.

Llevamos a Randall a la habitación de Asra, lejos del porche, donde podremos hablar sin que nadie más nos escuche. Él coge una silla de madera hindú y acomoda en ella su enorme físico. Abre bien sus piernas, coloca los codos sobre sus rodillas y da una palmada al voluminoso expediente que sostiene con sus grandes manos.

—Decidme qué es lo que sabéis —exige.

Resulta evidente que sus sentimientos hacia nosotras son ambivalentes, de manera que Asra y yo nos ponemos a la altura del desafío y le ofrecemos un serio y detallado informe. Los ojos de Randall, de un azul brillante y rodeados por largas pestañas, alternan entre Asra y yo, observándonos con cuidado. Empieza a tomar notas. Comprendemos que estamos ganando su confianza e incluso más, su respeto. Le permitimos descubrir que le agradamos. Y como consecuencia de ello, él nos agrada.

Más tarde nos dirá que a su juicio éramos «investigadoras astutas y altamente capacitadas, con un espíritu agresivo y aun temerario». «Me habéis recordado a mí mismo», nos dirá, quizá uno de los elogios más inesperados que Asra y yo podamos recibir jamás.

El expediente que ha traído Randall lleva la etiqueta: «DE-LICADO PERO NO SECRETO». Al abrirlo, nos sumerge en sus hallazgos del último día y medio. En su mayoría versan sobre Gilani y su agrupación *yihadí*, Jamaat al-Fuqra, e incluyen una entrevista que Gilani ha tenido con el periodista paquistaní Kamran Jan. Khan lleva una interesante doble vida, como reportero estrella del periódico paquistaní en lengua inglesa *The News* y como corresponsal especial en Pakistán de *The Washington Post*.

Si es cierto el antiguo adagio según el cual un periodista es tan bueno como lo sean sus fuentes, entonces Khan es uno de los grandes. A fin de mantener su relación con ISI, incluyendo a aquellos que conservan simpatías ideológicas por la masa *yihadí*, Khan parece escribir su material tanto para complacerlos como para describirlos. La mayor parte de la gente hace la vista gorda a esta circunstancia, pues precisa de la información que él brinda. Pero en mi opinión Khan ha firmado como Fausto un pacto con el demonio a fin de profundizar en el mundo de la política y la inteligencia. Al emplear la información de Jan, los demás perpetran un pacto similar.

Dicho eso, si Jan sabe dónde está Danny queremos que nos lo diga. Jan sostiene que no lo sabe, y probablemente sea verdad, pero remarca, tal como había sugerido el capitán, que «los tipos con barba» (es decir, los *yihadíes*) retienen a Danny a la espera de un intercambio. La razón por la cual todavía no hemos tenido noticias de ellos es que aún no se encuentran en un lugar seguro, pues la resonancia de este secuestro ha hecho que entrar o salir de Karachi resulte muy difícil. Hay controles policiales y rutas cortadas por todas partes, y es imposible usar el avión, de manera que los secuestradores necesitarán tiempo, según calcula Jan entre uno y tres días, para ocultarse lo suficiente como para establecer contacto.

Una de las frases de Jan revolotea en mi cerebro: «Considerarán que es un rehén de gran valor, es decir, uno que desearán mantener con vida».

Nunca se me había ocurrido que Danny pudiese no estar vivo. Randall empieza a guardar sus cosas.

—Muy bien, chicas —anuncia—, habéis hecho un buen trabajo. ¡Os llevaré a McDonald's!

«Chicas»... ¿Nos está hablando a nosotras? Me vuelvo hacia Asra, esperando que nos hermane la indignación, pero antes de mirarla ya sé que es una causa perdida. Involuntariamente, Randall ha tocado la verdadera esencia del nacionalismo estadounidense de Asra. La perspectiva de un Big Mac es suficiente como para que ella olvide cualquier insulto potencial a nuestra dignidad. La relación de Asra con esas hamburguesas supera mi capacidad de comprensión. Siempre que algo sale mal, ella se va a McDonald's. Yo recuerdo haber ido sólo una vez, en la India, donde la franquicia había prohibido servir carne. Danny pidió un McAloo Tikka, hamburguesa hecha de patatas y coliflor.

La idea de irme de casa me parece insoportable. ¿Qué sucedería si Danny regresase? ¿Qué pasaría si no estuviese yo para recibirlo? ¿Qué le diría? «¿Lo siento, mi amor, pero fui a McDonald's?»

Randall hace oídos sordos a mi protesta. Insiste con tanta amabilidad («necesitas un poco de aire fresco», «hazlo por tu hijo») que no tengo fuerzas para negarme. Subimos a su 4x4, tan negro como sus ropas, pero el chófer se niega a arrancar hasta que me coloque el cinturón de seguridad. ¡Qué absurdo!, deseo decirle al sujeto, ¡nos pasan cosas bastante más graves que la cuestión del cinturón para el asiento trasero! Con todo, el chófer es obstinado y Randall se toma la molestia de ajustar el cinturón a mi voluminoso vientre.

¡Qué raro me parece recorrer de nuevo las populosas calles de Karachi! Tengo la sensación de ser inmaterial, de estar suspendida en el tiempo. Desconcertada, observo cómo la gente realiza sus tareas cotidianas. Por mi mente sólo pasa una idea: debo regresar, ver al capitán, retomar la búsqueda.

El McDonald's de Karachi es tan ordenado y uniforme como

el de cualquier otro punto del planeta, y el centro comercial en el que está ubicado ostenta también una resplandeciente limpieza. Los artículos dispuestos en los aparadores resultan sorprendentes. No por sí mismos, sino porque en ese contexto parece como si alguien hubiese intentado recrear el estilo de vida occidental en un laboratorio.

Asra pide el menú especial número uno, el combinado estrella de McDonald's (Big Mac, patatas fritas y coca-cola). Pronto nos inunda el aroma del aceite frito y, gracias al excesivo cariño de Asra, consigo pedir una pequeña ensalada sin resultar descortés. Randall come poco, pero nos alimenta con relatos sobre la vida en el frente armado de Karachi. Lo envuelve todo en un manto de misterio, y alude a personas importantes cuyo nombre omite, detestables terroristas y complots secretos. Randall ha escapado de morir un centenar de veces. Mientras que todos sus predecesores se apresuraron a marcharse de Pakistán, él ya lleva cinco años allí. Nunca he conocido a un hombre con un nivel más alto de testosterona. Me recuerda a un mercenario que ha decidido colocarse del lado de la ley. He aquí algunos de los trofeos que ha recibido en los últimos dos años:

— 2000: Premio internacional al agente diplomático de seguridad especial del año.
— 2000: Premio internacional al empleado diplomático de seguridad especial del año.
— 2000: Premio al RSO del año de la compañía B del Cuerpo de Marina de Estados Unidos.
— 2000: Distinción de honor del Servicio Secreto de Estados Unidos.
— 2001: Premio por su contribución extraordinaria de la Agencia Antidroga de Estados Unidos.
— 2001: Carta de felicitación del director del FBI (Louis Freeh).
— 2001: Distinción de honor del Cuerpo de Marina de Estados Unidos.

Estamos ante toda una eminencia en defensa de la legalidad internacional.

Nos acompaña el colega paquistaní de Randall, Zahoor. Zahoor es un individuo alto, de una estatura inusual en un paquistaní, y es también el hombre más apuesto entre todos los que nos rodean, aunque el encanto y la sofisticación no escasean entre nuestro grupo de agentes. Posee rasgos delicados, la piel de un hermoso color cobre y un porte impecable. Randall lo presenta como un policía de élite a quien ha entrenado personalmente. Cuando Zahoor se retira un momento para efectuar algunas compras, Randall se refiere a él en un tono que evidencia a la vez amistad y afinidad profesional. Vienen a mi memoria las palabras de Randall acerca de Tariq Jameel y su hermano, y el respeto que mostró por el capitán. Todo ello contribuye a demostrarme que estos hombres le consideran un verdadero amigo.

Tras el regreso de Zahoor nos marchamos del centro comercial, apiñándonos en el ascensor con paneles de vidrio junto a un grupo de jóvenes extranjeros, quizá estudiantes.

—¿De dónde sois? —le pregunta Randall a una chica.

—De Australia —responde la joven—, ¿y tú?

—¿Yo? —responde Randall sin la menor duda—. ¡De Pakistán!

En los discretos labios de Zahoor se dibuja una sonrisa.

Más tarde, aquella misma noche, Randall vuelve para vernos. Viste ahora lo que parece ser una túnica de un sacerdote ortodoxo, con el cuello cerrado y la tela extendiéndose hasta por debajo de las rodillas. Me lleva un momento comprender que lleva un *salwar kameez* completamente negro sin los pantalones *salwar*. Conserva sus propios vaqueros negros, que tienen una pinta un poco ridícula en ese contexto. No es lo que uno espera de un funcionario de seguridad regional, ni siquiera aunque se dirija a una fiesta la noche del viernes y en un país del Tercer Mundo.

Con paciencia y tenacidad, Asra sigue ante la pantalla del ordenador de Danny, buscando en Internet nuevas pistas e información. Ella es la abeja reina de esta colmena que se ha convertido
en nuestro centro de operaciones. Ella organiza la información
en expedientes, colocándoles etiquetas con tema y fecha y subrayando los datos relevantes. Del mismo modo que si enseñara a
uno de sus hijos, el capitán la instruye en el uso de la perfora-
ra a fin de que los agujeros queden bien alineados en las hojas
de papel. A lo largo de las siguientes dos semanas, ella llenará
más de 60 carpetas y nos veremos forzadas a comprar estanterías
adicionales para colocarlas. Existe algo muy evidente que no hemos podido hacer: controlar los mensajes de correo electrónico
que llegan al buzón de correo de Danny en el *Journal*. Su jefe
en Nueva York se ha negado a revelarnos la contraseña, pero él
sí ha consultado el correo y ha encontrado un nuevo mensaje de
Bashir, que nos ha reenviado de inmediato. El mensaje tiene fecha de ayer:

> De: Sima Shabbir
> Enviado: Viernes 25 de enero de 2002, 4.56
> A: Danny Pearl
> Tema:
>
> Estimado señor Pearl:
> ¿Cómo fue la entrevista con el Shaij?
> Escríbame contando de qué han conversado. Estoy fuera cerrando
> unos asuntos en Lahora, pero no bien esté de regreso iré a hablar
> con el Shaij y le preguntaré qué impresión le ha quedado del en-
> cuentro. Nos mantenemos en contacto.
> Adaab, Bashir.

—¡Ese hijo de puta! —exclama Asra—. Sabe que Danny no
ha regresado. Le escribí para contárselo la mismísima noche en
que Danny desapareció.

—Desea volver a la luz porque estamos investigando a Gilani y pretende parecer inocente —añade Dost. Intenta cubrirse las espaldas. El capitán me sugiere que le responda como si no sospechase nada. Así, le escribo a Bashir (a quien odio con todo mi corazón) una respuesta muy comedida:

De: Mariane Pearl
Fecha: Sábado 26 de enero de 2002, 22.24
A: nobadmashi@yahoo.com
Tema: ¡DANNY PEARL!

Estimado señor Shabbir:
Soy la esposa de Danny, Mariane. He visto el mensaje que le envió a Danny, pero debo decirle que estoy muy preocupada por él pues se encuentra desaparecido desde el pasado miércoles 23. Aprecio su interés por él y desearía solicitarle que me ayude. Por favor, póngase en contacto conmigo tan pronto como lea este mensaje. Mi teléfono fijo es: 021 586 20 76 y mi móvil es 0300 856 80 13. Espero su respuesta. Muchísimas gracias.
Mariane Pearl

El capitán lía con lentitud un cigarrillo. Se vuelve hacia Zahoor.

—¿Existe algún modo de averiguar desde dónde fue enviado ese mensaje? —le pregunta.

Zahoor piensa un instante.

—Sí —sostiene—, pero necesitaremos el encabezamiento original. Sólo con él es posible rastrear el número telefónico al que está conectado el ordenador.

Me parece sorprendente. Es posible rastrear el origen de prácticamente todo: una llamada telefónica internacional, un mensaje de correo electrónico...

Llevo al capitán a un lado.

—Necesito decirle algo —murmuro—. Danny es judío.

Le explico que no se lo he dicho a nadie más en Karachi, y que para proteger a Danny y a la familia Pearl el *Wall Street Journal* ha impuesto como prioridad mantener a Judea y Ruth Pearl fuera de plano, y convencer a los medios internacionales de no mencionar el origen de Danny.

Este temor a revelar el judaísmo de Danny no es nuevo y, según la hermana menor de Danny, Michelle, me escribirá más tarde en un correo electrónico, «no es una paranoia irracional sino una paranoia saludable; es sentido común». Cuando Danny viajaba a países como Irán, por ejemplo, sólo hablaba por teléfono con su madre, pues el acento de su padre era demasiado evidentemente israelí. Del mismo modo, cuando Judea le envió un correo electrónico indicando sus opiniones acerca del sionismo tras los ataques del World Trade Center, Michelle le respondió de inmediato con un mensaje reprendiéndole por poner en peligro a Danny en Pakistán. «Hay precauciones que la gente toma porque sabe muy bien la profundidad a la que puede llegar el odio —le escribió—. Y actuar con prudencia es lo único que podemos hacer en Los Ángeles, a miles de kilómetros de Pakistán».

También el capitán sabe cuán hondo es el odio. Aunque no lo demuestra explícitamente, mientras asimila el secreto que acabo de revelarle, puedo ver que no subestima sus consecuencias potenciales.

—Muy bien —me dice asintiendo—, no se lo contéis a nadie más.

La noche del sábado es como todas las anteriores, insomne e irregular. Pero la mañana siguiente resulta ser muy distinta a cualquier mañana imaginable.

Empieza cuando Dost se me acerca trayendo en sus manos la edición matutina de *Jang*. Dost, por lo general tan tranquilo, tiembla de forma urdu. La foto me es dolorosamente familiar: aquella que le entregué a un joven durante el primer control que hizo la policía en la casa. ¿Cómo demonios habrá llegado a la primera página de *Jang*?

—¿Quién era ese joven que me pidió la foto? —le pregunto a Dost.

—Inteligencia militar —afirma; luego analiza el texto del periódico, al parecer sin saber qué decir o qué hacer—. ¿Desea saber qué está escrito?

—Por supuesto.

—Dice que se sospecha que Danny sea agente de los servicios secretos israelíes y que tenga «contactos» con la RAW, el servicio de inteligencia de la India.

Siento como si me hubiesen propinado una patada en el estómago. En esta parte del mundo, identificar a alguien públicamente como judío ya es bastante malo. Decir que es miembro de la inteligencia israelí (del odiado Mossad) linda con firmar su condena de muerte. No sólo la tensión árabe-israelí enciende la furia, sino que es una creencia muy difundida que el Mossad ha respaldado a la India vendiéndole armas para usarlas contra Pakistán en Cachemira.

Y yo les he entregado una foto de Danny para que acompañen esa sarta de mentiras. Estallo en una ira incontenible. Estoy harta de las almas perversas, de policías, agentes de inteligencia y de «periodistas». ¿Pero a quién debo culpar? ¿Al ISI? ¿A quién en el ISI? Por supuesto, cuando uno se enfrenta con los servicios de inteligencia la mentira es la moneda del reino. En ocasiones mienten para protegerte, en ocasiones para dañarte. Pero sea como sea, mienten, y es gracias a esas mentiras que los servicios de inteligencia existen y son lo que son. Tal afirmación resulta cierta en todos los países, bajo todos los regímenes, tanto para el ISI paquistaní, la RAW india, la FSB rusa o la CIA estadounidense. Sólo desearía que alguien dejara de mentirme y me revelase la verdad. Me abalanzo hacia el teléfono y marco el único número que se me ocurre marcar. Llamo a Moinuddin Haider, el ministro de Interior, que es el que supervisa a la policía y las prisiones, así como «el control del ingreso y salida de extranjeros». Controla también la Agencia de Investigación Federal, que trata los casos de soborno, corrupción e inmigración. No estoy segura de que el Ministerio del Interior sea el sitio correcto al que llamar, pero al menos podré exigirles una explicación o ponerlos en movimiento. Debo hacer algo. Estoy a punto de sufrir una implosión.

Haider coge el auricular y yo me desgarro ante él, que permanece en silencio salvo cuando asiente con los ocasionales lugares comunes: «Nos estamos ocupando de ello».

Acabo ahogándome en mi propia impotencia.

Me da una cita para esa misma tarde. Cuando vuelvo a colgar el auricular sobre el aparato, el capitán apoya su mano en mi hombro y me lleva aparte. Parece aliviado por el hecho de que, violenta como fue la conversación con Haider, no haya sido aún peor.

—Déjeme encargarme del asunto —me dice—. Sé que usted tiene razón, pero debe dejar que yo me encargue del asunto.

Cuando se entristece, su mandíbula se pone rígida. Ahora está tiesa de verdad. Me fuerza a prometerle que no llamaré a nadie más por este asunto. Luego sale de la casa dando un portazo.

Me aferro a la indignación del capitán como me aferraría a un salvavidas.

Al volverme veo a Dost. Sé que intenta hallar las palabras adecuadas. Sé que desea disculparse en nombre de su país y hacerme saber que no todos los paquistaníes son «así». Le agradaría hablarme sobre traidores y cobardes, y sobre las personas que tienen influencia en Pakistán y los motivos por los cuales gozan de semejante poder. Sé que desea pedirme que confíe en él, y la verdad es que confío en él. Pero ni él ni yo pronunciamos en voz alta ninguna de estas frases. Sólo permanecemos de pie, el uno junto al otro, con los ojos clavados en el periódico.

¿Dónde está Danny? ¿Dónde está mi amor?

El año pasado, la madre de Danny encontró el diario personal que su hijo escribió cuando tenía 10 años, y pasó al ordenador todo su contenido. Así, pude leerlo como una puerta de entrada al corazón de mi esposo. Danny no ha cambiado mucho desde entonces. Eso era algo que yo había percibido y que el diario me confirmó. Mientras ambos leíamos las anotaciones diarias en un vuelo de regreso a Los Ángeles, vi cómo Danny se reía de su yo más joven y deseé haber sido capaz de retener también algo de mi propia juventud.

31 de octubre de 1973: Creo que para los niños el amor es la esperanza de que la persona a la que amas te ame...

2 de noviembre: Me parece que le agrado a Lisa Macey. Puede sonar tonto pero es grato pensar al respecto. Me pone contento...

13 de abril: Quiero vivir una vida plena y creo que puedo tenerla. Podría ser crítico literario, pero eso no parece servir demasiado para mejorar el mundo (supongo que el único trabajo que sirve es la política, en la que no me metería por nada).

10 de mayo: Lisa Macey es bonita pero tiene personalidad extraña. Doreen Brand es bonita y tiene una buena personalidad.

Y luego viene algo que me gustaría no estar recordando en este preciso momento:

3 de noviembre: Todo el tiempo, durante mi excursión, he tenido miedo a ser secuestrado. Escribiré un texto, espero que largo, sobre Nixon. Perdimos con los Apaches 2 a 0, pero ellos ocupan el primer lugar en la tabla.

¿Acaso todos los niños temen ser secuestrados? ¿Temía yo tal cosa?

Me retiro a mi habitación para rezar. Recito: «Nam Myoho Renge Kyo». Suplico que Danny no esté asustado. Estoy a su lado. El bebé está a su lado. Y estaremos bien.

Suena el teléfono. Es el subeditor de Internacional del *Wall Street Journal* y llama para avisarme de que Jonathan Friedland está enviándome un correo electrónico. Quizá sea de los secuestradores de Danny. Friedland es el jefe de la oficina del *Journal* en Los Ángeles. Danny y yo almorzamos con él el año pasado, ocasión en la que nos habló de su dificultad para volver a adaptarse a Estados Unidos tras muchos años como corresponsal en el extranjero. La vida le parecía aburrida. «¡Uno echa de menos el caos!», exclamó bromeando.

El correo electrónico había pasado por numerosas manos antes de llegar a las nuestras. Lo había enviado originalmente a la una de la madrugada alguien que se hacía llamar «el secuestrador», desde la dirección de correo kidnapperguy@hotmail.com, y sus primeros destinatarios habían sido 31 personas relacionadas con *Jang*, el *Washington Post*, el *New York Times* y otros medios internacionales. Aunque parezca curioso, no envió ninguna copia al *Wall Street Journal*. Uno de sus primeros destinatarios, el jefe de la oficina del *Washington Post* en el sur de Asia, Rajiv Chandrasekaran, se lo reenvió a su colega del *Journal* Anne Marie Squeo. Acompañaba el archivo adjunto con el siguiente mensaje: «¿Has visto esto? ¿Es él quien sale en las fotos? Esta gente está enferma. Ruego a Dios que sólo sea un engaño y que lo liberen pronto». Anne Marie envió entonces el mensaje a varios ejecutivos del *Journal*: «Amigos: no estoy segura de que esto no sea un engaño, pues sólo he visto a Danny en dos ocasiones, pero se parece a la imagen de él que guardo en la memoria».

Con Asra y el capitán apiñados a mi alrededor, abro el archivo adjunto. Primero veo las fotos. Son cuatro. Danny está frente a una cortina azul, vistiendo algo que jamás usaría: una extraña chaqueta de chillones tonos rosado y celeste. Lleva las muñecas encadenadas y le han quitado las gafas. En la primera imagen, un hombre vestido con un *salwar kameez* blanco coge a Danny por la nuca, empujándole hacia adelante, y con la otra mano sostiene un revólver a pocos milímetros de su cabeza.

Mis ojos empiezan a derramar lágrimas, pero me he estado preparando para esto. Me siento como un boxeador consciente de que va a ser golpeado y que tensa cada músculo a fin de no tambalearse cuando el puñetazo dé en el blanco. Listo para devolver el golpe, no para pensar sino para actuar. Me fuerzo a mí misma a analizar la siguiente imagen, en la que Danny sostiene entre sus manos un ejemplar de la edición del 26 de enero del periódico en lengua inglesa *Dawn*.

—Colocaron primero la foto con el arma por una razón —dice Dost en voz baja—. Lo hacen para conmocionarla y captar su atención.

Percibo cómo todos los que me rodean me observan con preocupación. Supongo que esperan que tenga una crisis y empiece a dar a luz en ese mismo instante. En cambio, sonrío al contemplar la siguiente foto, pues Danny también está sonriendo. Eso es evidente aunque tenga la cabeza gacha. Y luego noto que en una imagen sus dedos forman una V de la victoria, mientras con la otra eleva el dedo corazón en señal de desprecio hacia sus captores. Puedo observar el triunfo mudo de Danny, aquel que se siente cuando alguien intenta silenciarte pero tu mensaje consigue pese a todo abrirse camino. Yo estaba en lo cierto: Danny *ha* combatido su miedo, me está diciendo que no le han vencido y que no debo dejarme vencer.

Analizo el texto que acompaña las fotos. Es curioso:

Tema: Oficial estadounidense de la CIA bajo nuestra custodia.
El Movimiento Nacional por la Restauración de la Soberanía Paquistaní ha capturado al agente de la CIA Daniel Pearl, quien se escondía bajo la máscara de ser periodista del *Wall Street Journal*.

Me vuelvo hacia el capitán, quien permanece absorto con los ojos en la pantalla por encima de mi hombro.

—¿Qué es este grupo? ¿Quién es esta gente? —le pregunto.

El capitán niega con la cabeza:

—Es un grupo constituido especialmente para esta ocasión.

Prosigo la lectura del mensaje.

Por desgracia, Pearl se encuentra ahora cautivo en condiciones muy inhumanas, de hecho muy similares a aquellas en las que los paquistaníes y ciudadanos de otras naciones soberanas son retenidos en Cuba por el Ejército estadounidense. Si los estadounidenses mejorasen las condiciones de nuestros compatriotas cautivos, nosotros mejoraríamos las del señor Pearl y las de cualquier otro estadounidense que capturemos.

Si Estados Unidos desea liberar al señor Pearl, todos los paquistaníes detenidos de forma ilegal por el FBI en Estados Unidos sólo por ser sospechosos deberán tener acceso a abogados y a contacto con sus familiares.

Los paquistaníes prisioneros en Cuba deben regresar a Pakistán y ser juzgados por un tribunal paquistaní. Después de todo, Pakistán ha entrado en la coalición internacional contra el terrorismo y merece el derecho de juzgar a sus propios ciudadanos. Así mismo, deberá enviarse a Pakistán al embajador de Afganistán Mullah Zaeef, y si existe alguna acusación en su contra deberá encargarse de este asunto el Gobierno paquistaní.

Mullah Abdul Salam Zaeef es el ex embajador talibán de Pakistán y uno de los talibanes de más alta jerarquía capturados por los oficiales estadounidenses. Hay otro mensaje adjunto. Está en urdu, y los urduparlantes de nuestro equipo se apresuran a traducirlo. Dice más o menos lo mismo que la versión inglesa, pero añade una exigencia adicional: la entrega de un cargamento de aviones de combate F-16 que Pakistán le compró a Estados Unidos en la década de los 80 pero que nunca llegaron a su destino, pues en 1990 el Congreso estadounidense decidió detener las ventas a esta nación. «Los aviones deberán ser entregados a Pakistán, o bien se deberá reintegrar su precio más un 15% de intereses.»

—Semejantes exigencias son imposibles, no tienen ningún sentido —afirmo—. Esta gente no quiere negociar con nosotros. Sólo intenta presionar a Washington y a Islamabad.

—Sí —admite el capitán.

Con nuestra nueva impresora, hacemos copias para todos y nos las repartimos.

—No creo que sea Danny —añade el capitán analizando la suya.

—Yo tampoco —interviene Asra.

Yo apenas les escucho.

Randall ha llegado a la casa acompañado de Zahoor y de varios estadounidenses que no habíamos visto antes. Dos agentes del FBI toman asiento y se ponen a trabajar de inmediato, estudiando el ordenador, buscando pistas. Analizan la dirección de los mensajes y rastrean los datos informáticos que revelan desde qué ordenador se ha enviado el mensaje. Cada máquina conectada a Internet posee un identificador. Kevin, uno de los agentes, viste un morral en la cintura. Su aspecto no impacta, pero me hace pensar que se trata de un genio de la computación, como Bill Gates.

Randall analiza las fotos que hemos impreso.

—Ésta es una imagen alterada —dice categóricamente—. No es Danny. Fijaos en el ángulo del hombro, no parece concordar con la cabeza. Y las piernas son demasiado grandes. Mirad los hombros en esta otra. Ahora comparadlos con los que se ven en esta otra.

Cada pequeño detalle (el tipo de cámara empleada, el modelo de arma que apunta a Danny, el modo en que figuran las palabras en el mensaje) es analizado y todos tienen su propia teoría. Permito que hablen por si acaso alguno de sus discursos me resulta convincente. Pero lo cierto es que no me cabe duda alguna: el de las fotos es mi esposo.

En medio de la bulla, oigo la voz de Randall que me pregunta:

—¿Reconoces el anillo de bodas?

—Sí —respondo—. Le queda flojo y baila sobre su dedo. Siempre ha estado flojo.

La sala queda en silencio.

Maureen se pone manos a la obra:

—Muy bien, enviemos las imágenes a nuestro laboratorio forense en Honolulú y veamos qué dicen.

La división del FBI en Honolulú es el departamento responsable de las investigaciones en esta parte del globo.

—Sí —asiente Randall—, y a Washington, y...

Pero es una estupidez. Se trata de Danny. No tenemos tiempo como para que «expertos» en lugares lejanos confirmen lo que ya sabemos.

El capitán intenta distraerme.

—Mira, Danny te está hablando. En esta foto sonríe. Con una pistola apuntándole a la cabeza, Danny sonríe.

Es cierto, lo veo.

—No parece ser víctima de mucho estrés ni estar agonizante.

También eso puedo verlo.

Las copias impresas del correo electrónico están esparcidas sobre la mesa del comedor, disponibles para que las observe cualquiera. Me parece obsceno. Los presentes mueven las imágenes ubicándolas en diferente orden, como si al reordenarlas pudiesen averiguar algo diferente. Se llevan las manos a la barbilla, murmuran entre ellos, profieren los clichés habituales. El equipo del FBI parece cada vez más nervioso; escucho cómo se agitan mencionando los nombres de varios departamentos y expertos forenses, e investigadores informáticos, y Quántico y Dios sabrá qué cosas más.

Prefiero observar a Dost y al capitán. Puedo adivinar sus pensamientos. Es hora de burlar a los secuestradores haciendo pronósticos. ¿Qué haríamos nosotros en el lugar de los secuestradores? ¿Dónde ocultaríamos a un extranjero? Con su imaginación, entran en mezquitas, gatean en dirección a madrazas y pasean por su laberinto de casuchas.

La hermana de Danny, Michelle, llama desde California.

—¡Es una buena noticia! —exclama.

—¿Por qué lo dices? —le pregunto, sorprendida por el tono feliz de su voz.

—Mariane, quiere decir que Danny está vivo —explica, y tiene toda la razón. Dado que yo jamás me he permitido a mí misma admitir la posibilidad de que pudiese estar muerto, la revelación no me ha afectado en tanto confirmación positiva de que mi esposo todavía está con vida.

En medio de tantas cosas (el impacto al ver el *Jang* y, luego, el correo electrónico), el capitán y Randall me recuerdan que tengo una cita con el general Haider, el ministro de Interior. No tengo ganas de ir, pero los demás me aseguran que la reunión es importante. En juego está la creación de una fuerza especializada nacional que extienda la investigación sobre Danny al resto de Pakistán. Para que Randall y el capitán hagan su trabajo, dicha fuerza es esencial. Ambos me piden como un favor personal que vaya.

Pese a la gran aprensión que me produce ir a la entrevista, Asra y yo tenemos un motivo adicional para asistir. A fin de demostrarle al ministro con cuánta seriedad se ha tomado el secuestro de Danny en Estados Unidos, hemos desarrollado un plan con Paul Steiger, el editor general del *Journal*. Steiger, que ha hablado con el secretario de Estado Colin Powell, llamará a mi teléfono móvil «como por casualidad» mientras yo me encuentre con Haider. Entonces le pasaré «casualmente» el teléfono a Haider, de manera que Steiger le comente «porque viene al caso» lo esencial de su conversación con el secretario de Estado.

La visita a la oficina del ministro se convierte en una delegación de oficiales veteranos, todos ellos acompañados por sus subordinados. Los sigue, uniéndose a la caravana, una marea de policías vestidos de civil, todos con sus ropas de domingo. Sobre mi camiseta blanca me anudo uno de los pañuelos favoritos de Danny, un chal procedente de Cachemira. Asra coge otro. Un hombre de aspecto distinguido y cabellos blancos me espera en el exterior de la casa. Es John Bauman, el cónsul general de Estados Unidos. Nos invita a subir a su vehículo. También invita a Randall. Nuestro convoy se pone en movimiento. Lo siguen numerosos coches oficiales, pero a la cola de la procesión distingo los fatigados jeeps que han estado custodiando nuestra casa.

No son buenos momentos para el ministro Haider. Hace 40 días, tres hombres en moto asesinaron a su hermano, Ehtishamuddin Haider, cuando volvía a casa de su trabajo en una institución médica de la beneficencia. El día anterior a dicho crimen, Haider había dictado en Karachi una conferencia titulada «Terrorismo: un nuevo desafío al islam». Danny asistió a esa ponencia. «No podemos dejar las riendas del país en manos de unos iletrados que sólo han leído unos pocos *qaidas* (capítulos del Corán)», había dicho el ministro, según citaba Danny.

Haider lleva un vestido de seda tradicional en señal de luto. Le ofrezco mis condolencias y murmura un agradecimiento. Está de mal humor. Hasta que se llena todo el salón, los policías cubren el perímetro de los muros, formando una especie de tapiz viviente. Sólo hay tres sillas. Me siento a la derecha del ministro, y a su izquierda se sienta Kamal Shah, el inspector general.

Haider da inicio a la reunión en un tono frío pero cordial. Ofrece una versión actualizada de las investigaciones y manifiesta su acuerdo con la formación de una fuerza nacional de operaciones. Dice saber que, aunque el secuestro se produjo en Karachi, lo más probable es que se haya planeado en otro sitio. Con todo, no es capaz de mantener su amabilidad por mucho tiempo.

—¡Durante la guerra en Afganistán hubo aquí 3.000 periodistas y ninguno se metió en problemas! —estalla a modo de reproche. Esa frase es para él como un mantra.

—¿Qué pretende insinuar? —pregunto.

—¿Qué estaba haciendo su esposo? ¿Para qué necesitaba reunirse con esa gente? ¡Éstos no son asuntos para un periodista!

—Todo depende de lo que usted considere que es un periodista —respondo con helada frialdad.

Quizá el ver la fotografía de Danny publicada en *Jang* evite a Haider seguir en esa dirección. Pero resulta que toma otra igual de delicada: la India. Asegura que la India ha orquestado el secuestro de Danny a fin de humillar a Pakistán.

La tensión es tal que nuestras voces producen eco pese a la gran cantidad de personas presentes. Es como si todos los demás hubiesen parado de respirar. La mayor parte de los presentes está con los brazos cruzados o con las manos entrelazadas y los dedos en una posición rígida. Desde donde estoy sentada puedo ver hileras de nudillos volviéndose cada vez más blancos.

Suena mi móvil y todos suspiran aliviados. Con destreza, Asra coge el teléfono y se retira al pasillo. Le cuenta a Steiger las acusaciones del ministro, lo que resulta de gran ayuda pues, cuando los dos hombres empiezan a hablar, Steiger parece calmar a Haider.

Le observo con detenimiento. Aquí está, uno de los artífices principales de la guerra contra el terrorismo en este país, y una de sus víctimas. ¿Cómo puede pensar que Danny sea un espía? ¿O que el secuestro de Danny sea una conspiración de la India? ¿Quién lo ha provisto de semejante «información»? ¿Con quién se ha estado escribiendo? Y sobre todo, ¿cómo puede un hombre inteligente creer mentiras tan evidentes?

Estamos ya a punto de marcharnos cuando Asra no puede resistirse más. Apunta entonces sus enormes ojos negros en dirección a Haider y, con enorme suavidad, le pregunta:

—Señor ministro, con el debido respeto, ¿culparía usted a su hermano de haber sido asesinado sólo por recorrer las calles de Karachi?

Hemos dado unos pasos fuera del salón cuando oímos a Haider volverse hacia los policías que aún permanecen allí.

—¿Qué pasa con vosotros? —chilla con una mezcla de ira, frustración y vergüenza—. ¿Por qué no le habéis encontrado todavía? Todos vosotros, ¡traedme al periodista!

En el camino de regreso a casa, Randall nos reprende por nuestra falta de diplomacia y autocontrol. No está conforme con nuestra conducta, pero es lo bastante listo como para sentir la tormenta que empieza a gestarse en nuestro interior, de modo que cambia de estrategia.

—Necesitáis descansar —advierte en un tono que de pronto se ha tornado gratamente protector. Procede entonces a explicarnos con detalle por qué una persona que no ha dormido lo suficiente no puede seguir siendo racional. Luego añade:

—¡Y tú deberías saber que hay muchos componentes químicos corriendo con toda libertad por *tu* cuerpo!

No puedo evitar sonreír. Pero me enfrento a otra noche en vela.

Asra intenta ayudarme. Con manos expertas masajea mi cabeza. Aunque no me relajo lo bastante como para llorar (me urge llorar), me hundo en un sueño superficial con la extraña sensación de estar desplomándome en el interior de un pozo. Esa noche Asra se acurruca a mi lado y empezamos desde entonces una costumbre que se extenderá durante las semanas siguientes: dormimos una junto a la otra. Asra me protege y yo la protejo.

Dos mujeres compartiendo una cama. Al principio, los hombres que nos rodean lo juzgan intrigante. Luego descubren que la idea les agrada, pues llegado este punto todos nos sentimos solos, y nadie debería estar solo.

7

El editor de Internacional John Bussey sobrevuela el Atlántico cuando llega el correo electrónico de los secuestradores. Su vuelo de Swissair, proveniente de Nueva York, hace una parada en Zurich, y Bussey aprovecha para chequear su correo electrónico desde el salón de la clase *business*. Ve entonces las imágenes de Danny en cautividad, cambia de vuelo, se dirige hacia Dubai y hace la conexión con Karachi, adonde llega a las dos de la madrugada del lunes. Para entonces ya todo se ha vuelto un infierno.

El *Wall Street Journal* ha presionado al secretario de Estado de Estados Unidos, Colin Powell, que a su vez ha presionado al presidente Pervez Musharraf, quien le asegura a Powell que el Gobierno paquistaní está trabajando para encontrar a Danny.

Se han redactado y enviado los comunicados correspondientes. Por ejemplo: «Me llamo Paul Steiger y soy el jefe de Danny en el *Wall Street Journal*. Desearía colaborar con vosotros a fin de obtener la liberación de Danny. [...] [Pearl] no ha trabajado jamás para la CIA ni para el Gobierno de Estados Unidos. Danny Pearl no tiene ninguna influencia para modificar la política del Gobierno de Estados Unidos respecto del Gobierno de Pakistán. Yo tampoco. Por lo tanto, desearía que liberaseis a Danny de manera que pueda regresar a su hogar a salvo y reunirse con su esposa y con su hijo a punto de nacer».

La CIA, que nunca especifica si alguien ha trabajado o no a

su servicio, ha negado de modo oficial y categórico que Danny sea un espía.

Los medios de comunicación internacionales, que no habían demostrado demasiado interés por la situación de Danny, empiezan a implicarse en el asunto. Nunca se me había pasado por la cabeza que el *Journal* contase con un departamento de relaciones públicas, pero vaya si lo tiene. Steven Goldstein, portavoz del *Journal* y de su casa matriz, Dow Jones, se sumerge en la tormenta. Tan sólo 24 horas después de recibir el mensaje con las fotos de Danny, los medios de comunicación han efectuado al *Journal* unas 600 llamadas telefónicas y peticiones por correo electrónico. El día siguiente, las llamadas son 750. Goldstein hace cuanto puede por responderles a todos. «En toda crisis existe un momento en el que te percatas de que estás en crisis; aquél fue el momento», me diría luego, cuando nos reunimos en París. Goldstein había trabajado en el Congreso, y estaba en la NASA cuando explotó el trasbordador espacial *Challenger*. Era funcionario de prensa del departamento de Interior cuando encalló el *Exxon Valdez*, derramando más de 40 millones de litros de petróleo en la costa de Alaska. Se encontraba en las oficinas del *Wall Street Journal* cuando los atentados del 11 de septiembre casi derrumban el edificio del periódico. «Pero nunca he visto un frenesí de medios como éste en toda mi carrera», aseguró.

No quiero hablar con la prensa, no quiero siquiera conversar con Goldstein, ni con los ejecutivos de Dow Jones, ni con los ansiosos colegas de Danny. Deseo que Bussey se encargue de todo eso. No consigo siquiera imaginar cómo podrá adaptarse el editor, quien según he escuchado es bastante quisquilloso, a la peculiar escena de la calle Zamzama. A pesar de todo, le necesito.

El capitán mira por la ventana.

—Allí está la CNN, fijando su cámara en el césped, y en aquel otro sitio está la Fox, y más allá Al Yazira.

No parece agradarle. Observo sobre su hombro. Primero se ve una línea de policías, y luego otra de cámaras de televisión. Todos nos presionan. Todos nos aíslan del mundo exterior.

El subinspector general ordena que un chófer de confianza reciba el avión de Bussey. Suena el timbre y Dost abre la puerta.

—He venido para recoger al estadounidense en el aeropuerto —dice el chófer, y Dost estalla en carcajadas.

—Un minuto, por favor —pide cerrándole la puerta en la cara—. Capitán, ¿podría venir un momento, por favor? ¿Podría echarle un vistazo al chófer que recogerá a John Bussey?

Los dos investigadores abren la puerta y espían al desconcertado chófer. Delgado, con una barba descuidada y penetrantes ojos negros, parece recién salido de alguna de las cuevas de Afganistán.

—Si enviamos a este tío, Bussey se volverá y cogerá el primer avión de regreso a Estados Unidos —sostiene el capitán. Se envía en su lugar a un sustituto muy bien rasurado.

John Bussey es un personaje intrigante: ingenioso, educado, con frecuencia autoritario. Es bastante joven (ronda los 45 años), pero está habituado a dar órdenes (a un equipo de unos 25 periodistas distribuido alrededor del mundo, y al personal de servicio de los hoteles de cinco estrellas que frecuenta). Lo apodo *Bussey el jefe*. Danny le respeta, pero también suele enfurecerse con él dado que Bussey, aunque brillante, es también obstinado. Con todo tiene buen corazón, y cuando mi madre enfermó de cáncer y tanto Danny como yo fuimos a acompañarla a Francia, él nos apoyó plenamente.

Vi a Bussey por primera vez cuando Danny me presentó con entusiasmo a todas y cada una de las personas de la oficina del *Journal* en Nueva York. Cogiéndome de la mano, Danny me llevó de un recinto a otro de las tres plantas del edificio. Olvidaba cada nombre tan pronto como oía el siguiente, pero eso no tenía importancia, ya que según me dijo Danny «lo importante es que mi gente te vea a ti». Su orgullo me hizo sentir mucho más feliz de lo que alguna vez hubiese imaginado que podía sentirme con un hombre. Mi segundo encuentro con Bussey fue en la India, durante uno de sus recorridos por Asia. Colaboré con Danny a fin de lograr que Bussey se entrevistase con un conjunto de interesantes personalidades del país (una joven reina de las telenovelas, un autor de novelas épicas y un sindicalista de izquierdas). Bussey fue agradable y locuaz, y pasados dos días hablaba como si ya supiese todo de la India, de su futuro y su lugar en el proceso de globalización. Me dejó sin palabras su rapidez y seguridad en sí mismo. Tras varios meses en la India, yo todavía no conseguía comprender, por ejemplo, el motivo por el cual había gente que caminaba descalza a fin de no matar ni a una hormiga en una ciudad donde se mutila a los niños para que pidan limosna en las calles.

Aunque es medianoche, desde el momento en que Bussey da sus primeros pasos en nuestra casa de Karachi vestido con su impecable traje azul ya está listo para trabajar. No importa que haya estado viajando durante 19 horas y haya una diferencia horaria de otras 10 con Nueva York. Le ponemos al tanto de cuanto ha sucedido. Mientras nos escucha, puedo notar cómo procesa cada dato en su cerebro. Quizá la situación sea incluso más espantosa de lo que él suponía.

De regreso a Nueva York, Steve Goldstein rechaza todas las peticiones de copias del mensaje de los secuestradores y de las fotos.

—No —le dice a los medios—. Para ser sincero, no me parecería correcto divulgarlas.

Los medios presionan también a los padres y a las hermanas de Danny para que concedan entrevistas. En Los Ángeles, los vehículos de la radio y la televisión invaden los alrededores de la casa de los Pearl. Michelle me lo describe del siguiente modo: «Ellos tocan el timbre; nosotros fingimos no estar en casa. Cerramos las cortinas y nos escondemos. Los periodistas se acercan a nuestra puerta y encienden luces para iluminar la casa a través de las ventanas. Uno da un fuerte golpe a la puerta y exhibe un papel donde dice: "Soy de CBS, por favor abrid la puerta, sólo deseo entregaros esta carta". ¿Y por qué no la deja en el buzón?».

Michelle no permite que sus padres respondan al teléfono debido a su acento, y se encarga de grabar un nuevo mensaje en el contestador automático con su voz, completamente estadounidense. Ni siquiera menciona los nombres de su familia (Judea, Ruth, Tamara, Michelle), pues también ofrecen pistas sobre su origen. Según me explica Michelle: «No existimos, somos pasivos».

Good Morning America, The Today Show, CBS Morning News. Diane Sawyer, Katie Couric, Connie Chung, Larry King y la BBC. Todos me buscan a mí, a la esposa. Escucho los nombres de los programas y puedo ver a los periodistas ante sus escritorios, acosados por sus superiores para ponerme ante las cámaras. Conozco la presión por «alimentar a la bestia». La he sentido sobre mí. Reflexiono sobre lo sencillo que resulta reducir un suceso a una historia fácil: apuesto esposo rehén, esposa embarazada en estado de desesperación. No existe manera alguna de que ninguno de estos programas refleje la complejidad de cuanto está sucediendo aquí, y aunque la simplificación de sucesos complejos parece inofensiva, no lo es en absoluto. Desvío la mirada desde nuestro esquema hasta las cámaras instaladas en la calle Zamzama. Casi deseo decirles: «Sí, el mundo en el que me encuentro ahora parece irreal, pero ¿en qué mundo estáis vosotros?». Luego me parece que soy injusta. O quizá sólo estoy del lado equivocado de la cámara.

En Nueva York, Steve intenta escabullirse de la locura yendo al gimnasio. Intenta perder unos kilos. Una noche, su entrenador personal se inclina sobre un sudado Goldstein:

—¿Sabes? —le comenta—. Ann Curry, del programa *The Today Show*, desearía de verdad tener a Mariane como invitada.

En París, la gente se abre camino en dirección a mi hermano, Satchi, el alma más adorable del universo. No está preparado para ser el centro de atención. Los periodistas de la revista *People* llaman a su puerta pidiendo fotos familiares en las que todos estemos juntos y felices.

—¿Representa algún tipo de beneficio para ella aparecer en la televisión y llorar? —interroga Goldstein a Bussey por teléfono—. ¿O sólo parecerá que está suplicando?

Si voy a aparecer, les diré a quienes me entrevisten que los secuestradores tienen en su poder al hombre equivocado. Que Danny no es un espía sino un hombre dedicado a acortar una brecha cada vez mayor entre las civilizaciones. Danny es un ciudadano del mundo, un amante de las diferencias, un hombre capaz de estrechar a todos entre sus brazos. Pero no estoy segura de que eso sea lo que los hambrientos empresarios de las cadenas informativas desean escuchar de mis labios. ¡Joder! Ni siquiera estoy segura de que eso sea lo que mis consejeros no oficiales esperan que diga. Cuando por fin acepto conceder un puñado de entrevistas, Steve Goldstein me sugiere:

—Recuerda, el mejor modo de encarar el asunto es que tú y tu esposo sois sólo dos personas intentando sacar adelante vuestro trabajo. Tú eres una profesional, una periodista.

Al mismo tiempo, instruye a John Bussey para asegurarse de que yo despierte compasión. Explica que es necesario que yo dé evidencias de estar estresada y de estar embarazada.

—Muy bien, tío —le digo a Bussey—. ¿Y cómo lo hago?

La gente parece obsesionada con mi embarazo. El bebé es a la vez otra persona de la cual debo preocuparme, un consuelo espiritual y una herramienta de relaciones públicas. Asra me ha mostrado uno de sus libros favoritos, *La guía del matrimonio musulmán*, de Ruqaiyyah Waris Maqsood, un maestro del islam muy respetado que vive en Inglaterra. El capítulo titulado «Un breve abecedario del matrimonio» incluye una interesante discusión sobre el aborto. Allí, el autor afirma que la mayor parte de los islamistas coinciden en que el feto carece de alma hasta la 16.ª semana del embarazo, momento en el cual es «provisto de alma» (*nafh al-ruh*).

Nafh al-ruh. También podría ser traducido como «el alma viviente» o «un alma a la cual la vida ha brindado su soplo».

Maqsood prosigue así su explicación: «Estas ideas son respaldadas por el *hadith* [los dichos del profeta Mahoma] al afirmar que "cuando transcurran 40 noches desde el momento en que el semen llega al útero, Alá envía al ángel y le da la forma. Entonces Él desarrolla su sentido del oído, su sentido de la vista, su piel, su carne, sus huesos..."».

Yo llevo casi seis meses de embarazo. Dañar al bebé que llevo en mi interior es un crimen contra el islam. Y dañar a su padre es dañar al hijo.

Cuando Goldstein habla con la prensa árabe y paquistaní, se asegura de introducir el *nafh al-ruh* en la conversación tan a menudo como sea posible. «Vosotros sabéis —les dice— que ella lleva un *ángel* en su interior».

Al tiempo que cabalga sobre Nueva York con su teléfono móvil, Steve Goldstein absorbe consejos de donde sea que los reciba. «En Nueva York hay numerosos taxistas paquistaníes. Les pregunto: "¿Qué opina del caso de Danny Pearl? Si estuviese de nuevo en su país, ¿vería la emisora televisiva Al Yazira?".» Steve sigue con atención la información de Al Yazira. Pero los taxistas le dicen que Al Yazira es una emisora árabe y que los paquistaníes no se consideran a sí mismos árabes. De modo que no será de ayuda.

Judea intenta convencer a los hombres de Colin Powell para que lancen un mensaje terminante a los secuestradores, algo del estilo de: «Las personas que mantienen cautivo a Daniel Pearl deberían comprender que asesinar a un periodista inocente es considerado un acto bárbaro inconsistente con las enseñanzas del islam». Pero las declaraciones formuladas por el secretario de Estado son formales y carecen de toda fuerza.

Judea trabaja febrilmente para movilizar a musulmanes influyentes a fin de que soliciten la liberación de Danny. Toma la delantera el líder de la Nación del Islam, Louis Farrajan, que conoce a Danny y le tiene gran afecto. El boxeador Mohamed Alí, un musulmán devoto respetado en todo el mundo, acepta efectuar declaraciones. Alguien del *Journal* sugiere enviar a Alí a la bahía de Guantánamo. ¿Para qué? Para que pueda informar desde allí que los detenidos son tratados con humanidad. Me parece una idea espantosa, y por suerte no es puesta en práctica.

Se le solicita que pida la liberación de Danny al ídolo de baloncesto Michael Jordan, que no es musulmán pero goza de admiración internacional. Su agente se niega.

Cuando se difunde la declaración de Alí, nos apiñamos alrededor del comedor de Karachi para leerla. Me parece hermosa:

EN EL NOMBRE DE ALÁ, EL MÁS PIADOSO, EL MÁS COMPASIVO

Ruego que este mensaje llegue a aquellos que tienen cautivo a Daniel Pearl. Como musulmán, acabo cada rezo con una plegaria por la paz y la compasión entre todos los habitantes del mundo. Durante el conflicto más reciente ha sufrido mucha gente, muchos han caído víctimas de la injusticia y de la intolerancia, muchos han perdido la esperanza de que la gente pueda coexistir en paz sin que las distintas naciones falten el respeto a sus mutuos derechos, tradiciones y cultura. Pero gracias a la piedad de Alá, yo no he perdido la esperanza. Creo que Alá Todopoderoso nos guiará a todos por el sendero del bien y de la compasión. No he perdido Su esperanza en que nosotros mostremos compasión donde no la hay y la empleemos en las circunstancias más difíciles.

Nosotros, como musulmanes, debemos dar el ejemplo. El mismo ejemplo que nos brindó hace 1.400 años el profeta Mahoma (que la Paz y la Bendición de Alá le acompañen). Daniel es un periodista. Su trabajo es darle voz a aquellos que desean ser oídos por la comunidad internacional. Daniel no debería convertirse en una víctima más de este prolongado conflicto. Os hablo para suplicaros que mostréis por Daniel Pearl compasión y bondad. Tratadlo como os agradaría que los demás tratasen a todos los musulmanes. Tened la esperanza y la fe de que Alá nos guiará a través de los tiempos más duros. Es mi deseo más sincero que se le permita a Daniel Pearl ser liberado y reunirse a salvo con su familia. Que Alá se apiade de todos nosotros.

—Es espléndida —señala Asra—. Pero Cat Stevens hubiese sido aún mejor.

Pasados los días de *Tea for the Tillerman*, en la década de los 70, Cat Stevens se volvió un conocido seguidor del islam. Ahora, habiéndose rebautizado Yusuf Islam, posee numerosos seguidores como educador y cantautor musulmán, con álbumes como *A is for Allah*. Asra recuerda haber escuchado a la esposa de Jalid Jawaja cantando al son de los discos de Yusuf Islam cuando visitó a Jawaja en Islamabad. Bussey envía un correo electrónico al director del *Journal* sugiriendo pedir la colaboración del señor Islam.

Los padres de Danny reciben un mensaje telefónico del *Yediot Achronot*, un periódico israelí que ha decidido que ya es hora de romper el secreto sobre la identidad de Danny. Judea llama al periodista subrayando la importancia de mantener por ahora en secreto el origen familiar. El periodista se niega a aceptarlo. «Veo que los intentos de papá empiezan a verse frustrados», me cuenta Michelle. «Entonces yo empiezo a gritar, lo bastante alto como para que me oigan del otro lado del auricular: "¡Van a matarlo! ¿No lo entendéis? ¡Van a matarlo!"».

Por el momento, los medios israelíes se mantienen en silencio.

Los tabloides británicos le ofrecen dinero a Steve Goldstein (la tarifa del cazador) como incentivo para que organice una entrevista conmigo. Es la mayor oferta realizada hasta ahora: 25.000 dólares. También a mí me pagarían. Llaman por teléfono videntes presos de visiones y convictos con presuntas pistas. En todo

Pakistán la policía derriba puertas en una sucesión de registros domiciliarios sin fin. En las autopistas se para a los conductores para revisar sus coches.

Empiezo a tener contracciones y llamamos a un doctor del Sheraton. Cuando abro la caja de la medicina indicada para aminorar los dolores del parto, me encuentro con la siguiente etiqueta: «No se ha llevado a cabo ninguna prueba en mujeres embarazadas». No lo dudo.

La mayor de las hermanas de Danny, Tamara, que recibió un curso de homeopatía en Canadá, diseña una estrategia para mantenerme sana hasta que encuentren a Danny, y otra para atender a Danny cuando regrese a casa. Se informa de los sitios donde pueden conseguirse los artículos necesarios en Karachi, y me envía un correo electrónico con el nombre de un buen homeópata local, Younus Billoo (su nombre me parece sumamente sanador).

Asra manda a Imran de compras con la siguiente lista:

Aconita 1M (contra el miedo)
Arnica 1M (contra el trauma, la conmoción y el dolor físico)
Cocculus 200 (contra la falta de sueño)
Gelsemium 200 (contra el pánico en el que una imagen se repite una vez tras otra en nuestra mente)
Remedio de rescate, la esencia de flores de Bach para disolver en agua.

Bussey se desliza dentro de mi habitación con mi ejemplar del libro *¿Qué se puede esperar cuando se está esperando?* Lo curiosea de principio a fin y luego me interroga. Él lo sabe todo acerca de análisis de sangre y orina, ingestión de proteínas y consumo de líquidos. Alguien le ha dicho que las mujeres embarazadas deben estar siempre bien hidratadas, de modo que me fuerza a beber litros y litros de agua. No se irá hasta verme casi ahogada.

Charles Fleming, de la oficina francesa del *Journal*, localiza al ex Cat Stevens. Fleming ha contado con la ayuda de su sobrino

Chris Martin, el líder de voz etérea de Coldplay. La banda británica de moda está en los estudios Parr Street, en Liverpool, grabando *A Rush of Blood to the Head* (*Una inyección de sangre en la cabeza*), y gracias a sus contactos en el mundo musical Martin ha podido hablar con el hermano de Yusuf Islam, David Gordon, quien acepta pedirle ayuda.

Hablando como «un musulmán occidental», Yusuf Islam escribe:

> Ha llegado ahora el momento de mostrarle al mundo la piedad del islam. El profeta Mahoma, que en paz descanse [...], nos enseña que un hombre fue al cielo porque le dio agua a un perro sediento, y una mujer fue al infierno porque ató a un gato, que murió de hambre.
>
> Este mensaje va dirigido a aquellos que mantienen cautivo al periodista Danny Pearl: si vuestra meta es la justicia, entonces la causa de la justicia no será servida matando a un hombre inocente que no tiene más que un bolígrafo en su mano.

Son palabras sabias y compasivas, pero necesitamos saber dónde esconden a Danny.

Con ese objetivo operan en simultáneo cinco equipos de rastreo. Como un director de orquesta, el capitán los dirige a todos. Hay un equipo de investigación clásico, siguiendo pistas y coordinando registros domiciliarios por todo Pakistán. Otro equipo es el del crimen informático, que intenta rastrear los ordenadores desde los que fueron enviados los mensajes de correo electrónico. El tercer equipo es el del FBI, que ha establecido su centro de operaciones en las oficinas de Dow Jones en South Brunswick, Nueva Jersey. Desde allí intentan monitorear los hallazgos a medida que se produzcan, en todo momento y en cualquier parte del mundo. Por último, está el equipo de Jameel Yusuf.

Cuando el jefe del Comité de Enlace de la Policía Ciudadana, Jameel Yusuf, llega a nuestra casa la noche después de la llegada de los mensajes con las fotos, lo hace con el aire de un héroe. Serio y de baja estatura, vestido con un traje de tres piezas, resplandece de fe en sí mismo. En materia de resolver secuestros, los antecedentes de Yusuf no tienen parangón.

Desde aquel 23 de enero en que Danny lo entrevistara, Yusuf ha estado fuera de la ciudad (en Islamabad, trabajando), y para cuando por fin reaparece sabe bien cuánto le necesitamos. Sin perder ni un minuto, el capitán le enseña el mensaje de los secuestradores. Yusuf le echa una mirada y niega con la cabeza.

—Las exigencias son jodidamente estúpidas —afirma.

Si la atmósfera informal y casi familiar de nuestro equipo le sorprende, no lo manifiesta en absoluto. Estudia nuestro esquema y, cogiendo su agenda electrónica copia todos los números telefónicos que allí aparecen.

—¿Podrá ayudarnos? —preguntamos.

—Comenzaremos mañana por la mañana —promete.

Yusuf lleva 13 años dedicándose a esto. Era (y sigue siendo) un magnate de la industria textil. Hacia 1990 Karachi se había convertido en la capital del mundo en cuanto a secuestros. Yusuf y su equipo fueron también víctimas. Rescatarles costó cinco millones de rupias, pero la policía apenas participó en las pesquisas. La comunidad empresarial elevó una queja al gobernador de la provincia de Sindh, quien les devolvió la queja con el siguiente reproche: «En lugar de quejaros, ¡poneos en acción!». Yusuf, que había pasado cuatro años en la inteligencia militar, aceptó el desafío.

Dicen los rumores que Yusuf no es exactamente compasivo cuando se enfrenta a los criminales. De hecho, al parecer suele emplear sus propios métodos, incluyendo también el secuestro. Se cuenta que ha llegado a secuestrar a la familia de un secuestrador. No se arrepiente de ninguna de sus técnicas. Eso, me dirá, se debe a que «he sido testigo de las lágrimas y el dolor».

Hemos interrogado al sr.D.Parl [sic] y hemos llegado a la conclusión de que, contra lo que pensábamos antes, no trabaja para la

CIA sino que trabaja para el Mossad. Por tal motivo será ejecutado en 24 horas a menos que Estados Unidos cumpla nuestras demandas.[2]

Es la mañana del 30 de enero. Un nuevo mensaje de correo electrónico, que lleva adjuntas dos fotografías desagradablemente parecidas a las que recibimos dos días atrás. Asra las imprime. En la primera una pistola apunta a la cabeza de Danny, pero él parece como si estuviese riendo; en la otra parece haber sido cogido cuando pestañeaba. Se supone que la imagen debe resultar deprimente (y lo es; Danny parece más cansado, más desgastado), pero aun así parece sólo una mala foto.

Pedimos disculpas a su familia por las preocupaciones ocasionadas y le enviaremos paquetes con alimentos no bien Estados Unidos se disculpe por los daños colaterales y arroje paquetes con alimentos a las miles de personas cuyas madres, padres, hermanas y hermanos, esposas, hijos e hijas, abuelos y nietos ha asesinado. Esperamos que la familia de Danny demuestre su gratitud por los paquetes con alimentos que le enviaremos del mismo modo que los estadounidenses esperaban que lo agradeciesen los afganos a los que sus fuerzas aéreas arrojaban paquetes con alimentos.

Son unos jodidos enfermos.
Divagan luego acerca de la «mentalidad de esclavos» de Pa-

---

2. Como señala la autora un poco más adelante, el texto original (en inglés) del mensaje casi no contiene mayúsculas y presenta abreviaturas y errores tipográficos. A continuación se ofrece un breve fragmento a modo de ejemplo: *«We have interrogated mr.D.Parl and we have come to the conclusion that contrary to what we thought earlier he is not working for the cia. in fact he is working for mossaad. therefore we will execute him within 24 hours unless amreeka flfils our demands».* (N. del T.)

kistán hacia «Estados Unidos», de la «vengativa máquina de guerra estadounidense» y repiten sus exigencias.

Advertimos a todos los periodistas estadounidenses que trabajan en Pakistán que hay entre ellos muchos que espían a Pakistán bajo el disfraz del periodismo. Por lo tanto, les damos a todos los periodistas estadounidenses tres días para marcharse de Pakistán. Todos aquellos que permanezcan aquí pasado ese lapso serán blanco de nuestra agrupación.

¿Cómo se podrá establecer contacto con esta gente, detenerla, hablarle?

Bussey tiene entre sus manos una copia del segundo mensaje, que prosigue y prosigue, repleto de exigencias imposibles. Es probable que se trate del texto más redundante e incoherente que este brillante editor haya visto nunca. Pero si se analiza con detalle, uno se percata de que lo ha escrito alguien que desea cubrir sus huellas, alguien que desea que pensemos que es iletrado cuando no lo es. La sintaxis es correcta y la ortografía no es del todo mala: el autor ha omitido una letra aquí, una mayúscula allá. En cuanto a las palabras en sí mismas, para aquellos que hemos estudiado la cuestión durante un tiempo, son penosamente repetitivas. Quien redactó la nota ha copiado sin duda, sílaba por sílaba, las acusaciones seudopolíticas de un *mulá* (uno de aquellos, cada vez más numerosos, que predican más el odio que la religión).

Vivimos en un mundo en el que la gente no habla para comunicarse sino para sojuzgar, en el que la ignorancia mantiene a los pueblos como rehenes, en el que quienes detentan el poder simplifican la complejidad de manera que nadie pueda cuestionarla. Ése es el motivo por el que alguna gente odia a los periodistas, al menos a aquellos que rechazan un mundo en el que sólo hay blanco y negro. Y es que al explorar las zonas de grises, los periodistas pueden arrojar nueva luz sobre asuntos como el conflicto árabe-israelí, las relaciones exteriores estadounidenses o el fundamentalismo islámico. Nosotros poseemos las herramientas y el lenguaje para revelar verdades. Nosotros creemos que podemos cambiar el mundo modificando el modo en que las personas piensan de sus semejantes. Podemos inclusive establecer lazos entre la gente, por muy frágiles que éstos sean. Por eso, para quienes promueven el odio, nosotros somos los más odiados de todos.

Rememoro ahora el Año Nuevo en Beirut hace cuatro años. Danny y yo pasamos una noche maravillosa junto a algunos amigos libaneses, comiendo, bailando, riendo. Al día siguiente uno de esos amigos nos llevó a un bar, donde empezamos a debatir sobre política. Cuando él descubrió que Danny era judío y que mi padre también lo había sido, nuestro amigo se quedó pasmado. Jamás había imaginado que un judío podía ser alguien como Danny. Durante el resto de la tarde se limitó a observar a Danny con incredulidad. Ahí estaba él, en un bar con un judío, y resultaba que ambos tenían cosas en común, *e incluso le caía bien*. Hacia el final de la tarde admitió que le habían enseñado a rechazar a gente de la que no sabía nada en absoluto. Era tan sencillo y tan espantosamente complicado como eso.

Nos resulta ahora evidente a todos que debemos lograr que la mayor cantidad de gente (en Pakistán y en todo el mundo) se entere de quién es Danny en realidad. La idea es que los secuestradores vean por sí mismos cuán objetivo ha sido siempre como periodista. A tal fin repartimos entre los periódicos paquistaníes algunos de sus artículos con la intención de que los republiquen. La mayoría aparecen en sitios de Internet. Steve Goldstein, que mantuvo a los medios a distancia, modifica su estrategia. Su nueva filosofía es: «Demostradme dónde puede ver vuestro programa la gente de Pakistán y concederemos la entrevista». En otras palabras, no nos sirve de nada que las entrevistas aparezcan ante una audiencia estrictamente estadounidense. Pero si se trata de la CNN, la Fox, la BBC o cualquier otra cadena que pueda ser vista u oída en Pakistán, accederemos sin dudarlo. Paul Steiger es invitado a aparecer en algunos programas, al igual que Helene Cooper, una colega del *Journal* y vieja amiga de Danny. También me invitan a mí.

A lo largo de todo este suplicio no he dejado de bañarme. He interrumpido casi todas las demás cosas, que en general considero esenciales para mi supervivencia (leer o escuchar música, por ejemplo), pero no he dejado de bañarme. Considero algo demasiado básico, demasiado obvio, afirmar que al hundirme en agua caliente me siento como de regreso en el vientre materno, feliz y a salvo. Sin embargo, así es como me siento al bañarme. Antes de partir hacia el Sheraton para mi primera entrevista con la CNN, me encierro en el lavabo de azulejos rosados de Asra, echo bajo el chorro del grifo jabón de burbujas para niños (que apesta a perfume de fresas sintético) y me sumerjo en la bañera por tanto tiempo como el que Bussey es capaz de esperar.

Bussey es mi entrenador. Goldstein y Bussey han trabajado duro en esta entrevista, asegurándose de que la CNN esté de acuerdo con su contenido, y Bussey desea que ensaye el mensaje que dedicaré a los secuestradores. Sentados en la sala de estar, lo hemos repetido una y otra vez, con Bussey garabateando en un cuaderno, acentuando las palabras clave, subrayándolas. ¿Será igual de sistemático en las demás cosas de su vida, o será que sus superiores le han instruido para hacer esto?

Cuando llegue el momento, Ben Wedeman de la CNN abrirá el programa diciendo: «Señora Pearl... el grupo que tiene cautivo a su esposo ha dado un ultimátum de 24 horas, y afirma que matará a su esposo, Daniel. ¿Hay algún mensaje que desee decirle a esta gente?». Bien entrenada, responderé enseguida: «Sí, tengo un mensaje. Hay tres puntos distintos sobre los cuales deseo hablar. El primero es recordarles a los secuestradores que tanto Danny como yo somos periodistas. Somos dos personas que se conocieron y se enamoraron a causa de un mismo ideal, intentar crear un diálogo entre las civilizaciones».

Me siento como si participase de un juego mental contra un enemigo invisible. Ellos negocian con el terror. Mi poder es como mínimo pobre. Si están hambrientos de publicidad, yo podría conducir esta danza con los medios de comunicación en nuestro beneficio y forzarles a mantener a Danny con vida.

Asra me acompaña con sus cuidados maternales. Su amor es inmenso, pero su idea de la moda y la estética es terrible.

—No —me dice—, no precisas maquillaje, estás preciosa así, no te preocupes por tu cabello, los brazos desnudos están bien.

Intento armarme de valor y antes de que Bussey y yo dejemos la casa, cojo el enorme chal de Cachemira de Danny y me lo echo sobre los hombros. Me veo como uno de esos sujetos pastun con los que uno se cruza en Peshawar, donde la temperatura es fría y los hombres caminan envueltos en sábanas. Dentro del chal de Danny me siento como en una concha protectora.

El coche que ha enviado la policía nos espera. Es posible que esta entrevista televisada sea lo más parecido a una negociación que logremos concretar con los captores. Angustiados por el peso de esa circunstancia, Steve y Asra nos saludan de forma solemne desde la puerta. Ha anochecido y parecen haber pasado días enteros desde la última vez que consulté mi reloj. Ignoro qué hora es, pero la noche es clara y brillante y pueden observarse las constelaciones con toda facilidad. Busco Casiopea. Cuando la encuentro, respiro hondo y entro en el coche.

Pero el coche no arranca.

—Formidable —gruñe Bussey—, hemos cogido el vehículo tuerto.

A nuestro coche sólo se le enciende uno de los dos faros delanteros, y cuando el chófer intenta ponerlo en marcha avanza unos pocos metros y luego se detiene. Un par de guardias nos empujan y el motor arranca por fin. Nos siguen dos vehículos a modo de escolta. A ninguno le funcionan los faros delanteros.

Cada uno de los coches en el camino parece menos adecuado que el siguiente. Bussey intenta bromear al respecto.

—¿Podéis creerlo? —susurra, y luego entierra el rostro entre sus manos.

Cuando la cámara de la CNN empieza a grabar, yo resalto los puntos que he ensayado con Bussey y repito las frases sugeridas por el capitán y por Dost, en quienes confío más que en cualquier experto de comunicación. Describo a Danny como alguien cuya «religión es la verdad» y cuya «misión» es construir «un mundo mejor brindándole voz a aquellos cuyas voces no serían oídas de otro modo».

Le digo a Ben Wedeman que «el motivo por el que vinimos a Pakistán es nuestro deseo de conocer más sobre su gente y escribir acerca de sus puntos de vista». Pero en este momento, prosigo, «el diálogo se ha roto, y yo les pido que dialoguemos porque estamos quebrando el diálogo que habíamos logrado».

Repito una y otra vez que estoy embarazada y que no soy estadounidense. «Capturarnos es una completa equivocación. Sólo está creando más y más desgracias. A partir de esto no puede surgir nada bueno.»

Les hablo a los secuestradores: «¿Qué puedo hacer? Nadie ha establecido contacto conmigo. He leído vuestra declaración. He intentado leerla con sinceridad y sin prejuicios, he intentado comprender lo que afirmáis. Creo haberlo comprendido, me parece haberlo logrado. Pero son afirmaciones muy generales, y Danny es mi vida. Así que desearía que se me indicase qué es lo que se espera de mí. ¿Qué debo hacer? ¿Qué es con exactitud lo que puedo hacer?».

—¿Cómo está viviendo esta situación? —pregunta Wedeman.

—Llevo más de una semana sin dormir, pero no pierdo la esperanza. No estoy desesperada porque si dejase de creer en la posibilidad de establecer un diálogo, entonces dejaría de creer en todo lo demás. Y no puedo permitirme tal cosa, porque estoy embarazada.

Acabada la entrevista se me pregunta:

—¿Por qué no ha llorado?

El público estadounidense desea que uno llore, desea ver cómo sufre el otro. ¿Por qué? ¿Acaso la exhibición del dolor en la televisión lo hace más auténtico? Estallo en ira.

—¿Acaso estoy alimentando la gula por dramas de la vida real de los televidentes estadounidenses? —inquiero a Bussey.

Lo cierto es que me enfurece que nadie lo comprenda: una reacción producto del terror es exactamente lo que esperan los terroristas. Ellos desean *aterrorizarte*. Cuanto más lo demuestres, más felices estarán. ¿Obtendré compasión al mostrar mi llanto? En realidad, sólo puedes hacerles frente con la fuerza que ellos creen haberte arrebatado.

Y hay algo más: Danny podría llegar a escucharme, en alguna parte, si le permiten estar frente a una televisión. Debo mostrarle que estoy bien, y que el bebé está bien. Debo alimentar sus fuerzas con las mías. Debo darle esperanzas.

Incluso tras pasar toda una noche ante la pantalla del ordenador, Zahoor parece tranquilo, sosegado, lo que le merece el respeto silencioso de todo el equipo. Frunciendo levemente el ceño, recorre el teclado del ordenador con sus manos como si fuese Artur Rubinstein interpretando los *scherzos* de Chopin. Está a la busca de direcciones IP, de pistas que le suministren información sobre el origen del mensaje y su recorrido a través de la Red antes de aterrizar en un buzón de correo electrónico.

A fin de conseguir tal cosa, Zahoor debe obtener los encabezamientos originales de los mensajes. Asra intenta hacerse con ellos. Mi cabeza se marea más de lo que yo quisiera cuando intentan explicarme los secretos del crimen informático. Me propongo mantener la calma cuando me hablan de las posibilidades que hay de encontrar a Danny de este modo. Pero me parece en verdad extraño, como si buscaran a mi esposo en un juego de ordenador.

Temo que la cacería de Zahoor acabe en algún cibercafé de un distrito perdido de Karachi, que es lo mismo que en ninguna parte. En aquellos cafés no hay nada para comer ni beber. Lo único que a uno se le sirve es la posibilidad de viajar sin moverse. El cliente se instala en un pequeño cubículo donde goza de relativa intimidad, e incluso por unas pocas rupias más puede obtener una tela que cubre los paneles de vidrio y brinda al cubículo algo parecido a la privacidad. En un país con un alto índice de analfabetismo, Internet se ha convertido en la irónica fantasía de un futuro mejor. Es como si los captores de Danny pertenecieran a esa multitud de personas letradas pero sin formación académica que se aferran a los ordenadores. Apenas pueden leer y escribir, pero hablan el lenguaje Java y son hábiles a la hora de borrar sus propias huellas.

Movidos por la curiosidad, Danny y yo visitamos varios de estos cibercafés. A mí me dio la impresión de que quienes se congregaban allí eran los que fantaseaban con Occidente y los que lo odiaban. Uno de los grupos principales, por cierto, son los hambrientos de sexo informático. Cerca de nuestra casa en Bombay, una sala de billar llamada Passionate había invertido en Internet, cambiando su nombre por Passionet.[3] Nos hacía reír a carcajadas cada vez que pasábamos por allí.

Ahora cuelgan de nuestras paredes ocho mensajes más de correo electrónico, en su mayoría, creemos, falsificaciones. Su nivel de truculencia es variable. Según afirma Dost, quienes los envían no superan en su mayoría los 25 años de edad.

---

3. *Passionate* significa *apasionado*, mientras que *net* es *red*. (*N. del T.*)

De: al quida talaban

A:

Enviado: Jueves 31 de enero de 2002, 3.50

Tema: matar

Mataré al inglés hoy. Soy el líder de al quida y hemos secuestrado al periodista inglés. Y haremos estallar muchos aviones estadounidenses.

—¡Qué enfermos! —exclama Bussey.

Asra escribe en su cuaderno el comentario del periodista paquistaní que nos reenvió uno de los mensajes: «En nuestro país hay mucha gente con deseos de llamar la atención. Somos una sociedad deprimida y todas las otras opciones se nos niegan. Sólo permanece accesible la opción de la violencia».

Paul Steiger da a conocer otra declaración dirigida a los secuestradores: «El mundo sabe ahora, y vosotros parecéis saberlo, que Danny es un periodista y nada más ni menos que eso. Los periodistas son, por definición, mensajeros entrenados. Danny podría ser vuestro mensajero. Un Danny puesto en libertad podría explicarle al mundo vuestra causa y vuestras creencias. Un Danny cautivo o muerto no podrá hablar por vosotros y no podrá colaborar con vuestra causa».

Bussey se preocupa por nosotros. Teme que la casa no sea segura a pesar de toda la guardia que la rodea y que casi nos provoca claustrofobia. De noche, cuando esperamos que el capitán o Randall regresen de sus registros domiciliarios y nos hablen al respecto, Bussey apaga su ordenador y se aproxima a la puerta delantera para ver cuántos guardias hay presentes. Por lo general, después de la una de la madrugada su número se ha reducido y es raro que contemos con más de dos o tres infelices soldados, que pasan la noche junto a una pequeña estufa de carbón. Una vez, cuando nuestra guardia parecía especialmente patética, Bussey despertó a Imran a las tres de la madrugada y le pidió que empleara su conocimiento del urdu para alertar al jefe de seguridad y exigir el envío de refuerzos.

Cada noche, antes de regresar al Sheraton, Bussey se encarga de que las puertas de la casa estén bien cerradas. Si olvida hacerlo, se asegura a última hora de volverse hacia Asra y hacia mí indicando el número tres con su mano derecha. Traducción de la clave: «No olvidéis controlar todas las cerraduras».

Bussey mantiene dos peleas diarias: con el jefe de seguridad sobre el número de guardias, y con Asra y conmigo sobre trasladarnos al Sheraton. «Eres un obseso de la seguridad, Bussey», le tranquilizamos. Ya ha logrado que Steve LeVine cambie su habitación en el hotel a fin de que ambos puedan estar en la misma planta.

—No lo sé —bromea Steve—. Él *dijo* que se debía a razones de seguridad.

Bussey le mira con sorna.

—Es que cuando Steve se enteró de que Asra y tú dormíais en la misma cama quiso venirse a dormir a la mía. Yo le dije terminantemente que no.

—Sí, tío —añade Steve—. Las habitaciones en la misma planta del mismo hotel representan la idea que este hombre tiene de la intimidad.

Al final de nuestras largas jornadas, a las dos o tres de la madrugada, Bussey y Steve se retiran al comedor de la octava planta del Sheraton para beber una taza de té *chamomile* y repasar los eventos del día. Aunque se trata del último sitio en el que a mí me gustaría estar, según la mentalidad corporativa estadounidense de Bussey el carácter anónimo del Sheraton representa una fuente de confort y no deja de vendernos las ventajas del hotel con frases retóricas propias de un representante de ventas:

—Sobre todo seguridad, piscina, sauna e higiene.

Eso sí, higiene. Además de ser un obseso de la seguridad, Bussey es escrupuloso acerca de los gérmenes. Lo apodamos «nuestro ministro de Seguridad e Higiene». Una tarde por poco sufre un infarto cuando descubrió a la pequeña Kashva sentada con el culo desnudo sobre la mesa de la cocina mientras su madre rebanaba tomates, los tomates que nos serviría después en el almuerzo, según me vi forzada a explicarle. Las predicciones fruto de su ataque de pánico asustaron a la niña y a la madre, pero ninguna de las dos consiguió comprender cuál era el problema. Nasrin fue enviada a barrer otra habitación a toda prisa y desde entonces John ordena que la cocina del Sheraton nos traiga pollo biryaní para todas las comidas. Ni Asra ni yo nos atrevemos a contarle con qué se alimenta a los pollos en Pakistán.

Los análisis comienzan a dar resultados. En principio reticente a mostrarnos su labor, ahora Jameel Yusuf comparte con nosotros sus descubrimientos y conclusiones. Todas las noches, después de la medianoche, su equipo imprime un esquema que resume sus últimos hallazgos. Se trata de un esquema muy parecido al nuestro, pero bastante mejor organizado; en lugar de nombres indica números telefónicos, pues ése es el procedimiento del Comité de Enlace de la Policía Ciudadana. Han cogido los tres teléfonos que nosotros conocemos (los de Danny, Bashir y el sujeto conocido como Imtiaz Siddique), y estudian las llamadas efectuadas desde ellos.

Buscan coincidencias. Si aparecen varias llamadas a un número, especialmente en el transcurso de una misma jornada, empieza a resultar sospechoso. La duración y la hora en que se realizaron las llamadas son también factores a analizar. El equipo intenta constatar la identidad de cada una de las personas que han recibido las llamadas (determinar su nombre, género, fecha de nacimiento, dirección). No es difícil establecer las direcciones si se trata de un teléfono fijo, pero situar los móviles es una tarea muy ardua, puesto que, por lo general, son contratados con un nombre falso o simplemente con el de algún amigo, ya que aquí cuesta bastante conseguir un móvil. Incluso el de Danny fue contratado con el nombre de otra persona.

En los cuarteles centrales del Comité, a muy pocos kilómetros, los voluntarios trabajan como hormigas en un hormiguero. Sus tareas son tediosas, pero la paga promete ser generosa. Al cabo de unos pocos días, de las 7.000 llamadas generadas por los tres móviles, los voluntarios del Comité han conseguido identificar 73 números que podrían pertenecer a los secuestradores de Danny o a sus cómplices (o que quizá representen el primer paso para localizarles).

Por ejemplo, se descubre que una casa en Lahore a la que se ha llamado de forma regular desde el móvil de Bashir pertenece a un traficante de televisores Sony. Al marcar su número, la policía es reconducida hacia otro número telefónico, éste ubicado en Karachi, lo que les lleva a una casa en Multan donde ha estado viviendo un hombre llamado Hashim. Resulta que Hashim es el sujeto a quien nos hemos estado refiriendo con otro nombre: Arif, el portavoz *yihadí*.

La policía entra en su casa. Dentro encuentra a una familia en plena «ceremonia fúnebre». «Oh, pobre Hashim», lloran todos desconsolados, «murió como un mártir en Afganistán». Algo muy improbable, dado que estuvo con Danny hace muy pocas semanas e iba de camino de Cachemira. Por ende, resulta dudoso también que haya un cadáver en el ataúd, pero los policías no lo revisan. Con todo, siguen buscando al portavoz *yihadí*. Irrumpen en una casa en Rawalpindi a la que se ha llamado con frecuencia desde el móvil de Hashim. Pertenece a uno de sus amigos, quien dice ignorar el paradero del portavoz *yihadí* pero, para demostrar su voluntad de colaborar, nos ofrece una foto del portavoz asistiendo a una boda hace unos pocos años, antes de enrolarse en la *yihad*.

La foto lo muestra mirando fijo a la cámara. Hashim es un joven de mirada sombría que rondará los 25 años. Lleva bigote y el pelo corto. Sobre su *salwar kameez* viste un jersey de cuello en uve, y sus manos descansan sobre su regazo. Tiene una expresión glacial. Parece profundamente infeliz, como si desde el principio hubiese sabido que esta foto acabaría en poder de la policía.

31 de enero. Llega otro correo electrónico, que ha sido enviado antes a la CNN, la BBC, Fox News y tres periódicos paquistaníes. Tales destinos rompen con el patrón habitual. A pesar de eso, parece venir del mismo grupo, que declara:

NO PODRÉIS ENGAÑARNOS NI ENCONTRARNOS. ESTAMOS EN EL INTERIOR DE LOS MARES, OCÉANOS, COLINAS, CEMENTERIOS, EN TODAS PARTES. OS DAREMOS UN DÍA MÁS Y SI ESTADOS UNIDOS NO CUMPLE NUESTRAS EXIGENCIAS MATAREMOS A DANIEL. NO PENSÉIS QUE ÉSTE SERÁ EL FIN. ES EL COMIENZO Y ES UNA AUTÉNTICA GUERRA CONTRA LOS ESTADOUNIDENSES. LOS ESTADOUNIDENSES DEGUSTARÁN EL SABOR DE LA MUERTE Y DE LA DESTRUCCIÓN QUE HAN PRODUCIDO EN AFGANISTÁN Y PAKISTÁN. INSHALLAH.

Ese mismo día, durante una conferencia de prensa del Departamento de Estado en Washington, Colin Powell posa regiamente de pie junto al diminuto rey Abdullah de Jordania. Se le pregunta entonces:

—Los secuestradores de Daniel Pearl han efectuado exigencias a Estados Unidos. ¿Cree usted que tales exigencias merecen una respuesta por parte de Estados Unidos? ¿Cuánto les preocupa la vida de Pearl?

—Con respecto al señor Pearl —responde Powell—, nos preocupa mucho su seguridad y unimos nuestro corazón a los de sus familiares [...], pero las exigencias planteadas por los secuestradores no pueden ser sometidas a un trato ni a una negociación.

—Eso es lo que dicen siempre —me explica Bussey. Es posible, pero siento como si Powell hubiese acabado de ajustarnos la soga al cuello. Nos han pospuesto el ultimátum por 24 horas, pero ¿a cambio de qué?

Luchamos con la ausencia de algo a lo que aferrarnos. Nos hundimos lentamente en arenas movedizas.

Asra, John y Steve parecen hipnotizados ante las pantallas de sus ordenadores, pero sé que no se debe a que posean información vital. Nada de lo que escriben es tan importante, pero el nervioso sonido de las teclas, la prisa en sus movimientos, su silencio, el modo en que evitan mirarse entre ellos, todo eso evidencia la aguda ansiedad que hemos experimentado hasta ahora.

Hay momentos en los que sé que Bussey ha estado llorando. Aparece con los ojos colorados, pero no hablamos al respecto. Como no hablamos tampoco de la angustia que le carcome. Por un lado, siente una tremenda admiración por lo que ha encontrado en esta casa, por Danny, por la dedicación colectiva que hemos puesto para hallarlo. Por otro, a la vez, siente culpa en su interior, una buena carga de culpa. Culpa por no haber sido siempre diligente en la tarea de responder la llamada de sus periodistas en el extranjero. Culpa porque nos envió a Pakistán y autorizó el artículo propuesto sobre Richard C. Reid y Gilani.

Cuando Bussey llegó a Karachi, le llevé aparte y le dije:

—Escucha, te sientas como te sientas, no pienses en ello ahora. Ya lo hablaremos luego.

Desde la desaparición de Danny, he tenido la sensación de ser una columna andante, capaz de contener y aguantar el peso ante cualquier señal de debilidad. Creo que ése es mi trabajo, hacer lo posible por evitar que nuestro equipo se colapse. Me he convencido de que la energía mental de nuestra casa tiene el poder de proteger la vida de Danny.

Pero no parezco tener fuerzas suficientes como para quebrar el silencio que amenaza con sofocarnos. Prefiero retirarme a mi habitación. Necesito estar sola. Mis amigos nunca me han visto de este modo. Bajo su triste y atenta mirada, subo las escaleras hasta la segunda planta a fin de aislarme de todo, pero a cada paso que doy, a cada escalón, oigo sus preocupados murmullos.

Arriba, el soldado que recorre el pasillo de un extremo a otro no me ve pasar. Me echo sobre el sillón en el que esperé a Danny la noche de su secuestro. En la penumbra, no hago más que fijar los ojos en el techo. Al prohibirme a mí misma expresar miedo e ira, me siento como un yogui hindú que realiza proezas increíbles del estilo de aguantar la respiración durante horas o dejar crecer sus uñas durante décadas.

Llaman a la puerta. Supongo que es Bussey trayéndome otro vaso de agua, pero la puerta se abre y aparece Randall, que me pregunta con delicadeza si puede pasar. Viste sus ropas negras (Bussey lo ha apodado «Black Hawk Down»). Sólo veo sus ropas negras, pues no levanto la mirada, pero me acerco un poco a la pared a fin de dejar sitio para que se siente a mi lado.

—No creo que lo vayan a pasar bien cuando los capturemos —afirma.

No digo nada.

—¿Deseas saber cuán persuasivas pueden llegar a ser las autoridades? —pregunta.

No respondo, pero Randall sigue adelante de todos modos. Me describe cómo los tipos malos son golpeados y colgados boca abajo. Me explica cómo las autoridades emplean bastones de madera que no dejan marcas en el cuerpo. Le pregunto a Randall si alguna vez ha sido torturado y me relata una ocasión en que por poco le ahogan. Alguien le cogió del pelo y mantuvo su cabeza bajo el agua hasta que se sintió morir. Eso fue en Colombia. En Irak fue golpeado en más de una ocasión. Me señala cómo con todo detalle.

De pronto comprendo que Randall me brinda todas esas descripciones técnicas de la tortura sólo a efectos de hacerme sentir mejor. Son las palabras de consuelo más extrañas que he escuchado, pero él las pronuncia con buena intención y con tal intimidad que no puedo evitar sonreír. Y mi sonrisa, por tenue que sea, parece hacer muy feliz a Randall.

—No puedes derrumbarte —me dice—. Todos los demás pueden, pero tú no. Los secuestradores no lo conseguirán. Eres la mujer más fuerte que jamás he conocido.

Dice esto deprisa, al parecer sorprendido de su propia audacia. Ha de haber en algún sitio un manual del buen policía que le previene del peligro de involucrarse emocionalmente con las «víctimas». Randall está transgrediendo todas las reglas (apostaría que por primera vez) y lo hace para «salvarme».

—Bien, tengo trabajo pendiente —dice al fin, poniéndose de pie. Mientras cruza la puerta se vuelve y me guiña un ojo con decisión. Sé que con eso quiere decir «cuento contigo».

Conmigo. Yo sólo ruego poder contarle a Danny esta historia algún día.

Vuelvo a yacer inmóvil como una momia hasta que, pocos minutos más tarde, el capitán abre la puerta. Ahora sé con seguridad que Bussey tiene algo que ver con tales visitas. El capitán coge una silla y la acerca junto al sofá. Empiezo a sentarme, pero el capitán me indica que no me moleste. Me pregunto si también él me narrará epopeyas de las cámaras de tortura. En cambio, me habla sobre el Corán, o, más en concreto, me ofrece su versión personal de la historia de Moisés.

—Hay un hombre —comienza—, un hombre de fe pura que desea conocer a Dios. Va entonces a la mezquita y le pregunta al sacerdote: «¿Cuál es la mejor manera de acercarse a Dios?». «¡La fe!», responde el religioso, «sólo la fe puede permitirte acceder a Él». El creyente que busca a Dios se dirige a las orillas del río y empieza a rezar. La pureza de su corazón es tanta que las aguas se abren frente a él y le conducen hacia el Eterno. Cuando regresa, con su deseo cumplido, vuelve a encontrarse con el sacerdote y le relata sus experiencias. Celoso, el sacerdote decide ir también a orillas del río, pero nada sucede, ya que no es un hombre de fe verdadera. Sólo la determinación absoluta tiene el poder de cumplir nuestros deseos —concluye el capitán, y añade tras una pausa—: Los dos juntos podemos hacer que el río abra sus aguas.

Cuando ambos bajamos juntos y entramos al comedor, en la casa se palpa una sensación de alivio tan notable que Bussey llama al Sheraton y ordena suficiente pollo biryaní como para alimentar a todos los vecinos de la calle. Nadie hace el menor comentario sobre lo que acaba de suceder ni sobre las conversaciones que han tenido conmigo.

Tomo asiento ante el ordenador y repito las palabras del novelista francés Víctor Hugo, uno de mis autores favoritos: «*Quant au mode de prier, tous sont bons, pourvu qu'il soit sincère. Tournez votre livre à l'envers et soyez à l'infini*»[4] («En cuanto al método para rezar, todos lo métodos son buenos mientras sean sinceros. Pon tu libro sagrado del revés y enfréntate con la mirada al infinito). Algún día le traduciré esta frase al capitán.

Cojo nuevamente los cuadernos de Danny, escritos en un código marciano. Busco una única palabra, un número telefónico o una dirección de correo electrónico que puedan ayudarme a abrir el río.

---

4. Víctor Hugo, *Los miserables*, libro séptimo, capítulo VI. *(N. del T.)*

8

Los padres y hermanas de Danny han solicitado una conversación con Terry Anderson, el corresponsal de AP que fue retenido como rehén en Líbano durante siete años (¡*siete años!*) hasta su liberación en 1991, cuando por fin concluyó la guerra civil libanesa.

Los Pearl desean saberlo todo: cómo consiguió Anderson mantenerse con vida, cómo soportó su familia tan larga cautividad, qué aspecto tenía cuando fue puesto en libertad. «¿En qué cosas está pensando nuestro hijo?», le preguntan. «En sobrevivir —responde Anderson sin exhibir ninguna emoción—, sólo se piensa en sobrevivir».

Habla sobre el *shock* postraumático y les proporciona el teléfono de un experto en Inglaterra. «No os engañaré —advierte—: La situación es muy grave». Pero añade: «Si Danny es una persona agradable y puede ganar la simpatía al menos de uno de sus captores, aumentarán sus posibilidades».

¿Si es agradable? «Danny le cae bien a todo el mundo —sostiene Michelle—, nadie desearía hacerle daño. Danny puede seducir a cualquiera que tenga siquiera un resto de humanidad en sus huesos». Los Pearl mantienen su propia cordura imaginando que Danny ha conquistado el corazón de sus captores y que quizá esté sentado jugando al *backgammon* con ellos. «Quizá jueguen al fútbol», dice Judea.

O quizá Danny componga música mentalmente. Una vez le

pregunté cuál sería su sueño dorado, suponiendo que me hablaría de escribir una novela épica o ganar dos premios Pullitzer a la vez. En cambio, afirmó: «Me encantaría componer una canción exitosa, una de esas melodías que la gente no puede dejar de cantar cuando es feliz». Lo más cerca que llegó de esa meta fue con una canción que compuso para una amiga embarazada. El bebé llevaba retraso, ella se sentía pesada e incómoda, y Danny sacó su mandolina e improvisó una canción que decía: «*Come out, come out / The world is not such a bad place*» («Sal de ahí, sal de ahí / el mundo no es un sitio tan malo»). Lo acepto, quizá no sea la canción que todos desearían cantar, pero me agrada. Y dio resultado. El bebé abandonó el útero.

Antes de ir a Pakistán, Danny iba camino de convertirse en una celebridad local en Bombay. Nos habíamos hecho amigos de un cantante llamado Joe Álvarez, que actúa regularmente en Índigo, uno de los pocos bares de Bombay que ofrecen música occidental en directo. Los músicos de Bollywood se reúnen allí para tocar cuando se hartan de grabar monótonas pistas de sonido para la superexitosa industria cinematográfica hindú. Una vez tras otra, llegábamos al bar (Danny con su violín eléctrico) y ocupábamos una mesa. Danny pedía siempre vodka con naranja, y yo un Bloody Mary, y desde el escenario Joe gritaba con alegría: «Y ahora, damas y caballeros, permitidme presentaros al mejor violinista de los alrededores, procedente de Estados Unidos. ¡Por favor, aplaudid a Daniel *Peeeaaarl*!». El periódico de Bombay publicó una foto de Danny balanceándose al son de *Sex Machine*, de James Brown. La tenemos enmarcada en nuestra casa.

He perdido el rastro de la mayoría de las bandas con las que tocó Danny. Recuerdo una llamada Ottoman Empire, a la que se unió cuando trabajaba en la sucursal de Atlanta del *Journal*, pues entre nuestra colección de 500 CD hay un álbum que grabaron. Y recuerdo a Clamp, grupo con el que tocó durante sus años en Washington.

Descubro que alguien ha diseñado un cartel de Wanted Back Home Safe anunciando el recital *Saving Daniel Pearl Bluegrass Show* que tendrá lugar para pedir la liberación de Danny durante dos noches en Madam's Organ, un bar de *blues* en el distrito de Adams Morgan (Washington) en que solía tocar. El anuncio pone lo siguiente: «¿Sabía usted que el periodista del *Wall Street Journal* Daniel Pearl es un consumado intérprete de violín de *bluegrass*?[5] [...] Pues bien, sus compañeros músicos le recuerdan y desean enviarle un mensaje a él y a sus captores».

Cuando el FBI le pide a los padres y hermanas de Danny que les sugieran algunas preguntas para «comprobar que Danny está con vida», es decir, aquellas de las que sólo él conoce la respuesta, ofrecen la siguiente: «¿Qué desea Danny para su 40 cumpleaños?». La teoría de Danny es que cualquiera que esté en el umbral de cumplir 40 años precisa y merece algo en verdad maravilloso a fin de poder mirar hacia adelante.

Respuesta: un bajo vertical.

Hasta que comenzó la universidad, Danny siempre había soñado con ser un violinista clásico. A los nueve años se unió a la Orquesta Juvenil Valley y siempre estuvo muy atento a todos los aspectos relacionados con la música. Hace dos años tuve la oportunidad de oírle tocar con una orquesta. La Juvenil estaba montando un concierto en Los Ángeles. Interpretaron algunos movimientos de *El lago de los cisnes* y la sinfonía n.º 4 de Chaikovski; la *Farandole* de *L'Arlesienne* de Bizet; y *Hoedown*, del *Rodeo* de Copland. Al ver a Danny absorbido por la música, agucé el oído a

---

5. El *bluegrass* es un estilo de música acústica nacida en la década de 1940, cuando Bill Monroe, Lester Flatt y Earl Scruggs combinaron elementos de *country*, *gospel* y *blues* con la música británica, irlandesa y escocesa. Se interpreta por lo general con mandolina, violín, banjo de cinco cuerdas, guitarra de seis cuerdas, bajo vertical y armónica. *(N. del T.)*

fin de distinguir el sonido de su violín en medio de todos los demás instrumentos. Nunca pensé que pudiese lograrlo.

Desde la desaparición de Danny, he dejado sus cosas esparcidas por la habitación, exactamente como él las dejó. Cuando miro a mi alrededor, lo que más confianza me da es su mandolina. Lleva etiquetas adhesivas pegadas en toda la superficie de su estuche y me dice: «No te preocupes, todavía no he tocado mi última melodía». En una de las etiquetas, dos ovejas se miran sobre la frase «El avance de los tontos». Otra etiqueta dice: «*Ahlan Wasahlan Abu Dhabi*». Debo acordarme de preguntarle a Danny qué significa.

Randall llama a la puerta.

—¿Cómo están de ánimo nuestras dos adorables bellezas? —le pregunta a Bussey.

—¿Te refieres a las brillantes mujeres instruidas en las más prestigiosas universidades? —responde Bussey—. Resistiendo como pueden.[6]

Me gusta esa expresión, «*hanging in there*». En francés decimos «*tiens le coup*». He recibido mi primera tarjeta por correo electrónico hace unos días. Se trata de una felicitación de Hallmark, enviada al consulado estadounidense en Karachi. Sobre el texto «*hanging in there*» se ve a un marsupial que se balancea en el aire aferrado por la cola a la rama de un árbol. Me hace reír a carcajadas. La tarjeta proviene de una anciana (es fácil adivinar eso por los detallados rizos de las letras manuscritas) que vive en Peoria, Illinois. Bussey afirma que es redundante decir que Peoria es la tierra madre de Estados Unidos.

---

6. La frase coloquial en inglés es «hanging in there», que significa «resistiendo» o «aguantando», pero literalmente «colgando por allí», lo que explica el chiste que se menciona a continuación. La frase equivalente francesa dice literalmente «contén el golpe» *(N. del T.)*

De todas partes me llegan mensajes de apoyo (Estados Unidos, África, Holanda, Cuba, Japón, Filipinas, Colombia). No consigo averiguar cuántas personas saben mi dirección de correo electrónico, pero son muchas. En ocasiones les leo los mensajes a los demás, presuponiendo que quienes estamos en la casa necesitamos recordar la existencia de un mundo mejor allí fuera. «Todos aquí en Gente por un Trato Ético a los Animales (PETA) deseamos que Daniel Pearl regrese sano y salvo.» Ese mensaje nos gusta mucho.

Todavía no me he recuperado de las últimas novedades: la policía ha hallado y arrestado a Gilani y a toda su familia (hombres, mujeres, niños, ancianos, mujeres embarazadas, cualquiera que tuviese un parentesco aunque fuese remoto) y, tras interrogarlo, llegó a la conclusión de que ignora el paradero de Danny. Le han dejado marcharse y ahora centran la investigación en algún otro punto.

¿Así, sin más? ¿Aunque fuese el «cerebro» de la operación?

—No se preocupe —afirma el capitán dando una calada a su cigarro—, nos vamos acercando mucho a la verdad.

Le creo, todavía y siempre. Pero también noto en su rostro señales de fatiga y sus ropas, por lo general tan inmaculadas, empiezan a mostrar señales de descuido.

Ahora, a una semana y media del secuestro, todos estamos desgastados. Tras estar 72 horas despierto, Randall se derrumba con el rostro sobre el teclado de su ordenador mientras escribe un informe para Washington. Al despertar, en su monitor pueden verse páginas y páginas llenas de la letra jota.

Viene la esposa del capitán a visitarnos y, supongo, para ver a su esposo. Es una mujer joven y hermosa con el pelo negro anudado y oculto bajo una *duppatta*. Sus ojos son oscuros y brillantes y posee una sonrisa cordial y sincera. Es prima directa del capitán (como casi todos los matrimonios aquí, el suyo fue producto de un acuerdo familiar), y cuando él se refiere a ella y a sus tres niños es fácil adivinar que todos desearían estar más tiempo juntos.

Esta mañana, la hija menor se negó a comer su desayuno si no iba a dárselo su padre en persona.

Asra y yo intentamos ser amables y honrar a nuestra visitante. Preparamos té y nos sentamos con nuestra piernas apropiadamente cruzadas.

—¿Creéis que quienes le secuestraron son musulmanes? —pregunta la esposa del capitán de repente.

Ni Asra ni yo esperábamos que ésas fuesen las primeras palabras en salir de su boca. Intentamos hallar la respuesta correcta, algo así como: «Pues bien, ya sabe, ésos no son musulmanes honorables, no son *auténticos* musulmanes». Advirtiendo nuestra incomodidad, enseguida cambia de tema:

—¿Qué opináis del clima en Pakistán?

En esta ocasión ignoramos qué decir, pero ella nos agrada.

Está casada con un hombre poseído, pero ella nunca se quejará y yo le estaré siempre agradecida por ello. El capitán explica el motivo por el cual está tan ansioso por hallar a Danny:

—Soy un ser humano. Sí, soy un oficial de policía, y la mayoría de nosotros nos volvemos inmunes al dolor como un cirujano tras practicar su primera incisión. Pero yo nunca he sido así. No puedo hacerlo. Debo seguir siendo humano, en primer término y antes que cualquier otra cosa.

El capitán disfruta mi embarazo. A mí eso me pareció divertido y tierno hasta que una noche, muy tarde, me habló de la hija que perdió en un accidente automovilístico hace algún tiempo. La niña tenía siete años y era en aquel momento hija única. El capitán tardó mucho tiempo en reponerse de la tragedia, pero aprendió así el valor individual de una vida humana. Quizá sea por eso por lo que confío tanto en él.

El capitán sufre también a otro nivel:

—¡Es imposible secuestrar a un corresponsal internacional y hacer que se desvanezca! Daniel Pearl no es sólo un individuo. Representa al *Wall Street Journal*. Representa a Estados Unidos. La gente me ha preguntado: «¿Por qué investiga usted este caso?».

¿Sabe por qué? Es por mi orgullo nacional —advierte preocupado—. ¿Entiende lo que quiero decir?

—Sí —respondo—. Danny representa a Estados Unidos y usted se esfuerza por representar lo mejor de Pakistán.

¿Dónde está el orgullo nacional del ISI? ¿Por qué ha demostrado tan poco interés en el secuestro? La agencia de inteligencia deja su huella en cada aspecto de la política paquistaní, y podría pensarse que, aunque no sea más que por las apariencias, debería querer que se note su presencia. Arrinconamos a Jameel Yusuf y le preguntamos por qué, en su opinión, no se ha dejado ver el ISI. Destacando en su habilidad para mover montañas, Yusuf coge su móvil y llama a un pez gordo del ISI.

—Entonces —pregunta—, en relación con el caso de Daniel Pearl, ¿estáis investigando?

Los ojos de Yusuf brillan mientras el otro parlotea.

—Si encuentran a Danny, se verá beneficiada la imagen de nuestro país.

Permanece quieto mientras el otro responde, y luego lo escuchamos decir:

—Sí, le conozco personalmente. Vino a mi oficina, *yar*...

«*Yar*» es el equivalente paquistaní de la forma coloquial «tío».

Tras colgar, Yusuf nos dice que el ISI ya ha estado aquí, incluso el mismo día en que desapareció Danny, pese a que no lo notemos. Con todo, explica, es probable que alguien se ponga en contacto de forma oficial.

—Tened cuidado, intervienen los teléfonos —nos advierte con inquietud, encaminándose hacia la puerta.

Muy bien, no es que *nosotras* tengamos nada que ocultar.

El hombre que envían para hablar con nosotras tiene entre 35 y 40 años, es de mediana estatura y de carácter retraído. Viste una camisa a cuadros, un traje marrón y negro y gafas que le hacen parecerse a un joven funcionario administrativo.

—¿Cómo se llama? —le pregunta Bussey con un aire de respeto profesional.

—Major.

—¿Y cuál es su rango?

—Mayor.[7]

—Ya veo —comenta Bussey—, el mayor Major.

El mayor Major se sienta al borde de una silla pero no pronuncia ni una palabra. Decididas a ser siempre sinceras, Asra y yo le guiamos por los hallazgos de nuestro esquema mientras observamos sus más mínimas reacciones. El mayor Major saca de un bolsillo el cuaderno más pequeño que jamás haya visto. Es tan ridículamente diminuto que debe apoyarlo sobre la palma de su mano a fin de escribir en él. Escribe al menos tres palabras durante toda nuestra presentación.

Cuando nos visita de nuevo pocos días después, Asra le pone a prueba pidiéndole que nos dé información acerca de dos personas que siguen intrigándonos: Jalid Jawaja y Mansur Ejaz, el empresario que puso a Danny en contacto con Jawaja.

Al regresar, el mayor Major lleva todavía la misma camisa a cuadros, se acomoda en su silla y, mudo como una tumba, vuelve a sacar su cuaderno microscópico y nos contempla con expresión de ligera sorpresa.

—Entonces, ¿qué es lo que ha descubierto? —inquiere Asra.

El mayor Major baja la cabeza en dirección al cuaderno, pero no se molesta en abrirlo.

—Jawaja es un ex oficial de las Fuerzas Aéreas. Mansur Ejaz es un empresario paquistaní residente en Estados Unidos.

El mayor Major debe de habernos tomado por idiotas.

—¿Eso es todo lo que tiene? —ladra Asra.

---

7. En inglés, también «Major». Así, uniendo grado y nombre queda «Major Major», extraña coincidencia que la autora aprovecha cada vez que lo menciona. (*N. del T.*)

—El resto de nuestros informes todavía no ha llegado.

—¿Entonces por qué no coge el teléfono y llama para comprobarlo?

La voz de Asra comienza a adquirir un peligroso nivel de intensidad, pero el mayor Major ha sobrevivido a tormentas peores, o eso es lo que parece creer.

—No trabajamos de ese modo —responde, y su tono indica que es inútil que sigamos presionándolo.

Asra no piensa igual.

—Con el debido respeto, su gente apesta —dice inclinándose sobre el mayor Major, más tieso que nunca.

Mi amiga se escabulle fuera de la habitación como si la impulsase el tornado de su propia ira. Incrédulo, el mayor Major se dirige a mí:

—¡Esa mujer está furiosa!

—Le aseguro que sí —respondo.

Sin cruzar más palabras, el mayor Major se encamina a la puerta, poniendo punto final a nuestro contacto directo con el ISI.

Muy bien. Si no es Gilani, ¿entonces quién es? ¿Quién ha secuestrado a Danny y por qué?

Sentada a solas ante la mesa del comedor, contemplo con inquietud el esquema, que ya ocupa toda una pared y mide cuatro metros de largo por dos y medio de alto. En el centro, dentro de un círculo azul, está el nombre de Danny, y a su alrededor se despliega un mar de recuadros (rojos para los principales sospechosos, azules para las fuentes y contactos y negros para... no sé con seguridad qué representan los recuadros negros). Hay fechas clave y números telefónicos, siglas de organizaciones terroristas e incontables nombres codificados. Debajo de varios nombres, Asra ha escrito el número de hijos que se les atribuyen: Osama (21), Rabia (16), Mohamed (10). Diversas flechas señalan relaciones entre uno de estos temibles grupos o individuos y otros temibles grupos o individuos.

En cierto modo parece uno de esos dibujos de los libros infantiles en los que una mosca debe esquivar a la araña en un laberinto y se ve inmersa en una variedad de redes cada vez más intrincadas.

Jaish-e-Mohamed. Harkat-ul-Muyahidín. Harkat-ul-Ansar. Lashkar-e-Jhangvi. Cualquiera de esas agrupaciones podría estar involucrada, todas pueden estarlo. Mientras contemplo las flechas que las relacionan, lo que me parecía un desorden confuso se va tornando racional y coherente. No hace mucho leí un libro sobre el terrorismo donde se advertía que estamos viviendo la «primera insurgencia real a nivel global». Aquí, sobre la pared, puedo observarla y pronunciar su nombre: Al Qaeda. Soy plenamente consciente de la verdad final que muchos parecen querer negar: Al Qaeda está tras el secuestro de Danny. Con la intención de poner al mundo en suspenso, Al Qaeda persigue símbolos: el World Trade Center y ahora un periodista judío estadounidense. El odio, sin embargo, es uno y el mismo.

¿Cómo describirle al mundo la red mundial de células clandestinas que conforman Al Qaeda? ¿Un monstruo con tentáculos? ¿Una inmensa ameba amorfa que asume una forma temporal para golpear y aterrorizar, y luego se disuelve hasta el nuevo golpe? Por un lado, esas definiciones parecen adecuadas, pero no reconocen la brutal eficiencia de sus acciones. Al Qaeda es un gobierno totalitario que funciona sin fronteras nacionales ni un centro de operaciones fijo. En árabe, «Al Qaeda» significa «La Base». Puede operar desde cualquier parte y es metódica a muchos niveles, tanto ideológicos como militares. Sabe cómo constituir alianzas, cómo hacerlas funcionar y cómo financiar las acciones. Pero no existe ninguna solución real ni ideal, sólo un doloroso regreso a la *gloria* del pasado árabe... quizá. Al Qaeda destruye por el goce de la destrucción. Se alimenta de las frustraciones de sus militantes y prospera derramando la sangre de inocentes.

En el pasillo escucho a aquellos en quienes confío. Pero con excepción de los dos periodistas, Steve y Asra, nadie quiere admitir que detrás de todo se encuentra Al Qaeda.

En un país tan adepto a las teorías conspirativas, las hipótesis son numerosas. Cegados por su terrible obsesión con la India, muchos paquistaníes insisten en que ese país debe de haber participado del secuestro. Durante la breve conferencia de prensa diaria en la Oficina de Extranjería de Islamabad, el director general de Relaciones Públicas del ISI, Rashid Qureshi, sostiene: «Todo lo que puedo decir es que existe una conexión con la India» ligada a la desaparición de Danny. El periódico *Frontier Post* de Peshawar informa asimismo en su edición del 30 de enero: «Los investigadores encargados de analizar el secuestro de un periodista estadounidense en Karachi trabajan sobre una posible participación de la RAW. [...] Se teme que la RAW haya montado el suceso para difamar a Pakistán». El 2 de febrero, durante una visita oficial a Berlín, Abdul Sattar, el ministro paquistaní de Asuntos Exteriores, repite rumores/informes obtenidos a partir del rastreo de teléfonos móviles, según los cuales desde un móvil de los secuestradores se efectuaron seis llamadas a funcionarios de alto nivel del Gobierno de la India en Nueva Delhi. Dichas llamadas se habrían efectuado exactamente después del secuestro de Danny.

La mañana del 3 de febrero encontramos en el periódico *The News* un singular artículo sobre Asra. Cuando llega Bussey, se sienta en su silla habitual en la cabecera de la mesa, echa una ojeada al titular y estalla en carcajadas.

—¡*Desconcertante*... sí, desconcertante! —exclama—. Ha tenido que ser un editor paquistaní el que halle el adjetivo perfecto para describir a Asra.

ENIGMAS DESCONCERTANTES SOBRE UNA DAMA INDIA EN EL *CASO PEARL*

ISLAMABAD—Los servicios de seguridad están analizando múltiples y desconcertantes enigmas relacionados con la residencia ilegal de una mujer india musulmana con pasaporte estadounidense, Asra

Q. Nomani, con quien el periodista del *Wall Street Journal* secuestrado ha estado viviendo en Karachi. [...] Los servicios de seguridad han descubierto durante la investigación del secuestro de Pearl que la señora Nomani ha alquilado una casa en Karachi donde ella y Pearl han estado viviendo. [...] Ella se casó con un paquistaní pero la pareja se separó tras apenas tres meses de matrimonio.

El artículo prosigue exponiendo la suma exorbitante (en esta parte del mundo) que paga Asra por esta casa «donde ella y Pearl han estado viviendo». Se cita casi en su integridad la solicitud de visado de Asra y se mencionan a continuación todas sus direcciones y teléfonos, incluyendo los de la India y Brooklyn, que es donde ella estudió. Se publican luego listados en los que figuran los teléfonos y direcciones de sus familiares en Estados Unidos.

Un artículo del periódico *Dawn* cuenta que Asra ha sido arrestada y se encuentra bajo custodia de los servicios de seguridad debido a su «estancia ilegal» en Pakistán y por su posible responsabilidad en el secuestro. Cuando durante una conferencia de prensa se le pregunta de forma específica sobre Asra, Qureshi le dice a los periodistas: «Mucha gente está siendo interrogada, pero no puedo dar detalles al respecto».

¿De qué está hablando?

Asra es como un gato. Cuando está triste o se siente herida, busca un rincón y permanece inmóvil. Lo que más le duele no es que los servicios de inteligencia zarandeen su nombre en un país que ella, de algún modo, considera el suyo, ni que buena parte de los artículos den por hecho que ella y Danny eran amantes. No. Lo que la confina en el rincón es que no se haya elevado ni una sola voz para defender su inocencia. En un esfuerzo por consolarla, cito lo que decimos en Francia cuando nos acosan los matones del colegio: «El escupitajo de un sapo no puede alcanzar las alas de la paloma blanca».

Me temo que mis palabras no la reconforten demasiado. Pero Asra sabe que podría ser peor. Ya hemos atravesado momentos peores.

Hace cuatro días, el periodista Kamran Jan planteó sus dudas sobre nuestra amiga (y mucho más) en la edición de *The News* del 30 de enero. Prosiguiendo su práctica de encarar una misma historia de distinto modo para el público estadounidense y para el paquistaní, Jan escribió:

> Algunos oficiales de la seguridad paquistaní [...] buscan en privado respuestas al motivo por el cual un periodista judío estadounidense excedía «sus límites» para investigar a un grupo religioso paquistaní [sic]. Estos oficiales también se preguntan, casi en voz alta, por qué decidió Pearl traer a una periodista india como su asistente a tiempo completo en Pakistán. Se trata de Ansa [sic] Nomani, una mujer india musulmana con pasaporte estadounidense que se ha trasladado desde Mumbai hasta Karachi junto con Pearl, [y] trabajaba como su asistente a tiempo completo en este país.
>
> El mismo grupo de oficiales está intrigado por los motivos que podrían haber llevado a que un periodista de un medio estadounidense que vivía en Mumbai decidiese, también, establecer una residencia fija en Karachi alquilando una casa. Un veterano oficial paquistaní subrayó que «un periodista judío establecido en la India y trabajando para una organización periodística mayormente judía debería conocer los riesgos de exponerse a sí mismo frente a los grupos radicales islámicos, en especial aquellos que fueron recientemente oprimidos por las fuerzas militares de Estados Unidos».

El mismo día, Jan publicó una columna conjunta con Molly Moore en *The Washington Post*: «Periodista estadounidense víctima aparente de una trampa sofisticada; la policía paquistaní describe el complot del secuestro con numerosos frentes falsos». No hacía ninguna mención a los judíos, ni a las organizaciones periodísticas judías, ni a misteriosas mujeres india-musulmanas.

Al día siguiente Jan y Moore publicaban otra columna conjunta en *The Washington Post*, en esta ocasión en primera plana: «Periodista estadounidense secuestrado amenazado de muerte».

Falsificaciones, engaños, bromas de mal gusto: «Hemos matado al señor Pearl. Ahora el señor Bush podrá hallar su cuerpo en los cementerios de Karachi. Lo hemos arrojado allí». Tras recorrer unos 400 cementerios y rastrearlos a lo largo de toda la noche, la policía sabe que no hay ningún cuerpo que encontrar. Llaman por teléfono al consulado de Estados Unidos: «Dos millones de dólares y os devolveremos a Danny Pearl». Es curioso cómo se anhelan exigencias concretas... ¡Sí! ¡Dólares! ¡Dólares de verdad! No, sólo otro engaño: «Lo siento. Yo envié el mensaje con el ultimátum sobre la muerte de Daniel. ¡Por favor perdonadme! Fue un mensaje falso. También evidencia que el último mensaje es asimismo un mensaje falso».

¿Qué mensaje?

Decenas de mirlos rodean nuestra casa como si se tratase de criaturas poseídas, y se mezclan con otras aves que no conseguimos identificar. La sinfonía de chillidos nos fuerza a elevar la mirada. Reina un sonido ensordecedor. Asra, Bussey y yo salimos de casa para observar el panorama. Al parecer, las aves evitan sobrevolar nuestra casa, pero se congregan sobre el tejado de la de los vecinos, dando la impresión de que el resto del cielo está vacío. Ignoramos qué hacer al respecto. Lo percibimos como un mal augurio o al menos como una advertencia, pero no podemos permitirnos afirmar tal cosa. Asra, la dulce Asra, sucumbe a su triste técnica de negación:

—Apuesto a que es una buena señal —declara con valentía pero sin convicción.

—Me siento como si estuviese en medio de una película de Alfred Hitchcock —afirma Bussey. En sus palabras noto a la vez fascinación e incomodidad.

Durante la noche suceden cosas de las que no me entero. Bussey y Steve LeVine reciben una llamada mientras duermen para que vayan a identificar el cadáver de un joven que ha sido acribillado y lanzado desde un coche en movimiento. Muchos millones de estadounidenses suponen ya que se trata del cuerpo de Danny, pues el periodista de ABC News Jeffrey Kofman, creyendo a sus fuentes policiales en Karachi, ha interrumpido la emisión de un encuentro de baloncesto para lanzarle al mundo la primicia.

Steve Goldstein me contará luego qué se vivió en Estados Unidos cuando se emitió la noticia, o al menos que sintió él en el sitio donde estaba: «Domingo de Super Bowl. Por fin tendré un poco de calma, pensé. Todo el país parecía decidido a tomarse el día libre y, en lugar de recibir 700 llamadas, hasta las tres de la tarde sólo he recibido un centenar».

Cada año, el socio de Goldstein, Bill, organiza una cena de Super Bowl para las mismas seis personas. Goldstein, que no ha estado en su casa desde hace casi dos semanas, ha prometido permanecer allí y asistir a la cena. «Entonces Kofman sale en antena a las tres de la tarde. En veloz sucesión CNN, NBC y CBS me llaman para verificar la veracidad de la historia y en sólo 20 minutos me han llamado más de cien personas y me digo: "No, esto no puede ser cierto! ¿Qué demonios está pasando?". De manera que llamo a Bussey a su hotel, le despierto y le digo: "John, debes levantarte. Ya conozco la verdad". Bussey lo niega: "No, no, Danny no está muerto. Sé que no está muerto. Acabo de hablar con el capitán. No es cierto, me hubiese enterado". Y me dice: "Dame unos minutos". Me entra pánico. Bill ha contratado a una cocinera. Entonces suena el otro teléfono y yo grito: "Bill, te necesito, ven ahora mismo". "Estamos haciendo el merengue", me contesta. "¡Me cago en el merengue! ¡Ven aquí ahora mismo!", estallo. Juntos luchamos contra la avalancha de llamadas telefónicas. Entonces llama Bussey. "No es Danny", nos informa, "es un estudiante iraní con aparato en los dientes que ronda los 21 años de edad".»

«Está bien, pero necesito una segunda fuente», exige Goldstein. «Te lo estoy diciendo, Danny está vivo», afirma Bussey. Goldstein insiste: «No pienso aparecer en la televisión afirmando que Danny está vivo para descubrir luego que me he equivocado. ¡Ahora, busca una segunda fuente para esa información!».

Bussey sale en busca de Steve LeVine. «Danny está vivo», dice Steve, y Goldstein parece satisfecho. ABC se retracta de su noticia una hora después de anunciarla.

Randall es el primero en identificar el cuerpo. El capitán y Dost le han pedido que lo haga pues creen que existen posibilidades reales de que se trate de Danny. «Me sentía destrozado», me confesará luego Randall. A toda prisa se dirige a la clínica adonde han llevado el cuerpo. «Mientras me muevo a su alrededor, empiezo a distinguir rasgos que no concuerdan con los de Danny. Noto una cierta protuberancia en el labio superior y pido que lo levanten. El hombre usaba aparato en sus dientes superiores. Nunca me había sentido tan feliz de ver un cadáver, puesto que no era el de Danny. Viví un extraño conflicto de alegría ante la muerte.»

¿Por qué querría alguien secuestrar a Danny Pearl? ¿Debido a algo que haya escrito? Asra y yo revisamos los artículos que Danny le envió a Bashir como condición *sine qua non* para concretar la entrevista con Gilani. No versan sobre cuestiones agradables (las oficinas de la JEM permanecen abiertas; los científicos nucleares paquistaníes se han visto con Bin Laden con el consentimiento del ISI y, dicen algunos, de la CIA). Se habla de multitud de asuntos capaces de molestar a un buen número de personas, entre ellas a los jefes del ISI que han sido despedidos de la agencia por su proximidad con los grupos *yihadíes*. ¿Existe de verdad algo parecido a un «ex» jefe del ISI?, nos preguntamos. Mientras Musharraf golpea a los islamistas con una mano, les da palmadas en la espalda con la otra para que sigan combatiendo en el frente de Cachemira. Sin duda quedan todavía oficiales en el ISI que, a causa de sus contactos con el mundo *yihadí*, saben quién secuestró a Danny y dónde habría que buscarle. Pero nadie desea recorrer esos senderos con nosotras, y por eso hemos dejado de hablar sobre el ISI con el capitán y otras personas que nos interesan a fin de protegerlas.

Tras almorzar pollo biryaní, Asra y yo nos reunimos en la primera planta, donde un guardia recorre los pasillos. Poco antes le hemos dado una silla y ahora, noqueado por el calor, se ha dormido con el rifle apoyado contra la pared. Nos parece bien; preferimos la privacidad. Queremos conversar sobre la visita que realizará el presidente Musharraf a Estados Unidos en menos de una semana, el 12 de febrero.

Asra confía en Musharraf. En un artículo suyo para Salon.com titulado «*My Crush on Musharraf*» [«Mi pasión por Musharraf»], ella describía a un presidente dictatorial pero pese a ello progresista. El subtítulo aclara un poco las cosas: «Con sus perros, bebiendo, luciendo gafas sin montura y trajes de Armani, es insultado por los radicales». (En el islam, tocar un perro es considerado señal de impureza y, en teoría, convierte a quien lo hace en un ser demasiado sucio para rezar.) Asra retrató a un hombre «seguro de sí mismo, fuerte y dispuesto a oír a los demás», todos rasgos positivos, pero no creo que Asra le caiga bien a Musharraf ahora mismo.

La visita a Washington será la primera de Musharraf como presidente. Circula la teoría de que el secuestro de Danny tiene por fin dejar mal parado a Musharraf durante esta entrevista (ya sea provocando su cancelación o al menos modificando su agenda de forma fundamental). Según afirma Bussey, si Danny sigue cautivo «será difícil para Musharraf poder concentrarse en la industria textil».

No dudo de que sea quien sea el que haya secuestrado a mi esposo desea humillar a Musharraf y castigarle por su colaboración con los estadounidenses. Pero debo asumir que existen también otros motivos. Por ejemplo, no puedo excluir que tenga relación con el ordenador que el *Wall Street Journal* le entregó a la CIA hace unas semanas.

He aquí lo que ocurrió. El periodista del *Journal* Alan Cullison se hallaba en Afganistán como corresponsal del periódico cuando su ordenador resultó dañado. Cuando buscaba componentes individuales para repararlo, conoció a un hombre que le ofreció venderle el disco duro de un PC y un Compaq portátil por 4.000 dólares. Cullison regateó hasta llegar a 1.100 dólares y se convirtió en el propietario de una sorprendente masa de información. Según descubrió más tarde, el ordenador portátil había sido empleado por algunos dirigentes de Al Qaeda en Kabul durante al menos cuatro años. Cullison informó de que «desbordaba secretos de Al Qaeda». Los dos ordenadores habían sido robados de una oficina de Al Qaeda en noviembre, tras un ataque con bombas que mató a numerosos integrantes del grupo y alejó a muchos otros del área.

El PC pertenecía a uno de los muertos, Mohamed Atef, quien comandaba el ala militar de Al Qaeda (y también lo había utilizado otra figura central de Al Qaeda, el doctor Ayman Al Zawahiri, considerado jefe de estrategia de Osama Bin Laden). Ambos son considerados responsables de los atentados con explosivos contra las embajadas estadounidenses de Dar es Salaam (Tanzania) y Nairobi (Kenia), efectuados en 1998. El disco duro contenía unos 1.750 documentos (cartas, informes, archivos de sonido y vídeo) que oscilaban «entre lo sanguinario y lo mundano», según la descripción de Cullison y su colega Andrew Higgins publicada en su artículo para el *Wall Street Journal* del 31 de diciembre de 2001. Por medio de traductores del árabe y expertos en seguridad informática, Cullison y Higgins se abrieron paso a través de los documentos y, en dos artículos para el *Journal*, brindaron una idea general de la información que consiguieron recuperar.

Había allí una carta de dos sujetos que aducían ser periodistas y solicitaban «un reportaje» con el líder antitalibán Ahmed Shah Masud (una petición a la que Masud accedió para su pesar, ya que sólo dos días después del ataque al World Trade Center los dos «periodistas» detonaron una bomba con la que mataron a Masud y a ellos mismos).

También encontraron escalofriantes archivos detallando serios esfuerzos por lanzar un programa de armas químicas y biológicas «llamado en código *Al Zabadi*, el término árabe para designar la leche cuajada», y un vídeo en el que Osama Bin Laden hablaba durante 23 minutos acerca, entre otras cosas, de los ataques del 11 de septiembre. Otro vídeo casero mostraba «imágenes televisivas de estadounidenses aterrorizados huyendo del World Trade Center en llamas, con una banda sonora de cantos burlones y plegarias en árabe».

Pero lo que más me conmovió fueron los archivos detallando el desplazamiento por Europa y Oriente Medio de un integrante de Al Qaeda que buscaba sitios clave para colocar bombas. El nombre en código del terrorista era Abdul Ra'uff, y durante un período de varios meses efectuó viajes de reconocimiento por Londres, Amsterdam, Bruselas, Tel Aviv, Egipto, Turquía y Pakistán. Para cuando las autoridades de los servicios de inteligencia accedieron a tales documentos, ya estaban familiarizados con los recorridos de los terroristas. De hecho, el protagonista de los mismos era un activista que estaba bajo su custodia: Richard C. Reid, el terrorista del zapato.

Dado que algunos archivos del ordenador podían revelar planes para futuros ataques u otros en los que «pudiera haber vidas en juego» (por emplear palabras de Bussey), el *Journal* dio el paso poco frecuente de entregarle los ordenadores a la inteligencia estadounidense. Paul Steiger le dijo al *New York Times* que «en términos morales, nos hubiese devastado saber que reteníamos en nuestro poder información que hubiese podido salvar vidas de nuestros funcionarios o de civiles». Personajes observadores de la ética y defensores de los derechos de la prensa como Bill Kovach, presidente del Comité de Conciencia Periodística, respaldaron la decisión, comparándola con el acuerdo entre el *Times* y el *Washington Post* para publicar la declaración de Unabomber a petición del Gobierno de Estados Unidos.

Lo que se pasó por alto fue el hecho de que entregarle el ordenador al Gobierno podía proteger a algunos, pero ponía a otros en peligro, un riesgo que se intensificó cuando el *Journal* proclamó a los cuatro vientos lo que había hecho. Danny y yo nos hallábamos en la hostería Chez Soi de Islamabad cuando Danny se enteró de la entrega de los ordenadores mientras navegaba por la Red. Yo estaba cómodamente tumbada en la cama, concentrada en la autobiografía de Nelson Mandela, cuando Danny dijo: «Nena, tenemos problemas». Tenía la mirada fija en su ordenador portátil y parecía muy molesto. Si Danny se enfada, permanece inmóvil y con la mirada clavada en un punto. Si soy yo quien se enfada, me vuelvo más susceptible y voluble. Pero aquel día me sentí exaltada y me enfurecí.

Cuando eres un periodista trabajando en un país como Pakistán, donde es preciso perder mucho tiempo para convencer a la gente de que no eres un espía, no te ayuda en absoluto que la compañía para la que trabajas le anuncie al mundo que colabora con la CIA.

5 de febrero. A las 8.57 suena el teléfono en el dormitorio, despertándonos a Asra y a mí. Ambas saltamos hacia el aparato, pero yo olvido que estoy embarazada y me quedo atascada sobre mi costado izquierdo. No hay nadie al otro lado de la línea. ¿Serán los secuestradores deseando saber quién coge el auricular, si yo o la policía? Esperamos a que el teléfono suene otra vez. Por lo general las mañanas me resultan penosas y permanezco despierta en la cama con la mente repleta de tontos pensamientos como «no me moveré hasta que regrese Danny». Hoy, aunque ninguna de ambas lo admita, estamos convencidas de que acaban de llamar los secuestradores, y nos quedaremos allí hasta que vuelvan a hacerlo.

Tenemos la mirada clavada en el techo cuando el teléfono suena otra vez. Son las 9.24. Quien llama es el capitán. Ni siquiera nos saluda. Sólo:

—Los he cogido. He cogido a toda su familia.

Me siento como si fuese a vomitar, a vomitar *mi corazón*, pero entonces añade:

—Nos conducirán hasta Danny.

Sé así que aún no hemos acabado, pero con todo es algo extraordinario, la primera buena noticia desde que Danny desapareció. La policía tiene bajo su custodia a tres hombres, y todos tienen algo que ver con el ordenador desde el cual se enviaron las fotografías de Danny. El capitán, Dost y Randall han interrogado a los sospechosos durante toda la noche.

—Son mis huéspedes —dice el capitán.

Todo comenzó con los esfuerzos de Zahoor. Tras rastrear de forma meticulosa la ruta de los correos electrónicos, se centró al fin en cinco conexiones que podían conducir a quienes habían enviado las fotos escaneadas. Cuatro provenían de cibercafés ubicados en los alrededores de Karachi. La quinta, sin embargo, tenía su origen en un teléfono fijo. Lo ideal hubiese sido preguntarle a la compañía telefónica el nombre del propietario de la línea o, al menos, de quien pagaba las facturas, pero temían que realizar tal pesquisa de forma demasiado evidente pusiese a alguien sobre aviso. Así, consultaron a la compañía telefónica sobre las centrales telefónicas locales: ¿a qué central pertenecía el teléfono fijo?

Habiendo localizado la central, hallaron también la línea y la siguieron. La siguieron a lo largo de las irregulares calles de Karachi, cavando en el asfalto y en los muros cuando fue preciso. Siguieron la línea hasta el final (o, al menos, hasta lo que creyeron que era el final). Pero el propietario original del teléfono fijo resultó ser el dueño de una tienda de ordenadores (aunque ya no lo era). Para cuando la policía le encontró (o, en realidad, encontró la conexión de su teléfono), él ya le había cedido su número a otra persona, quien luego se lo había pasado a otra que a su vez la había vuelto a ceder. En un país pobre como Pakistán, se trata de una práctica habitual. Y así de intrincada se convirtió la búsqueda: tras el cuarto cambio de titular, el teléfono rastreado por Zahoor condujo por fin a un servidor de red. Y ese servidor resultó proveer de conexión a Internet a 80 suscriptores ilegales.

¡Ochenta! No me extraña que tuviesen problemas para localizar a Danny. Cualquiera de esos 80 suscriptores pudo haber enviado el mensaje.

Todos ellos viven en un edificio con pisos de una sola habitación. Muchos son estudiantes; todos tienen ordenadores conectados a los que el nuevo titular de la línea denomina «Speedy Network». Zahoor nos proporciona a Asra y a mí un curso relámpago de navegación por la Red. Un servidor, nos explica, es básicamente un eje, un ordenador con mucha memoria, gran velocidad y alta capacidad de almacenamiento. Algo así como una oficina de correos, un esquema en el que el ordenador viene a ser el buzón. El correo es dirigido a través del servidor. Lo que los investigadores deben determinar es quién en este edificio estaba conectado a la Red en el instante exacto en que fueron enviados el primer o el segundo mensaje, y quién empleó Hotmail o Yahoo! El capitán le pide a su mejor hombre, Farruq, que se sumerja en el servidor y descubra esta información fundamental. El problema es que, como me diría luego el capitán, aunque Farruq «es muy valiente, ignoraba el ABC de los ordenadores». No sabía siquiera en qué consiste un servidor. El capitán (que acababa de aprender él mismo apenas unas pautas) entrenó a Farruq con rapidez. También había a mano dos expertos en informática del FBI, listos para brindar una ayuda más sofisticada si era necesaria.

Durante tres noches, los agentes de policía llamaron a las puertas del edificio y exigieron revisar todos los ordenadores. Los inquilinos empezaron a sentirse incómodos y todo el procedimiento empezó a parecer sospechoso. Entonces un joven anodino, el típico vecino curioso, se acercó a Farruq. «Yo podría resultaros de alguna ayuda», les sugirió. «Poseo un ordenador; no hay nada interesante en él, pero si lo deseáis puedo ayudaros a inspeccionar los demás ordenadores», explicó. Dijo que su nombre era Fahad Naseem. La suya era la conexión número 66.

—Nos está ayudando de forma voluntaria, pero no confío en él —me explica el capitán—. De modo que le he pedido a Farruq que le lleve a mi oficina. Le engañaré. Es nuestro método policial para tratar con sospechosos. Le diré: «Vale, estamos sometiendo a pruebas tu ordenador. Contamos con *software* capaz de recuperar aquí y ahora los archivos borrados, de forma inmediata. Así que no te molestes en mentir».

Una milésima de segundo de pánico en los ojos de Fahad es suficiente como para que el capitán y Farruq sepan que Fahad es sospechoso.

—¡El engaño funciona! —prosigue el capitán—. ¡Da resultado! Así que estoy saltando de entusiasmo, pues sé que te devolveré a Danny con vida hoy mismo. Rece por mí —me pide—. Ya le he dicho esto alguna otra vez, pero un día caminaré hacia su puerta con Danny detrás de mí. Y deseo presenciar la sonrisa en su rostro cuando vea a Danny por primera vez. No estaré mirando a Danny, pero la estaré mirando a usted.

El capitán llama a su jefe y le dice:

—El misterio está resuelto. Tengo en mi poder al primero, y ahora voy a por el segundo.

Entretanto, el FBI ha recuperado dos correos electrónicos borrados del ordenador de Fahad. Uno está en urdu, el otro en inglés, y en ambos se encuentran mensajes adjuntos con las fotos de Danny. Han pasado 13 días desde su desaparición, y todos están tan tensos que Fahad no intenta pasarse de listo. Con las manos esposadas, los guía hasta el distrito donde vive su primo, Suleiman.

Randall se une al capitán y se preparan para un registro domiciliario.

—Quiero que todo salga a la perfección —señala el capitán—. Deseo tomarles por sorpresa.

Pronto aparece Suleiman andando por lo que queda de una acera. Está a punto de doblar la esquina cuando un coche sin matrícula se detiene a su lado. Dos hombres saltan sobre él, le cogen con fuerza y le arrojan dentro del vehículo. Cogiéndole del cabello, un policía presiona contra el suelo del coche el rostro de Suleiman y, quemando llantas, el coche acelera y se marcha del vecindario a toda velocidad. Todo ha durado apenas unos segundos.

El capitán está nervioso. «Como sabe, nosotros necesitamos respuestas rápidas», me explicará luego. Desea actuar antes de que nadie note la desaparición de los primos y antes de que ningún mensaje codificado o señal puedan poner en peligro la vida de Danny. «Pero los sujetos se negaban a hablar... así que les hicimos hablar.»

Ha pasado la medianoche. En dos horas la policía obtiene el nombre y la dirección de un tercer cómplice. Su nombre es Adil.

—Llámale —le ordena el capitán a Suleiman.

Al otro lado de la línea responde una voz somnolienta y enfadada. No es Adil sino uno de sus familiares.

—Adil ya no vive aquí —ladra el hombre antes de colgar.

El capitán no puede saberlo con certeza. ¿Estará el hombre diciendo la verdad o sólo se encuentra irritado por el hecho de que le despierten en mitad de la noche? Si Adil no está en su casa... ¿estará con Danny?

—Llama a Adil a su móvil —le ordena el capitán a Suleiman. Esta vez tiene éxito y la voz no menos somnolienta que responde es la de Adil.

Suleiman repite palabra por palabra lo que el capitán le ha indicado que diga:

—Debo decirte algo sumamente urgente ahora mismo. Es muy importante.

—Ni lo sueñes —responde Adil—. Estoy durmiendo. Reunámonos mañana por la mañana a la misma hora en el mismo lugar.

Desconecta su móvil.

El capitán arranca el móvil de manos de Suleiman y llama a la oficina central de la compañía telefónica para que determine en qué zona geográfica estaba el aparato de Adil. Sus ordenadores monitorean de forma automática la señal a fin de rastrear el móvil de repetidor en repetidor si fuera preciso. Si la compañía consigue informar al capitán desde qué repetidor transmite el móvil de Adil, será sencillo saber en qué lugar se encuentra. Es un área que no supera los tres kilómetros. El perímetro no es pequeño pero sí lo bastante reducido como para saber si Adil está en la casa de su familia.

Sin embargo, la compañía telefónica tarda su tiempo en suministrar la información. Pasa una hora... luego media hora más... y el capitán estalla. Les ordena a sus hombres que se dirijan a la compañía, derriben las puertas y pregunten a punta de pistola: *¿Qué repetidor de móvil? ¿Qué número de móvil?*

Cuando el capitán llega a la compañía, el representante de la misma no está nada contento.

—¿Por qué me hace esto? —le pregunta al capitán.

—Éste es nuestro país. Si yo no lo hago, el periodista muere. ¿Usted desea que suceda tal cosa?

El capitán consigue lo que buscaba.

Adil es capturado en su casa, mientras duerme. Se le formulan las mismas preguntas y se emplean los mismos métodos cuando se niega a hablar. Quebrada su resistencia, revela lo que desea saber el capitán pero queda en evidencia que, al igual que Fahad y Suleiman, Adil ignora dónde se encuentra Danny.

Entonces el capitán empieza a tener miedo. El secuestro parece haber sido planeado mucho mejor de lo que él sospechaba. Sea quien sea el que está detrás del mismo, actúa de forma muy eficiente. El primer hombre conoce la existencia del segundo, y el segundo conoce a un tercero pero no al cuarto. Con todo, el tercero tiene un cuarto nombre que ofrecer: Omar Saeed Shaij.

Omar Shaij. Se trata del estudiante de la London School of

Economics convertido en militante islámico del que hablaba el artículo del *Independent*. Es el hombre que le entregó 100.000 dólares a Mohamed Atta. Es el militante que fue encarcelado por secuestrar a occidentales.

Hay una casa cuyo teléfono ha sido intervenido hace varios días, pues el Comité de Enlace de la Policía Ciudadana la señaló como uno de los sitios a los que llamó Bashir antes del secuestro del 23 de enero. La línea telefónica no ha aportado ninguna información, pero el capitán tiene esta noche un segundo golpe de suerte cuando uno de sus lugartenientes menciona que el propietario de la casa podría ser pariente de Omar. Las piezas del rompecabezas comienzan a juntarse en su cerebro, y, de pronto, comprende algo vital: Bashir, el hombre que condujo a Danny a la trampa, es en verdad Omar Shaij.

Furioso por no haber sido informado mejor acerca del dueño de la casa, el capitán la rodea con una unidad policial especial fuertemente armada. Entran gritando, destrozan las puertas y se precipitan en el interior de las habitaciones. Son las cuatro de la mañana. Con rudeza congregan a los habitantes, quienes, para sorpresa del comando, son un anciano de aspecto inocente y una familia de aspecto por completo honorable, todos devotos musulmanes. Se trata del hogar de la tía de Omar y éstos son sus parientes. Bajo las miradas (a medias furiosas, a medias asustadas) de la familia, los policías revisan las habitaciones en busca de pruebas que permitan establecer si Omar utilizó la propiedad para organizar el secuestro de Danny.

Quedan apenas dos horas antes del amanecer y el inicio de las plegarias. Pronto la noticia de los registros domiciliarios y los arrestos recorrerá las calles. En un impulso, el capitán llama a un oficial residente en Lahore, donde vive el padre de Omar.

—Ve hasta su casa —le dice el capitán al oficial—, pero no hagas nada hasta que yo te lo indique.

Cuando el policía ya está apostado frente a la vivienda del padre de Omar, escucha cómo suena el teléfono en su interior. Desde la casa de la tía de Omar en Karachi, el capitán está llamando al padre de Omar y pidiéndole con calma el número del móvil de su hijo. El padre se lo dará. Entonces, bajo la atenta mirada de la tía y sus parientes, el capitán llama a Omar, que según sospecha ha de estar con Danny. «Mi mano no tembló —me confesaría el capitán más tarde, aquella misma mañana—, pero comenzó a sudar tanto que casi se me queda pegada al auricular».

Omar atiende su móvil.

—Soy el oficial al cargo de la investigación —anuncia el capitán—. Sé lo que has hecho, lo sé con exactitud. Tu juego ha concluido. Si no me crees, mira el número desde el que te estoy llamando.

El capitán ha utilizado el móvil de Adil.

El capitán acerca el auricular a la tía de Omar, quien dice a su sobrino unas pocas palabras. El capitán pone al habla al primo. Uno por uno, todos los familiares tienen oportunidad de ser oídos por Omar. Entonces vuelve a ser el turno del capitán.

—Provienes de una familia respetable —le dice el capitán—. No les obligues a ser humillados.

Omar está en silencio. Luego dice de pronto: «No sé». Y desconecta su teléfono.

El capitán no se preocupa. ¿Por qué capturar a toda la familia? La tía le ha confesado que «siempre había tenido miedo de su sobrino». «Piezas de negociación», explica Dost lacónicamente. «¡Gracias a Dios somos el único servicio con entrega las 24 horas del día de todo Pakistán!» Confía en que no pase mucho tiempo antes de que Omar sea arrestado.

Afanosa, Asra busca en Google una foto de Omar y la imprime. A inicios del año 2000, su imagen fue publicada por todos los periódicos cuando Omar fue liberado de las prisiones de la India junto a otros tres militantes paquistaníes a cambio de las 178 personas secuestradas en un vuelo de la Indian Airlines en Katmandú (Nepal). Omar llevaba preso desde 1994, condenado por varios secuestros. Uno de los tres militantes era Massood Azhar, antiguo líder de Harkat-ul-Muyahidín, quien a continuación fundó Jaish-e-Mohamed. Danny escribió sobre él desde Bahawalpur. Se dice que Omar es discípulo de Azhar.

Asra coloca la foto de Omar en nuestro esquema, junto al retrato robot de Bashir que realizó la policía basándose en las descripciones de Asif el negociador. Pese a que describió a Omar con bigote y labios más finos, es indudable que ambos son la misma persona. Omar no se parece a los demás *yihadíes*. Recuerda más al mejor estudiante de la clase que a un soldado del terror. Pero si uno observa su rostro con detenimiento, los rasgos que emergen carecen de toda expresión humana reconocible.

Cuando nos visita el cónsul estadounidense, John Bauman, rebosamos de entusiasmo. Percibiendo un inminente final feliz, nos permitimos tontas especulaciones. Nuestra aventura se ha convertido en una película de Hollywood. El reparto, con Wynona Ryder en el papel de Asra, es aprobado por unanimidad. James Woods interpretará a Bussey; Steven Seagal a Randall. Bauman se une a nosotras en el juego.

—Será un *remake* de *Elliot Ness y los intocables* —añade.

Y dado que viste el mismo tipo de gabardina, Dost será nuestro Elliot Ness.

Asra ha empezado a preparar nuestra documentación. De repente, sentimos una gran prisa por salir de aquí. Coger a Danny y marcharnos.[8] Enviamos a Imran al bazar Chaowk para comprar maletas. Steve LeVine se apresura a regresar al Sheraton a fin de traer una botella de Wild Turkey que ha estado guardando para Danny. La ocultamos en nuestra habitación de la planta superior para no ofender a nuestros amigos musulmanes. Le advierto a

---

8. La autora realiza un juego de palabras con la frase coloquial «*take the money and run*» («coge el dinero y corre»), aprovechando la similar pronunciación de «Danny» y «*money*». La frase también da título a la primera película dirigida por Woody Allen. *(N. del T.)*

Bussey que, embarazada o no, beberé un sorbo cuando regrese Danny.

Randall y el capitán pasan por casa antes de volver a la celda donde tienen encerrados a los tres sospechosos.

—Engreídos como son —anuncia Randall, aclarando su garganta—, no dudo de que nos proporcionarán la información necesaria cuando sean interrogados de forma profesional.

Luego me mira fijo y deja de interpretar al tipo duro:

—Odio a esos hijos de puta.

—El presidente Musharraf está llamando a Azhar —explica el capitán.

Aunque sus ojos llevan la marca de la falta de sueño y se expresa en una especie de código Morse, podemos completar los vacíos. Dos meses después de los ataques al World Trade Center, Massood Azhar, a quien se consideraba potencialmente peligroso, fue puesto bajo arresto domiciliario. Ahora, Musharraf le llama para que Azhar se comunique con su discípulo y le convenza de que libere a Danny. Según cómo se vea, es muy simple o totalmente surrealista. Cuando Azhar fue puesto bajo vigilancia, el peligroso Omar permaneció libre como un pájaro. Alguien ha estado protegiéndolo. En algún sitio, entre los políticos corruptos y los falsos predicadores, Omar halló refugio.

9

Intentamos matar el tiempo. O, al menos, fingimos que el tiempo no nos está matando a nosotras. Desde la mecedora en la que estoy sentada he estudiado ya todas las irregularidades de la pared frente a mí. La casa acaba de ser pintada, pero es posible distinguir algunas grietas y agujeros en los sitios donde antes había cuadros colgados. Permanezco allí demasiado tiempo, con las manos cruzadas sobre lo que, me parece, es la cabeza de nuestro hijo. Los segundos se convierten lentamente en minutos, y con su doloroso paso las horas señalan la llegada de la tarde. Podría imaginarse que las pesadillas llegan de noche, pero no es así. Se producen cuando mi aletargada conciencia despierta de repente y me digo a mí misma: ¿conseguiré soportarlo? ¿Podrá transcurrir otra jornada sin que me derrumbe? Me siento como un prisionero marcando los días con cruces en un calendario casero. Cada una representa en sí misma una victoria.

Omar Saeed Shaij ha huido con su joven esposa y su pequeño hijo. Por cuanto sabemos, podría estar ahora en las áreas tribales, lo que equivale a decir en tierra de nadie. Este cinturón montañoso entre Afganistán y Pakistán es el hogar de la población tribal que se considera a sí misma fuera del alcance de la ley. Es una tierra prohibida para la mayor parte de los paquistaníes, y los militares acostumbran a mantenerse lejos de allí. Como consecuencia, la zona ha sido siempre un paraíso para los contrabandistas y los traficantes de armas, y en la actualidad proporciona un refugio natural a Al Qaeda y a los talibanes, que entran y salen de ambos países sin ser detectados.

Danny y yo entrevistamos en una ocasión a un jefe tribal que se había aventurado fuera de sus dominios durante la temporada de caza. Por aquel entonces, el Gobierno paquistaní intentaba convencer a las áreas tribales de no seguir dando refugio a los talibanes. Fuimos entonces a un edificio que el clan empleaba como pabellón de caza. Una docena de hombres, todos vestidos con túnicas grisáceas y todos portando el accesorio esencial (un AK-47), se sentaron formando un círculo en el suelo de una habitación vacía. El jefe llevaba un turbante blanco. Cuando le preguntamos si tenía alguna intención de obedecer a Musharraf pareció sorprendido, como si estuviésemos bromeando. Le ordenó entonces a un sirviente que trajese una enorme torta recubierta de crema helada. Con su propio cuchillo, el jefe partió la torta por la mitad, y como si quisiese demostrar que no estaba envenenada, cortó un pequeño trozo para sí mismo y se lo comió sonriendo y asintiendo con la cabeza. Luego dividió lo que quedaba entre Danny y yo. Toda la tribu nos observó mientras, con sumo trabajo, nos comíamos las inmensas porciones. No se pronunció una sola palabra hasta que nuestros platos estuvieron vacíos. Acto seguido el jefe, a quien parecíamos haberle agradado bastante, nos invitó a visitarlo bajo «su estricta protección armada» en el área tribal. ¿Habrá huido Omar hacia allí?

Esta noche Bussey y Steve no tienen prisa por regresar al Sheraton. A todos nos cuesta aceptar que cada nueva noche transcurrida no traiga más noticias sobre Danny que la anterior. Cuando Bussey no está anclado a su ordenador, se encuentra inmerso en las cuestiones administrativas que tanto le complacen, y ha retomado además el contacto con los corresponsales extranjeros. De forma progresiva se va retirando al pasillo para hacer llamadas telefónicas. Cree que así es discreto, pero debe hablar muy fuerte para ser oído, de modo que podemos seguir sus conversaciones gracias al sonido que se filtra hasta la cocina a través de las rendijas de ventilación.

Empieza a mermar nuestra capacidad para reír colectivamente. Evitamos hablar por temor a que algunas palabras resulten impertinentes. Pero entonces sentimos que si hablamos demasiado poco, el silencio generado por todas nuestras dudas resultará demasiado agobiante. Nuestro centro de operaciones llama la atención. Los archivos tienen sus correspondientes etiquetas y están ordenados de forma cronológica. Poseemos anotaciones acerca de todo (lo que ha sido discutido, los avances de la investigación, quién ha estado involucrado y en qué medida). Nuestros libros lo registran todo: el detalle de cada una de nuestras comidas, cada sonido que hemos escuchado, cada vez que hemos sentido renacer la esperanza.

Se han ido intensificando los registros domiciliarios. La policía y el FBI persiguen en colaboración a todos los grupos de militantes fundamentalistas ligados a Omar, con la esperanza de que alguien sepa dónde está detenido Danny. El capitán lidera en persona los registros domiciliarios más importantes empleando coches privados y vestido de civil, por lo general con vaqueros. («¡Por Dios! —dice Bussey con una mezcla de admiración e incredulidad—, ¡el capitán es elegante incluso de camino a un registro domiciliario a las dos de la madrugada!».) Randall, ataviado al estilo *ninja*, todo de negro, acompaña al capitán en las acciones armadas, aunque éste se asegura de que siempre permanezca a una distancia prudente de los sucesos. «No deseo ocasionarle más problemas a Pakistán —le dice el capitán a Randall—, y si en caso de producirse un tiroteo usted recibe un disparo la prensa se ensañará con nosotros, así que por favor tome asiento en mi vehículo y mire, pero no haga más».

El capitán tiene bajo su custodia a 45 personas, incluyendo a toda la familia de Omar, con excepción de una tía que, espera la policía, podría convencer a Omar de entregarse. Retienen a la familia como material de intercambio: si Omar se entrega, soltarán a un tío, dos primos y el abuelo; si Omar entrega a Danny, todos quedarán en libertad.

—Ellos secuestran, nosotros secuestramos —resume Dost, aunque sólo bromea en parte—. Es algo cultural, como hombre musulmán no querrá llenar de oprobio a su propia familia.

¡Ah, el código de honor! Dost nos asegura que la familia de Omar no está siendo maltratada. Pero según señala Steve, la situación es otra para los cómplices de Omar. En tanto que periodista, Steve lucha con un dilema ético:

—Si se produce algún abuso físico, yo no puedo enterarme —advierte—. Y si me entero, entonces deberé escribir al respecto.

—Entonces ignora el asunto —le aconseja Dost como si fuese algo en lo que es mejor no pensar.

¿Y yo? Aunque me sorprenda, la ética de la situación no me preocupa demasiado. Siento que aquí los que estamos siendo torturados somos nosotros.

En un cuaderno de Danny encuentro información adicional sobre Omar Saeed Shaij. Cuando salió a la luz el supuesto pago de 100.000 dólares que Omar habría facilitado a Mohamed Atta, Danny hizo que su asistente en la India redactase y le enviase por correo electrónico un perfil de Omar. Los archivos son esquemáticos. Al leerlos, Omar se me presenta como un perdedor. Se lo comento a Randall.

—No es un perdedor —responde Randall—, es un psicópata.

Sorprendo a todos en la casa. He ido al hotel Sheraton para conceder una entrevista a la BBC y le he hablado a los terroristas, le he hablado al *mundo*: «No lastiméis a un hombre inocente, pues lo único que obtendréis será crear una nueva desgracia. Utilizar a Daniel como símbolo y cualquier cosa por el estilo es una *absoluta* equivocación, una absoluta equivocación... Si alguien está dispuesto a dar su vida por salvarlo, ese alguien soy yo. Por favor, estableced contacto conmigo. Estoy preparada».

A Bussey no le agradaron mis palabras pero prefirió no enfrentarse conmigo de forma directa, sino dejar en cambio que los agentes del FBI se encargasen de hablarme. Ellos perdieron los estribos. Llamó Bob Dinsmore, quien forma parte del equipo negociador del FBI.

—Desearía, pues... hacerle algunas observaciones acerca de lo que he estado notando –le dijo a Asra—. Nos agradaría que Mariane y usted redujesen sus apariciones públicas al mínimo. Aparentemente, Mariane hizo declaraciones solicitando que los secuestradores estableciesen contacto con ella. Con frecuencia las personas malas se aprovechan de cosas así. Es sólo una sugerencia, pero deberíais considerar mantener un perfil un poco más bajo.

Steiger intenta sustituir mi ardiente mensaje por uno más frío y calculado. En una carta que el *Wall Street Journal* le envía a las agencias de noticias de todo el mundo, escribe:

Me consta que el Movimiento Nacional para la Restauración de la Soberanía Paquistaní es un grupo muy serio y desea que otros conozcan sus actos y principios. Para aseguraros de que tal cosa suceda, es importante que respondáis al presente mensaje. Han pasado varios días desde la última ocasión en que tuve noticias vuestras y es mi intención iniciar un diálogo que se ajuste a vuestros requerimientos y a la vez asegure la liberación de Danny. Desde la recepción de vuestro último correo electrónico he recibido numerosos mensajes de personas que claman tener a Danny en su poder. A causa de estas voces, es difícil para mí saber cuándo me estoy comunicando con la gente que retiene a Danny [...]. Además, estos mensajes, que se han hecho públicos, degradan vuestras preocupaciones reales [...]. Os sugiero que empleemos una cuenta de correo electrónico o un número de teléfono privado (el de uno o dos de los amigos de Danny, los testigos de su boda). Tal línea de comunicación me demostrará que Danny está con vosotros y nos permitirá establecer un contacto directo. Estamos ansiosos por tener noticias vuestras.

Todos se comportan como si mi aparición en la BBC hubiese sido el resultado de un impulso suicida. Todos con excepción de Steve Goldstein. Tras la contención que exhibí en todas mis apariciones televisivas previas, tan espontáneo estallido de emoción le alivia.

—No hay duda de que el FBI estará espantado —me dice—, pero a mí me parece que el efecto general fue muy bueno.

No soy ninguna suicida. Es sólo que las ideas que se agolpan en mi cerebro son quizá demasiado íntimas, dramáticas y radicales como para compartirlas. Por ahora deberé guardarlas para mí misma y permanecer rezando en mi refugio de la primera planta. Rezando puedo establecer contacto con Danny casi de inmediato. Sé lo que está sintiendo. Es cierto, a él le está sucediendo algo que no me sucede a mí, pero ambos estamos cautivos.

En la noche del sábado 9 de febrero recibimos un nuevo mensaje de correo electrónico. Dice que Danny ha sido asesinado y que su cuerpo ha sido dejado dentro de un saco de tela cerca de la zona industrial de Karachi. Todos en la casa están seguros de que se trata de otro engaño. Al menos eso es lo que nos decimos entre nosotros. No, para nada, ni pensarlo, tiene que ser otra falsa alarma. A pesar de eso, la policía registra una amplia zona y halla un saco que contiene un cadáver. No es Danny (el asesinato es, al parecer, el resultado de una discusión por dinero en una familia local), pero la coincidencia nos asombra y nos estremece de espanto. Entonces uno de los investigadores de Tariq Jameel comenta al pasar que siempre encuentran cuerpos dentro de sacos en la zona industrial, un promedio de dos o tres a la semana.

El capitán llega portando una mochila escolar de tela verde oscuro, con marcas de rotulador y dos cremalleras.

—Hemos encontrado esto —informa arrojando la mochila sobre el sillón. Dentro no hay libros escolares ni cuadernos, pero sí unas pocas hojas de papel dobladas en cuatro, una foto de un joven demasiado joven como para que le crezca la barba (que es evidente que intenta dejar crecer), un pasaporte paquistaní y una carta con un corazón torpemente trazado en el sobre. El dueño de la mochila ha sido llevado a la comisaría de policía por «conducta sospechosa». Abro el pasaporte: no tiene visados ni sellos. Una de las hojas plegadas resulta contener una carta del consulado estadounidense negándole al joven la entrada en Estados Unidos. Otra es un documento certificando que ha estudiado ingeniería informática en un instituto privado de Karachi.

Me lleva unos pocos segundos comprender lo que representan las últimas dos hojas. Son minuciosos gráficos de aviones comerciales. El primero ofrece una visión lateral e indica la posición de los motores y de las reservas de combustible. El segundo detalla el interior del avión, la cabina de mandos y las dimensiones exactas de los pasillos. El sobre con el corazón contiene una carta de amor dirigida a una joven cuyo nombre no se menciona. Con su mejor inglés, el joven barbudo le promete fidelidad eterna. El capitán explica que pretende mantener bajo custodia durante unos días al terrorista en potencia: «Lo suficiente como para enfriar un poco su pasión».

Día tras día el capitán me visita y siempre se comporta del mismo modo: antes de saludar a nadie se aproxima a mí y me mira directamente a los ojos. Desea saber la fuerza que me queda, desea asegurarse de que siga confiando en él. Su *leit motiv* es: «Si yo creyese que Danny esta muerto no trabajaría tanto para hallarlo». Tiene lógica y le creo.

Dost sufre ataques de ansiedad relacionados con su madre. Ella desconfía de su hijo. Hace unos días vino a visitarle en compañía de uno de sus primos directos. La mujer ha llegado a creer que su apuesto hijo nunca está en casa porque se echa secretamente en brazos de alguna mujer. No es el caso: Dost casi no tiene tiempo para nada con el trajín de la labor policial. Lo que sí es cierto es que este hombre atractivo, valiente y poético se encuentra atrapado en un clásico embrollo emocional: está enamorado en secreto de alguien, de alguien a quien su madre jamás aprobaría.

Le rodean hombres como el capitán, que han hallado felicidad y satisfacción genuinas en sus matrimonios concertados. Pero también ha sido testigo de otros matrimonios semejantes que han acabado de forma desastrosa y se pregunta cómo es posible ignorar el apasionado canto del corazón. En nuestros raros momentos de calma, Asra y yo le brindamos consejos. Abogamos por la libre elección y defendemos el matrimonio por amor. Asra, *La Pasionaria*, clama por la liberación con tal vehemencia que resulta sorprendente que Dost no huya. Pero cuando nos sentamos ante la mesa del comedor, analizando la vida de Dost, sus amores y su futuro, sentimos por él una sincera amistad. Es como si nos conociésemos desde hace mucho tiempo, o quizá no importe cuánto hace que nos conocemos. Somos amigos, y nunca decepcionaremos al otro, al menos no de modo consciente.

Ahora contamos con dos fotos de Omar Saeed Shaij en nuestro esquema. Una le muestra yaciendo con barba, delgado y herido en una cama de un hospital de la India en 1994, recuperándose de un tiroteo con el Ejército indio. En la otra imagen sale de un coche el día de su boda. Vestido de blanco y adornado con flores en el cuello, no sonríe. Cuando yo contraje matrimonio no podía dejar de sonreír. Sonreí durante los tres días que duró la fiesta. Me dolían las mejillas, pero no se me borraba la sonrisa. Estudio una vez más la foto de Omar. Busco señales que lo caractericen como un terrorista, pero lo cierto es que parece igual que los jóvenes con los que crecí, salvo por el hecho de que él lleva barba. Eso es justo lo que necesitamos, pienso, terroristas que no parecen terroristas.

Gracias a diversos artículos y a información suministrada por colegas periodistas, hago cuanto puedo por crear un perfil de este hombre. A los 27 años, Omar ya era una especie de leyenda viviente. En 2001, un periódico de la India le proclamó «el asistente número uno de Osama», lo que sin duda es una exageración pero da una idea del aura que le rodea.

Sus orígenes (fue educado en Inglaterra) contribuyen en buena medida a reforzar su reputación. Hijo de un paquistaní de alto nivel económico, fue a escuelas de élite tanto en Inglaterra como en Pakistán, una combinación (salud y educación) que convierte a Omar en el modelo de una nueva generación de terroristas internacionales, con lazos que se extienden tanto en el mundo fundamentalista musulmán como en Occidente.

Su devoción por la *yihad* musulmana data de 1993, fecha en la que se alistó en un misión en Bosnia organizada por el Convoy de la Piedad, una asociación islámica de caridad del Reino Unido. Omar enfermó en Croacia y no llegó a pisar Bosnia, pero ese viaje sentó el mapa de su futuro. En una anotación de su diario personal de abril de 1993, escribió:

> Encuentro con Muyahidín camino de Bosnia; me recomienda entrenarme primero en Afganistán. De regreso a Inglaterra con carta de recomendación de Abdur Rauf para Harkat-ul-Muyahidín. Tratar de regresar a los estudios para preparar los exámenes [...]. No puedo asentarme. Parto rumbo a Pakistán. Voy a la oficina de Harkat-ul-Muyahidín en Lahore.

El joven rebelde había encontrado su causa. Aquellos que le conocieron como un muchacho triste no comprenden dónde o cuándo se torció su camino. Su verdadera naturaleza parece desconcertar a todos: de voluntad férrea pero inestable, ansioso de reconocimiento. Bueno en matemáticas, experto jugador de ajedrez y, tomando como fuente de inspiración una película de Sylvester Stallone titulada *Over the Top*,[9] apasionado de la lucha cuerpo a cuerpo. Se le describe alternativamente como tranquilo, listo, incansable, irritable, temperamental y manipulador. Un funcionario indio que le interrogó relató luego al *New York Times*: «Shaij estudiaba la mente de las personas [...]. Estudiaba tu mente y pensaba luego de qué forma manipularte».

Se unió a Harkat-ul-Ansar, pasó un año entrenándose en Afganistán y se involucró de modo oficial en la guerra santa. Omar tenía 21 años y ya había escogido su especialidad: secuestrar extranjeros (occidentales) para beneficiar a la *yihad*, ya fuera consiguiendo dinero con rescates, o usando a las víctimas para el intercambio de rehenes. Dotado de acento británico y modales de escuela de élite, Omar era la persona adecuada para esta tarea.

El diario personal que llevó Omar durante su estancia en prisión ha sido publicado en Internet. La letra manuscrita es clara, casi infantil en su deseo evidente de alcanzar la corrección. Algunas palabras han sido tachadas con cuidado, como en una carta de un niño de diez años. Acerca de su primera misión, Omar escribió:

> Shah-Saab me dio las siguientes instrucciones. Yo debía viajar a sitios de interés turístico en Nueva Delhi e intentar establecer amistad con turistas. Se acordó entonces nuestro próximo encuentro en la mezquita de Jamia. Pero en un principio la cuestión de la amistad pareció casi imposible. ¿Cómo demonios puede alguien aproximarse a un extranjero y convertirse de pronto en su amigo? En especial cuando a su lado está su esposa y le rodean decenas de vendedores ambulantes exigiendo su atención. Durante nuestro encuentro en la mezquita de Jamia, le dije a Shah-Saab que el único método fiable

---

9. Película de 1987 estrenada en España con el título de *Yo, el halcón*. (*N. del T.*)

era el tradicional: golpearles y raptarles. Él insistió en que siguiera intentándolo.

Al fin Omar halló un buen blanco: un turista israelí de más de dos metros de estatura. ¡Un israelí! Omar estaba tan entusiasmado que despertó a su Shah-Saab en medio de la noche para contárselo. «¡Idiota!», fue la única respuesta del mentor, «¡harás que nos maten a todos! Devuélvelo de inmediato a su hotel y ven a verme por la mañana».

En 1994 Omar secuestró a cuatro mochileros, tres británicos y un estadounidense, a fin de intercambiarlos por militantes islámicos detenidos en prisiones de la India. Encadenó a sus víctimas al suelo y amenazó con decapitarlas si el Gobierno indio se negaba a colaborar. Una víctima recordó luego que Omar se reía al pronunciar su amenaza. Antes de que se pudiese efectuar el intercambio, alguien le delató y los rehenes fueron liberados ilesos. Tras un tiroteo y un juicio, Omar fue recluido en una cárcel de la India.

En la víspera de Año Nuevo de 1999, durante el quinto año de Omar en prisión, un grupo de secuestradores capturó el vuelo IC-814 de la Indian Airlines, que había despegado de Katmandú y tenía como destino Nueva Delhi. Las horrendas técnicas de intimidación fueron similares a las que luego se emplearían en los aviones el 11 de septiembre: los secuestradores le abrieron la garganta a un pasajero (un joven de luna de miel) y forzaron a los demás (incluida su mujer) a observar cómo se desangraba hasta morir. Modificaron entonces el rumbo del avión, dirigiéndolo hacia Kandahar, en Afganistán. Fue allí donde, tres días después, intercambiaron a las 178 personas a bordo del aparato por tres militantes encarcelados en la India (entre ellos, Omar Saeed Shaij y Masood Azhar, el fundador de Jaish-e-Mohamed).

Azhar cuidó su lengua durante su estancia en prisión. «Va contra los principios de nuestra religión negociar con las vidas de inocentes», se cuenta que le dijo a uno de sus guardianes. Pero de regreso a Karachi, su dominio, Azhar recuperó la retórica guerrera. «No me aclaméis —le gritó a la encendida multitud—. No me felicitéis por mi liberación. No elevéis consignas en mi nombre. Presentaos ante mí con una guirnalda de zapatos, oscureced mi rostro, porque la India aún debe ser destruida». Tal es el hombre a quien ahora suplicamos que convenza a Omar de liberar a Danny.

En cuanto al propio Omar, sencillamente ha desaparecido, se ha evaporado. Los archivos paquistaníes no ofrecen la menor indicación de su regreso a Pakistán tras su liberación en Afganistán. Los agentes de inteligencia de la India le vieron varias veces en Pakistán, en especial en una librería de Islamabad.

Sigo deseando saber cómo consiguieron los secuestradores que Danny subiese a su coche. Danny es un hombre tan precavido... ¿Le habrán apuntado con una pistola? ¿Le habrán golpeado? El capitán no parece tan preocupado como yo por este aspecto de la cuestión.

—Mariane —me dice con impaciencia—. Omar Shaij es un experto. Es Danny quien ha sido secuestrado por primera vez. Omar Shaij ya lo ha hecho en una decena de ocasiones. Ahí radica la diferencia. Omar Shaij ha tenido la oportunidad de aprender de sus propios errores. Es un experto en secuestros. Después de esto, ¿cree que Danny volverá a ser secuestrado? No, no lo creo.

«Sólo se puede ver bien con el corazón. Lo esencial es invisible a los ojos», le dice el zorro al Principito en el relato de Antoine Saint-Exupéry. Asra compró ese libro no hace mucho en la librería Paramount Books, en Karachi, y lo tiene abierto sobre su regazo cuando la encuentro acurrucada en una esquina del sillón, envuelta casi por completo en su chal gris. Pese a tener el libro abierto, no lo está leyendo. «Echa de menos a ese pésimo amante», pienso. Asra mira con extrañeza algún punto del muro que tiene ante sí. Mi amiga, por lo general tan animada, se ha convertido en una muñeca de trapo, débil y lánguida salvo por los dos grandes botones negros de sus ojos.

Me sobresalta: Asra se está derritiendo. Esa mirada perdida pertenece a alguien que ya no puede ver. No podemos permitirnos desfallecer en este preciso momento y se lo digo:

—Sé que es injusto y tienes todo el derecho a estar deprimida, pero ¡por favor, no ahora! ¿Estás asustada? —le pregunto—. ¿Te encuentras exhausta? ¿Te ha venido la regla?

—No —responde Asra.

—¿No qué? —inquiero.

—No, no me ha venido la regla. Llevo tres semanas de retraso.

Supongo que es algo lo bastante loco como para ser cierto. Tal como se supone que debe suceder antes de la propia muerte, todo pasa ante mis ojos como si fuese una película: Danny, el *Journal*, el amante, Merve y Blink (los muñecos de trapo de los artículos de Asra), las acusaciones contra Asra, el poblado de Morgantown donde fue criada, la triste realidad de ser una madre soltera.

—Si estás embarazada, debes mantenerlo en secreto —le sugiero, e ignoro en realidad por qué lo hago. No tengo ningún derecho a ser tan terminante cuando las consecuencias de una decisión semejante no caerán sobre mi pellejo y en un momento en el que cualquier discusión sobre el futuro parece inapropiada. Y, sin embargo, creo que eso es lo que ella debe hacer.

Asra y yo confeccionamos una especie de calendario, intentando establecer las fechas de su relación con el amante, su última regla, sus tiempos de ovulación y cuándo debería producirse la próxima. Pero nuestras mentes están nubladas por la fatiga y la ansiedad y no podemos calcular con exactitud.

Con todo, ahora que la posibilidad ha sido enunciada, necesitamos saber la verdad. Ya ha pasado la medianoche, pero en Karachi hay una farmacia que abre toda la noche, de modo que Asra le dice a nuestro guardia que debemos ir hasta allí de inmediato.

Por decirlo suavemente, el guardia se muestra reticente, pero cuando Asra empieza a hablarle en urdu acerca de las hormonas y otras cuestiones similares, accede nervioso. Me parece no haber salido de la casa desde hace una eternidad, y en parte deseo una bocanada de aire fresco fuera de sus muros. Pero no me dejan salir, y Asra parte acompañada de dos soldados armados en un jeep destartalado que parece transformarse en una alfombra mágica.

En la farmacia, los soldados no le dejan a Asra ninguna privacidad, pero retiran su mirada cuando ella revisa los sistemas de prueba casera de embarazo. Coge uno, lo trae de regreso a la calle Zamzama y pronto tenemos nuestra respuesta.

Nuestras vidas han alcanzado un grado de rareza que parece superar todo límite: parece casi, *casi* coherente. Casi notable. La dulce Asra Q. Nomani, espía putativa india, ha sido fertilizada por un hombre con quien ya no se habla en una tierra donde el sexo ilegal es punible con azotes o con la misma muerte por lapidación. Ahora todas las mujeres de la casa, incluyendo a Nasrin, esperan un niño. «Asra es tan buena amiga», le cuento a Bussey, «que pensó incluso en gestar un compañero para mi bebé». No hace falta convencer a Bussey de que el embarazo es una buena noticia. Él se alegra con sinceridad por Asra y a la mañana siguiente aparece con *brownies*. La verdad es que me reconforta saber que nuestro hijo tendrá alguien con quien intercambiar historias sobre su azarosa vida en el útero.

Estamos obteniendo mucha información acerca de las primeras jornadas del secuestro. Por ejemplo, sabemos que los tres hombres arrestados el 5 de febrero fueron reclutados por Omar para la operación sólo unos días antes del secuestro de Danny, ocurrido el 23 de enero. Soleiman se incorporó el 21 de enero y su primo Fahad, el tipo de los ordenadores, el 22. Omar Shaij había preparado las trampas para Danny hacía varias semanas. Sólo le faltaban *mulas* locales que pusiesen en marcha el reloj.

Los militantes *yihadíes* llevan listas de candidatos potenciales para misiones *yihadíes*. Las madrazas de Pakistán, que son unas 40.000, rebosan de jóvenes disponibles, jóvenes que quizá no sean capaces de escribir sus propios nombres pero sí de recitar capítulos enteros del libro sagrado mientras duermen. Jóvenes conscientes de que Estados Unidos es el «eje del mal».

En una ocasión acompañé a Danny durante una visita a una madraza de Jaish-e-Mohamed en las afueras de Karachi. Pese a que llevaba la cabeza tapada, me obligaron a permanecer oculta en el coche. Los muros de la madraza estaban cubiertos de lemas y había escombros esparcidos por todas partes. Mientras esperaba, observé cómo entraban a la madraza decenas de muchachos (en realidad niños, descalzos y vestidos con sucios *salwar kameez*). Era como verles entrar en una fábrica de lavado de cerebros. Realicé algunas anotaciones en mi bloc, pero hubo una sola palabra que escribí y subrayé varias veces: ESCALOFRIANTE.

Cuando todavía existían en Afganistán campos de entrenamiento financiados por los talibanes, algunos «estudiantes» eran separados para integrarles en programas de entrenamiento básico de 40 días, en los que aprendían a aterrorizar, torturar y matar. Entrenar a una persona sólo cuesta unos 20 dólares, 50 si se la instruye en la fabricación de armas. A la vez que se les enseñan las técnicas terroristas, ellos aprenden también a no cuestionar jamás a la organización que asumirá un control absoluto de sus vidas. Cuando no debían acudir a los campos de batalla de Cachemira o Afganistán, se les enviaba a casa para comportarse como «caballeros» y obtener el respeto de sus comunidades por ser «buenos musulmanes» (protegerse unos a otros, forjar nuevas alianzas y buscar más reclutas).

Tal es el mundo de los tres detenidos el 5 de febrero.

Syed Suleiman Saquib se unió a la *yihad* en octubre de 1998. «Yo quería ir a Cachemira, pero los dirigentes de Harkat-ul-Muyahidín me enviaron a Afganistán», dijo en su declaración, traducida al inglés en el juzgado. En Afganistán, tras varios meses en las líneas de combate de Bagram, recibió un disparo de ametralladora en el abdomen y fue repatriado a Pakistán. Soportó una treintena de intervenciones quirúrgicas en varios hospitales, y todavía cojea al caminar. Se reunió con Omar sólo un par de veces en los últimos dos años, siempre en las oficinas de Jaish-e-Mohamed, pero todos los *yihadíes* sabían quién era Omar Shaij. Según explicó Adil durante su declaración, «Omar es un gran *muyahid*, regresó tras ser liberado en la India y tengo un gran respeto por él».

Un día de enero, Suleiman recibió por sorpresa una llamada telefónica de Omar. «Estoy camino de Karachi, ¿puedo verte allí?», dijo Omar. «Si vinieses te recibiría mañana», le respondió Adil, quien prosigue el relato:

> Al día siguiente me informó por teléfono de que llegaría de Islamabad en avión, me pidió que le esperase en el aeropuerto y me preguntó si tenía algún vehículo. Le respondí que no tenía ninguno, pero que dada su insistencia podía llegar en taxi.

Omar aterrizó en el aeropuerto local de Karachi al día siguiente, el 21 de enero. Cuando llegó Suleiman, Omar se encontraba de pie en la sala de espera conversando con un hombre que presentó como Naeem. «Tenemos trabajo por hacer», le dijo Omar a Suleiman. Primero necesitaban «refrescarse», de modo que Suleiman les condujo hasta la casa de su tío. Luego se dirigieron a la Residencia Estudiantil Biryaní, un conocido restaurante, donde Omar habló «en secreto» con un nuevo sujeto. Omar guió a este grupo, incluyendo al individuo secreto, a un complejo residencial denominado Sociedad Mohamed Ali, donde buscaron el *bungalow* N-D 17. Ese edificio de dos plantas con un jardín enfrente resultó ser el hogar del tío paterno de Omar.

A la mañana siguiente, el 22 de enero (más o menos en el mismo momento en que Danny y yo nos marchábamos de Islamabad en dirección a Karachi diciéndole adiós a la pandilla del

Chez Soir), Omar volvió a llamar a Suleiman, quien estaba preparándose para ir al mercado junto a su primo Fahad. Omar les pidió que de camino se reuniesen con él en casa de su tío paterno. Cuando llegaron, Omar les dijo a ambos: «Tenía algo de trabajo para vosotros, pero ya se lo he encargado a otra persona. Si tengo más cosas os llamaré. Ahora podéis ir al mercado».

Dos horas más tarde, Omar llamó a Suleiman a su móvil. «Cómprame una cámara Polaroid», le dijo. Suleiman protestó explicándole que no tenía ninguna experiencia en fotografía. Omar respondió que la tarea era sencilla y que podía obtener una en el mercado de electrónica. Allí fueron Suleiman y Fahad. Tras interrogar a los dos hombres, el capitán pudo enterarse de algunos otros detalles. Suleiman «atrajo a Fahad con su dulce retórica: "Dios te ha escogido para que hagas un servicio al islam". Fahad quedó convencido. Y dado que era un experto e impartía clases de informática en un instituto, supuso que podría cumplir la misión sin verse involucrado. Por poco no lo logró».

> Después del trabajo —testificó Suleiman— acompañé a Fahad a Sadder [un distrito de Karachi], donde compré una cámara Polaroid y dos carretes por 1.500 rupias. Luego regresamos a N-D 17 para entregarle la cámara a Shaij. En aquel momento había presentes otras dos personas, una de las cuales era Quasim y la otra Adil, a quien ya había visto en una ocasión.

Omar, Adil, Suleiman, Fahad y este hombre recién identificado, Quasim, rezaron juntos, tras lo cual Omar le entregó a Suleiman y a Fahad textos en dos lenguas distintas. Dijo que pronto los primos deberían enviar mensajes de correo electrónico tanto a Pakistán como al extranjero, pero que antes deberían esperar otra «cosa» que debía enviarse junto a los mensajes. También se les pidió a los primos que esperasen a que dos «amigos» les instruyesen sobre el modo de emplear la Polaroid. Los amigos tardaron dos horas en llegar. Suleiman reconoció a uno de ellos como el muchacho que había conocido en la Residencia Estudiantil Biryaní.

El relato de Fahad Naseem añadió más detalles al de Suleiman. Cuando su primo le presentó a Omar, se le dijo a Fahad: «Éste es el hombre que fue liberado de la prisión en la India junto a Molana Masood Azhar y llegó en un avión». Cuando Fahad le informó a Omar de que era un programador informático, Omar respondió: «¡Dios ha acudido en mi ayuda! Estaba buscando a la persona indicada y la he hallado». Omar interrogó a Fahad: ¿podía enviar una película por correo electrónico? ¿No? ¿Era demasiado pesada? ¿Y fotografías? ¿Negativos no? ¿Pero con la Polaroid no había inconveniente?

«Entretanto», prosiguió Fahad con su testimonio, «un hombre de larga barba se nos unió en la sala donde estábamos. [Era Adil.] Tomó asiento. Cuatro o cinco minutos más tarde llegó otro hombre. Se llamaba Quasim. Luego Adil hizo la *imamat* [la llamada a la plegaria] y todos rezamos la plegaria de *Zuhar* [media tarde] detrás de él. Entonces Omar Shaij dijo: "Ahora debéis marcharos y traerme una cámara"».

Fahad fue conducido al Edificio de Intercambio de Moneda de Karachi, un sitio en el que cambió cierta cantidad de dinero extranjero (ignora de qué nación) por rupias paquistaníes. En aquel momento compró la Polaroid. Se le dijo a Fahad que estudiara el folleto y aprendiese a utilizar la cámara.

Cuando Fahad recibió el texto de los mensajes, le preguntó a Omar a qué se referían. «Básicamente, Daniel Pearl [es] un agente judío y estadounidense que trabaja en contra de los musulmanes», le respondió Omar, «y si tú colaboras conmigo en esta misión, Dios Todopoderoso te recompensará, ya que se trata de una misión importante. Y tú puedes participar de esta importante misión con sólo enviar un correo electrónico». Cuando Fahad preguntó cuál sería el destino de Danny, Omar le dijo: «Haz lo que yo te indique y nada más. Y no formules más preguntas, pues hacerlo no te traerá más que problemas».

Omar se marchó de Karachi rumbo a Lahore en la tarde del 23, mientras Danny se dirigía a su cita en el restaurante Village. Al día siguiente, Fahad fue citado en un hotel llamado Nau Bahar. Se le pidió que comprase un escáner y lo llevase allí. Mientras transportaba el escáner, Fahad conoció a un nuevo estrato de esta infinita sucesión de capas: otro hombre a quien jamás había visto entró en el hotel y le entregó un paquete a un nuevo hombre, quien llevó el paquete al lavabo, presumiblemente para abrirlo y revisar su contenido.

El 26 de enero Fahad fue llevado a un cibercafé, donde se le entregó un disquete y se le ordenó que enviara los mensajes y sus archivos adjuntos a un listado de destinatarios. El ordenador del café resultó ser muy lento, de modo que probaron en otro sitio, esta vez con éxito.

[Cuanto más me entero del proceso del secuestro, más crece mi ira. Hay tanta gente que podría haber detenido el proceso, desviarlo, filtrar una pieza clave de la información... Este hombre secreto, aquel hombre secreto... el hombre en el aeropuerto... el hombre en el lavabo del hotel...]

Unos días después se repitió el envío de mensajes con dos nuevas fotografías. Pero antes de que Fahad y Suleiman enviasen el segundo correo, Omar les llamó y les dijo que modificaran en el texto correspondiente la siguiente oración fundamental: *«Hemos interrogado al sr.D.Parl [sic] y hemos llegado a la conclusión de que, contra lo que pensábamos antes, no trabaja para la CIA».* Originalmente el mensaje seguía de este modo: *«Por lo tanto le liberaremos».* Pero Omar quería que dijese: *«Sino que trabaja para el Mossad. Por tal motivo será ejecutado en 24 horas a menos que Estados Unidos cumpla nuestras demandas».*

Los primos obedecieron la petición de Omar, pero Fahad decidió cubrirse las espaldas y «pese a que se me había indicado no hacerlo» envió el mensaje desde su hogar en la residencia estudiantil donde luego le arrestó el capitán.

El segundo mensaje puso punto final a la participación de Fahad, el experto en informática de los secuestradores. Cuando llegó el momento de que Fahad firmase su declaración ante el juzgado, al parecer no sabía cómo escribir su nombre, de modo que firmó con su huella dactilar.

Otra declaración: «Nombre del acusado: Shaij Mohamed Adil».

Adil no es sólo un policía, sino que pertenece a la misma rama del servicio de inteligencia que Dost. Ahí acaban las semejanzas; aunque Adil sirvió como policía durante diez años, no consiguió subir en el escalafón. En 1999 se tomó un permiso sin sueldo de dos años para convertirse en muyahidín. Harkat-ul-Muyahidín le envió a Kandahar, y luego a Cachemira. Fue durante su entrenamiento como terrorista en Afganistán cuando Adil conoció a Omar, en el frente de combate de Bagram.

La experiencia de Adil en Karachi era similar a la de Suleiman (había conocido a Omar aquí, estaba junto a un hombre barbudo desconocido, lo vio allí con algunos otros hombres barbudos desconocidos). El 22 de enero, Omar llevó a Adil a una reunión bajo el puente Baloch. Dos hombres esperaban la llegada de Omar en un Corolla blanco. El hombre que ocupaba el asiento de acompañante se levantó a fin de que Omar pudiese sentarse. Llegado ese punto, se le dijo a Adil que fuese a rezar a la mezquita de Sabeel Wali, en el área de Grumandar. «Nos encontraremos allí», le dijo uno de los hombres.

De modo que Adil partió y ofreció sus plegarias, y luego los dos hombres en el Corolla blanco, ahora aparcados en el exterior de la mezquita, le entregaron un paquete. Se encontró con Suleiman y Fahad y le dio el paquete al primero de ellos. En un par de días realizó una nueva entrega, pero en esta ocasión (insistió Adil al declarar) albergaba ya enormes dudas: «Abrí los dos paquetes y descubrí que contenían las fotografías del periodista estadounidense. Antes de eso, debido a las inteligentes técnicas de Omar Saeed Shaij, yo no era consciente de estar involucrado en el atentado contra el periodista estadounidense Daniel Pearl. De hecho,

Omar Saeed Shaij no me alertó al respecto y me utilizó maliciosamente para sus objetivos sin que nada llegase a mi conocimiento, ya que yo lo respetaba desde lo más hondo de mi corazón. No estoy de acuerdo con la acción de Omar Shaij. Pienso que no es justa y mi conciencia se opone. Omar Shaij me utilizó maliciosamente para sus nocivos planes».

El Corán es muy claro al respecto: está mal lastimar a un inocente. Me aventuro a preguntar si Adil sería capaz de salvar a Danny en nombre del Corán.

—Mmmmm —murmura el capitán—. Adil fue entrenado en Afganistán. Es un terrorista fundamentalista.

—¿Existe al menos alguna posibilidad de que su fe le lleve a arrepentirse? —inquiero.

El capitán se encoge de hombros y enciende otro cigarrillo.

Un hombre regordete de aspecto jovial aparece en la puerta portando una bolsa con especias, un delantal y un libro de recetas internacionales. Se trata de Yusuf, el cocinero estrella de John Bauman. El cónsul estadounidense, en un rasgo de cariño excepcional, ha decidido que ya es hora de que dejemos el pollo biryaní del hotel Sheraton y nos presta a Yusuf durante el resto de nuestra estancia. Con su bigote al estilo del de Einstein, el chef parece el abuelo ideal, pero ésa es una suposición equivocada. Venir aquí representa para Yusuf un gran sacrificio y no está para nada entusiasmado con su nuevo destino. De todos modos, se presenta a sí mismo con orgullo. Ha estudiado gastronomía en Londres y en París. Es un hombre que cocina sólo para las grandes figuras de este mundo, o al menos las de su mundo.

Sin apreciar del todo qué ni a quién se nos ha enviado, no bien llega a nuestra casa Asra y yo le indicamos a Yusuf dónde está la cocina. Tras examinar las existencias, y abrir los armarios y los cajones con expresión consternada, Yusuf el chef procede a reorganizar la cocina comprando nuevos juegos de ollas, cuchillos para el pan, cuchillos para el pescado e incluso cuchillos para los postres.

Con atenta mirada, prepara platos dignos de un príncipe en medio de la indiferencia general. Entonces llega la hora de comer y nuestro equipo, exhausto, encuentra la mesa del comedor bellamente preparada. Los cubiertos están colocados al estilo europeo, con el tenedor a la izquierda y el cuchillo a la derecha. Junto a nuestras copas descansan servilletas de un blanco inmaculado abiertas como acordeones. Cenamos sopa de pepinos con menta, pavo al horno y pastel de limón y cardamomo. Aliviando su dignidad herida, Yusuf acepta nuestras alabanzas con gracia y un toque de *hauteur*.[10]

Un día casi perdemos a nuestro chef. Él decidió sorprendernos con un cangrejo en salsa blanca, pero el plato tenía un aspecto tan extraño que nadie se atrevió a tocarlo, a excepción de Steve. Yo tengo una buena excusa: estoy embarazada. Asra también. Y Bussey está demasiado preocupado por las cuestiones de higiene como para siquiera aproximarse a la fuente. Cerca de las lágrimas y humillado ante tal ingratitud, Yusuf estuvo a punto de perder la paciencia. Tratando de calmarlo, Steve aceptó repetir. Bussey le aplaca señalándole con cuánto éxito había conseguido satisfacer a dos judíos (Bussey y Steve), una musulmana (Asra), una budista (yo) y un cristiano (el propio Yusuf). Eso pareció calmar el enfado del chef.

Yusuf es un cristiano muy devoto, e integra la minoría del 13% de cristianos que viven en Pakistán. Mientras cocina, habla como un obseso acerca de Dios y reza de forma constante. Reza para que Él encuentre a Danny.

---

10. Altivez. *(N. del T.)*

De pronto sucede. Omar Shaij se entrega voluntariamente en las cercanías de la población punjabi donde nació su padre. Regresa a Karachi esposado y con una bolsa cubriendo su cabeza. «Danny está vivo», le dice entonces al capitán, pero no quiere o no puede decir dónde permanece cautivo.

A fin de aliviar mi frustración, el capitán hace cuanto puede para mantenerme informada de lo que sucede en el centro de interrogatorios. Incluso en una celda con las paredes cubiertas de humedad y un ambiente que apesta a mugre y ratas, Omar parece mantener su autoridad. Los carceleros no se le acercan, aterrorizados ante la posibilidad de que él les acuse de malos tratos y ordene algún tipo de venganza. Aunque no es un predicador demasiado eficaz, Omar ha invocado a Alá y les ha amenazado. El capitán se niega a que le intimiden. «Este hombre es mi enemigo», me señala. «Le digo: "Veamos si tú o tu organización podéis hacer algo. Para mí no eres más que un criminal ordinario y serás tratado como tal". Sin diferencias. Sin deferencias especiales. Sin ningún respeto adicional».

Omar asegura haber secuestrado a Danny para «brindar una lección a Estados Unidos». «Bien o mal —asegura—, lo hice porque no creo que Pakistán deba servir a Estados Unidos».

Propongo hablar yo con Omar, pero el capitán responde a toda prisa:

—Deje que lo hagamos nosotros, nos ocuparemos de él. Estamos preparados.

—También yo estoy preparada —le respondo sin que pase un instante.

—Sé que lo está —advierte el capitán asintiendo al decirlo, y yo le estoy agradecida.

Según el capitán, toda investigación posee varias etapas. Al comienzo, «cuando se está buscando a un criminal, uno genera odio contra él. Y cada día el odio (o, mejor dicho, la *cólera*) se incrementa y todo se vuelve más personal».

El capitán sabe bien que «no corresponde a un oficial de policía comportarse con una actitud vengativa, de cólera o de odio». Sabe que es importante «superar el odio y resistirse a él». Pero sabe también que los oficiales de policía son seres humanos. «En las películas, en la televisión, a veces los policías persiguen al criminal en un coche a toda velocidad (lo persiguen durante 15, 20 kilómetros, y cuando ya han superado todos los límites de pronto consiguen que el criminal se detenga. Y está claro qué es lo que hacen entonces. Le cogen de las ropas, le sacan del coche y le golpean. Pero una vez que el oficial de policía le ha puesto bajo custodia y le ha fichado, una vez que han transcurrido dos o tres días, ¿sigue furioso el policía? No, se ha calmado. Y sabe que ha capturado al criminal y que quizá seguirá siendo su huésped durante el resto de su vida. Entonces llega el momento de investigar realmente al criminal.»

Cuán fortuito es que Omar haya aparecido justo a tiempo para la tan esperada visita de Musharraf a la Casa Blanca. Hubiese resultado lamentable para el presidente paquistaní carecer de buenas noticias para ofrecerle a Bush y a la prensa estadounidense. Les dice a los periodistas que, según las declaraciones de Omar Shaij, está «razonablemente seguro» de que Danny está vivo y que «estamos tan cerca como es posible de lograr su liberación». ¿Qué significará eso? Con todo, Musharraf no logra contenerse del todo y revela su sospecha de que Danny haya sido «demasiado entrometido en lo que fuera que estuviese haciendo y que fue de lleno a intimar con esos terroristas». Dice también que «lo que sucedió era esperable». ¡Dios mío!, reflexiono, somos daños colaterales.

Será difícil quebrar la resistencia de Omar. John Bauman le describe como un «joven duro y frío». Es «uno de aquellos terroristas que pueden llevar a otros a suicidarse», afirma el capitán. Los equipos estadounidenses y paquistaníes se turnan en pasar las noches a su lado, manteniéndole despierto con cubos de agua fría.

Me encuentro a bordo de una montaña rusa emocional y empiezo a sentirme enferma, pero el capitán es optimista:

—No hay manera de penetrar en el corazón humano y saber si lo que la persona dice es cierto o no. Pero cuando se es un oficial de policía experimentado, se desarrolla la habilidad de leer las mentes, las expresiones y el lenguaje corporal. Sin pretenderlo, los policías se convierten en psicólogos. No aprenden con libros, sino con su experiencia. Y comprenden que, tras tres o cuatro días, es posible llegar a conocer las debilidades de una persona... y explotarlas.

Una leve sonrisa orgullosa alumbra los cansados rasgos del capitán.

—Este hombre, por ejemplo —prosigue—, tiene debilidad por su hijo. De modo que allí hay algo que yo explotaré. Le hablaré sobre su hijo, le preguntaré qué edad tiene, cuánto se parece al padre o a la madre, ese tipo de cosas. Conversación sin importancia, que no parezca relacionada con el caso. Pero mientras le relajo, empiezo a conducirlo hacia donde quiero que vaya. Y quizá empiece a llorar porque echa de menos a su hijo... Ése es el punto en el que la mayor parte de las personas no miente. O hablaremos sobre su religión. También es posible explotar eso. Cuando estás frente a Dios, cuando rezas y le prometes que serás una buena persona, de pronto no puedes mentir. Cuando te enfrentas a Dios, empiezas a temer que Él sepa lo que haces, ¿verdad?

Durante varios días el capitán le habla a Omar acerca de su hijo, su familia y la religión, intercalando preguntas sobre el secuestro y los secuestros del pasado, así como sobre su actividad *yihadí*. En todo este tiempo toma con cuidado varias notas. Omar fue eficiente, es decir, coherente en sus historias y en la información que deseaba ofrecer. Cada tanto le lleva ante un experto polígrafo y Omar, que es un frío psicópata, pasa también estas pruebas una y otra vez. Pero después de cuatro días, exhausto, Omar comete un error y el capitán le pilla una mentira. Una mentira pequeña, relacionada con una llamada telefónica que realizó o no. Con todo, su desliz le brinda al capitán la munición que necesita.

«Entonces fingí estar muy sorprendido —me cuenta el capitán—, y le dije: "¡Te consideraba un musulmán, y pensé que eras un buen musulmán, pero eres un mentiroso! ¿Cómo podría creer lo que me dices? No te creo. Eres un mentiroso". Omar permaneció inmóvil por unos minutos y luego me preguntó si podía pronunciar sus plegarias. "¿Por qué no?", le respondí. "Necesito el Corán", pidió él. Le di el Corán. Le quité además las esposas y los grilletes que llevaba y hasta le permití darse un baño y cambiarse de ropas. Omar pronunció sus plegarias, recitó el Corán y luego me llamó a gritos. Estaba en su celda. "¡Decidle al capitán que deseo verle ahora!", gritaba».

El capitán solicitó entonces que Omar Shaij fuese conducido a su oficina. «Hice que se sintiera cómodo, le permití sentarse en una silla, le ofrecí una taza de té y le dije: "¿Deseas contarme algo".»

Omar le explicó al capitán que, de hecho, hasta aquel momento había mentido, pero que a partir de entonces diría la verdad. Ofreció entonces al capitán datos breves pero vitales: unos cuantos apodos, algunas fechas. Y le reveló al capitán lo siguiente: había estado bajo custodia desde el 5 de febrero.

5 de febrero: la noche en que el capitán arrestó a Fahad, quien le condujo hasta Suleiman, quien le condujo hasta Adil. La noche en la que el capitán localizó a Omar y le llamó desde el móvil de Adil en casa de la tía de Omar. La noche en la que pensamos que Omar había eludido a la ley y escapado sin dejar rastro, intocable, rumbo a las áreas tribales.

Pero no había sido así. Esa noche se entregó al brigadier Ejaz Shah, secretario de Interior de Punjab, el distrito del que proviene el rico padre de Omar y su fábrica textil. El brigadier Shah, un ex oficial del ISI, demostró un absoluto desdén por la ley, por la justicia, por el presidente Musharraf, por Estados Unidos y por mí. Mantuvo la detención de Omar en secreto desde el día 5 hasta el 12 de febrero.

El capitán no lo sabía. Tampoco el FBI... ¿o sí?

¿Lo sabía el ISI? No podía ignorarlo. ¿Acaso había permitido que se retuviese a Omar porque deseaba sonsacarle alguna información? ¿Existía alguna información que el ISI *no quería* que él revelase? ¿Estaban haciendo alguna especie de trato con él, del estilo de «ve a la cárcel por un tiempo y luego nos aseguraremos de liberarte»? ¿O quizá sólo necesitan tiempo para borrar toda pista que conduzca al propio ISI?

El capitán intenta disimular cuán profundamente furioso y triste se encuentra, pero no lo consigue. Se lamenta por mí, por su cada vez más incierta oportunidad de alcanzar la verdad, y por su país. El capitán es ante todo un patriota paquistaní. Aun así, sólo podemos discutir con franqueza sobre ciertos asuntos, y he llegado a comprender y a respetar que no hable conmigo acerca del ISI.

—Mariane —señala—, si me pregunta quién retuvo a Omar o cuál fue el motivo por el que se lo retuvo, lo ignoro. Soy muy, pero muy sincero con usted al respecto. Lo cierto es que no lo sé.

Aquí en el pasillo, con las pésimas líneas de Internet robadas a los vecinos, lucho por reunir y poner en su sitio las piezas del rompecabezas que conocemos. He debido aceptar (todos hemos debido aceptar) que, mientras que Omar pudo ser nuestro blanco original, sin duda es sólo un eslabón en una cadena mucho más grande y complicada. Sí, Omar es muy eficiente en su oficio del mal, pero en última instancia no es más que una herramienta. La cuestión es... ¿de quién? Queda claro que Omar ignora dónde está Danny. Ése nunca ha sido su rol. Él fue el señuelo. Otros son los captores. ¿Quién integra ese grupo? Omar ha brindado el nombre de un intermediario, un sujeto que ha estado en contacto tanto con la célula de Omar como con el equipo de secuestradores. Es un comienzo. Pero ¿quién lo ha supervisado todo? ¿Quién maneja los hilos?

Reflexiono sobre detalles como el siguiente: ¿quién le dijo a Omar que Danny es judío? ¿Quién contaba con esa información?

La información fluye a través de Internet. Me sorprende descubrir cuánto circula allí acerca de Omar y sus aparentes lazos tanto con Al Qaeda como con el ISI. Leo que la embajada de Estados Unidos en Islamabad le pidió al Gobierno paquistaní que entregase a Omar el 21 de enero (dos días *antes* de que Danny fuese secuestrado). El motivo que esgrimía Estados Unidos para ello era que el secuestro de 1994 había incluido a un ciudadano estadounidense. Pero no me resulta arduo comprender que las autoridades estadounidenses seguían una pista mucho más perturbadora. Leo noticias de octubre según las cuales el FBI había hallado «vínculos verosímiles» entre Omar Saeed Shaij y el entonces lugarteniente general del ISI, Mahmood Ahmed. Se alegaba que Ahmed había aconsejado a Omar que le enviase a Mohamed Atta los 100.000 dólares.

Leo también que la revelación de este hallazgo determinó que el presidente Musharraf retirase a Ahmed de su puesto al frente del ISI el 7 de octubre de 2001.

Parece, entonces, que Omar podría haber estado asociado tanto a la jefatura del ISI como a Al Qaeda. Se rindió ante otro ex oficial del ISI, quien le tuvo bajo su custodia durante una semana hasta el día previo al encuentro entre Musharraf y Bush. Justo a tiempo para que Musharraf se enfrentara a Bush y a la prensa estadounidense anunciando el «arresto» de Omar Shaij y declarando: «Estamos tan cerca como es posible de lograr su liberación [la de Danny]».

En mi mente las preguntas van y vienen como una pelota de ping pong enloquecida. Las distinciones entre el bien y el mal, las organizaciones gubernamentales y las organizaciones terroristas no sólo parecen desvanecerse sino que sólo son caras de la misma moneda.

¿Sabía Musharraf que Omar había sido arrestado? ¿Podía no saberlo? ¿Estaba enterada la CIA? Sólo Dios sabe cuál es el papel de la CIA en este asunto. ¿Qué ex amigos de Omar en el ISI están involucrados y hasta qué punto? ¿Qué pasa con el brigadier

Abdullah, responsable de la célula del ISI en Cachemira antes de que Musharraf le despidiese durante las recientes purgas en la organización? ¿También él está involucrado? ¿Trabaja acaso para Osama Bin Laden? ¿Qué es lo que se le prometió a Omar a cambio de su detención?

Tras varios días de interrogatorios, Omar es llevado al juzgado, donde se jacta de haber llevado a cabo el secuestro siguiendo su propia voluntad. Sin embargo, sorprende a todos al modificar una parte de su historia. Cuando el capitán se encontró con Omar por primera vez, el terrorista afirmó: «Danny está vivo, está bien». Ahora asegura: «Según tengo entendido, está muerto».

Cuando se le consulta por qué cree que esto último es cierto, Omar menciona frases codificadas que los secuestradores empleaban entre ellos. Dice que el 5 de febrero llamó a sus socios para solicitarles que liberasen a Danny: «Entrégale el paciente al doctor». Pero era demasiado tarde: «Papá ha expirado», sostiene que le respondieron, «hemos pasado todo por el escáner y completado los rayos X y *post mortem*».

¡Qué psicópata!, nos decimos. ¡Qué embustero! Son todos psicópatas y embusteros. No hay ninguna razón para creer en esta afirmación más que en la anterior.

Pese a eso, me cuesta respirar.

10

Siento como si una densa niebla invadiese la casa y se apoderase de ella. Caminamos de puntillas por las habitaciones, perdidos en nuestros propios pensamientos. Nadie sabe hacia dónde dirigirse, y mucho menos qué hacer o qué pensar. Continúan los registros domiciliarios todas las noches, pero esta casa que en algún momento fue un fluir diurno y nocturno de gente se sume ahora en un sonoro silencio. John Bauman proporciona a Bussey y Steve informes diarios, el capitán viene de forma regular para contarme cómo va la investigación, pero si hay alguna acción, se desarrolla en cualquier otro sitio. La mayor parte del tiempo me acurruco en mi refugio y rezo. Esta casa es el último sitio en el que Danny y yo estuvimos juntos. Me resulta casi inimaginable pensar que en algún momento pueda marcharme.

Pero eso es lo que Bussey quiere que haga. De forma casi desesperada intenta que me concentre más en mi embarazo que en Danny. «Por la salud del bebé, necesitas hacer ejercicio», decide, y así organiza una caminata para Asra y para mí al parque Zamzama, a un par de calles del portal de nuestra comunidad. No hay acera, de modo que tenemos que caminar en hilera a un lado del camino, con dos guardias armados delante y dos detrás de nosotros. Parecemos prisioneros siendo trasladados de celda. De camino pasamos por una madraza, frente a la que un viejo le grita a algunos estudiantes que le provocan. Uno de nuestros oficiales de policía se detiene para intervenir, pero algo le hace retroceder y seguimos avanzando. Cuando llegamos al parque Zamzama, no se les permite a nuestros guardias entrar armados. El parque (bellamente diseñado por la hija de Musharraf) absorbe el hedor de las aguas residuales que inundan las calles cercanas.

Me mareo. Me llevan a casa.

Bussey y Steve creen que a Asra y a mí nos vendrían bien los masajes del Sheraton. Cuando llegamos allí, el director de seguridad se me acerca y comenta bruscamente:

—Mis tripas me dicen que está vivo.

Como si me importase lo que afirman sus tripas. Vuelvo a subir al coche y aquí estoy, de nuevo en casa.

De forma inconcebible, las horas se hacen cada vez más largas. Aún no me permito a mí misma llorar, pero me siento como una presa a punto de ser superada por el torrente de lágrimas que he ido dejando atrás. Para darme fuerzas, hurgo en mi memoria buscando recuerdos consoladores. Pienso en todas las dificultades por las que Danny y yo hemos pasado y en su modo pragmático de hacer frente a los problemas. Rememoro un libro que yo amaba de adolescente, *The Loneliness of the Long-Distance Runner*,[11] sobre una carrera de resistencia y el eterno monólogo interior que mantiene al corredor en movimiento.

Asra y yo yacemos sobre el sofá de su oficina cuando suena mi teléfono móvil. Empleamos ese móvil hace una semana para enviar un mensaje de texto al móvil de Danny: «Danny, te amamos».

Asra mira la pequeña pantalla brillante del móvil. Allí se lee «Danny». Asra atiende la llamada.

---

11. El relato, del escritor Allan Sillitoe, fue publicado en español con el título de *La soledad de un corredor de fondo*, y dio origen en 1959 a la película homónima.

—¿Hola?

—Páseme con la esposa de Daniel Pearl —exige una voz tensa hablando en urdu. Cuando habla en urdu, la gente tiende a emplear o bien un tono servil o bien uno prepotente. En este caso se trata del segundo—. Quiero hablar con ella.

—Muy bien —dice Asra, consciente de que la llamada está relacionada de un modo u otro con los secuestradores—, le pasaré con ella, pero recuerde que ella no habla urdu.

El hombre habla al parecer con alguien más. «Ella no habla urdu», le dice. Luego cuelga el teléfono.

—¡Oh, Dios mío! ¡Qué he hecho! ¡Han colgado! —grita Asra histérica.

—¡Silencio! —le pido—, déjame pensar.

—No, no, está bien, es positivo. Estaban estableciendo contacto —afirma Randall cuando se lo cuento, como si nuestras novedades brindasen siquiera una pequeña luz en la cada vez más negra oscuridad. Es difícil comprender su razonamiento. Nada tiene sentido. Si Danny todavía está vivo, ¿por qué no han llegado nuevos mensajes de correo electrónico, nuevas exigencias? Y si Danny está muerto, ¿por qué sus secuestradores no se jactan de ello?

Llega el capitán y me dice que también su asistente recibió una llamada desde el móvil de Danny. La voz al otro lado del auricular juró que los secuestradores matarían al asistente, a su esposa y a sus tres hijos. Luego colgó. Ahora la llamada misteriosa parece menos cargada de misterio. Los urduparlantes no pretendían establecer ningún contacto. Sólo deseaban soltar una amenaza.

21 de febrero. Me siento en mi refugio. Asra está a mi lado, afligida por el hecho de que el amante no haya llegado aún para una de sus discusiones periódicas pese a que él dijo que estaría aquí hacia las nueve de la noche. Despechada, baja a la sala de estar y

se pone a contarle a Steve su desilusión con los hombres cuando Bussey abre la puerta con precipitación, frenético, desconectando de un tirón los auriculares de su móvil y guardando el aparato en un bolsillo.

—Debemos marcharnos —le dice Bussey a Steve.

Habla demasiado rápido. Steve intenta oponerse, explicando que Asra necesita cuidados, pero Bussey sólo añade «No puede esperar», responde, y ya se han ido.

Algo va mal, eso puedo notarlo. Cuando llego a la sala Asra me describe la carrera de ambos hacia la puerta. Sucede algo malo. ¿Por qué se han marchado sin nosotras?

—Llámales, llámales a todos —digo, y Asra prueba con todos los números de móviles que conoce. Nadie responde. Por fin consigue localizar a Randall. Asra le habla de forma agresiva:

—¡Eh!, ¿qué está sucediendo? ¡No podéis dejarnos de lado!

—¿Quieres que le diga esto a Mariane por teléfono? —le grita él, y cuelga. ¿Decirme qué? Mis manos tiemblan con tal intensidad que no logro atarme los cordones de mis botas *yihadíes*.

—Salgamos de aquí —le pido a Asra. No sé hacia dónde ir (¿al consulado?), pero necesito salir y reunirme con los hombres. Mientras Asra marca el número de Eurocar para que nos envíen un vehículo de alquiler, ellos aparecen en la puerta. Primero Bussey, luego el capitán, Dost, John Bauman, Steve, Randall y un sujeto que no conozco. Es tarde y, recortados contra la negra noche, parecen espectros. El rostro de Bussey está tieso como la cera y exhibe el color blanco de la muerte.

Pasan a la sala de estar. Habla Bussey.

—No sobrevivió —afirma—. Hay pruebas.

Le empujo a un lado. Necesito llegar hasta el capitán, cuyas facciones han adquirido un horrible tono amarillento. Una extraña película cubre sus ojos, ojos opacos y fúnebres que alguna vez fueron negros y brillantes.

—Lo siento, Mariane —dice—. No he podido traerte a tu Danny.

Apoyo mi cabeza sobre su hombro y así permanecemos durante un rato. Cuando alzo la mirada, el capitán está llorando. «Soy un ser humano», me dirá luego, «y no pude controlar mi pesar. Sabía lo que esperaba de mí y yo se lo había prometido. Pero no fui capaz de mantener mi palabra».

Me alejo del capitán y me enfrento a la multitud helada.

—Dejadme sola —les pido, y me dirijo a mi dormitorio. Golpeo la puerta y me pongo a llorar a gritos con todas mis fuerzas. No recuerdo haber gritado así nunca antes. Puedo sentir que estoy gritando pero el sonido que me llega es ajeno, como si todo proviniese del exterior. Sueno como un animal capturado en una trampa.

Asra se agacha junto a mi puerta, fuera de la habitación, y entona un canto de protección musulmán.

Voy al lavabo y golpeo mi cabeza contra la pared. Puedo oír voces en el pasillo, murmullos frenéticos, se preguntan qué deben hacer. ¡Por Dios! ¡Me asfixian! Abro la puerta con fuerza.

—*¡Parad esa mierda!*

Y luego se me ocurre: ¿por qué debería creerles? No creo que sea verdad. No es posible. Empujo al capitán contra el sillón y me siento a su lado.

—¿Cómo sabéis que Danny está muerto? —pregunto sin esperanza, o tal vez desesperada.

—Hay un vídeo.

Pero... Entramos entonces en un campo sobre el que estoy bien informada. De hecho, yo misma he hecho películas.

—¡Capitán! ¿De eso se trata? —advierto—. No os preocupéis. Es sencillo falsificar un asesinato en una película. Cualquiera puede hacer tal cosa. Es un truco de montaje...

—Mariane, Danny está muerto —me interrumpe con voz pesada y conmovida por la pena, como si cada sílaba fuese emitida dolorosamente desde lo más hondo de sí—. Ahora usted deberá mantener sus ideales.

¿Cómo explicar la repentina severidad de su tono? Le miro fijamente, incapaz de comprender de qué está hablando.

—Mariane, es preciso que acepte que él ha muerto.

Me niego a hacerlo y el capitán me lo repite una y otra vez. «Acéptelo, él ha muerto. Acéptelo, él ha muerto. Acéptelo, él ha muerto.» Necesita quebrar mi resistencia.

—¿Cómo estáis tan seguros de que ha muerto? —pregunto dirigiéndome en esta ocasión a John Bauman.

—Los secuestradores tenían un cuchillo, y lo emplearon de un modo que no deja lugar a dudas...

—¿Qué significa «que no deja lugar a dudas»? —le desafío.

—Le decapitaron.

Todos están llorando. Todos y cada uno de ellos. Todo el maldito equipo. Lloran como hombres, sin sollozos, sin torrentes de lágrimas. Pero sus ojos navegan en sus rostros afligidos. No sé con seguridad si lloran por mí (porque me niego a admitir que he perdido a mi esposo de una forma que nadie se atreve a describir) o por Danny y lo que ha debido sufrir.

—¿Todos habéis visto ese vídeo?

Analizo sus rostros y conozco la respuesta sin que nadie la pronuncie.

—¡Mostrádmelo a mí! —estalla Asra—. ¡Quiero verlo!

—¡Ya basta! —exclamo. No deseo ver el vídeo y no permitiré tampoco que lo vea Asra.

El capitán pasa su brazo sobre mis hombros. Ambos temblamos. Empieza a contarme muy despacio lo que le ha sucedido a Danny.

—¿Quién es este hombre nuevo? —le pregunta Asra a Randall, señalando al desconocido que permanece sentado en la sala de estar.

—Un médico para Mariane.

—Haz que se marche —exige ella—. Lo mejor es que ahora no haya desconocidos.

Me siento en un extremo del sofá, con la cabeza erguida, como si estuviese en la línea de salida de una carrera. Bussey se coloca junto a mí. Aunque está pálido como una sábana, me alegro de que me acompañe.

—No sé qué voy a hacer —le confieso.

—No debes apresurarte a hacer nada —aconseja Bussey—. Ve paso a paso, poco a poco.

Pero no me refería a eso. Yo hablaba de decidir si deseo ir a donde sea que esté Danny. ¿Cómo podría explicarle algo así a John Bussey?

—Es como Romeo y Julieta —afirmo—. No puedes separarles. De otro modo, no existiría Shakespeare.

Silencio.

Decido expresarme de forma más directa.

—Ya nada me provoca temor —le digo—. Ni siquiera me asusta morir.

Los ojos de Bussey, ya de por sí abiertos de par en par, se abren todavía más. Mi muerte es lo último que necesita.

Tengo la extraña sensación de ser dos personas a la vez. Una observa la conversación mientras la otra habla. Todo es anormal, en especial la extrema calma con la que me lo he tomado todo. Intento aclararle a Bussey que si deseo morir, será sin amargura. Sé que he hecho cuanto he podido, de modo que será una despedida digna. Saludaré a la vida como un actor que, tras haber pronunciado sus líneas, se inclina hacia la audiencia y se marcha. Le digo a Bussey que semejante decisión no tiene nada que ver con él, que es por completo mía. Yo decidiré si deseo vivir o morir, pero no puedo permitirme a mí misma tolerar una situación intermedia. No quiero andar por la vida como un fantasma.

—¿Crees que de ese modo hallarás a Danny? —me pregunta Bussey.

Mi mente repasa todas las teorías existentes sobre el Más Allá. Es como si esta cuestión metafísica se hubiese vuelto tan real como el aire que respiramos. El budismo enseña que la vida es un ciclo eterno sin comienzo ni fin. Repito internamente la metáfora:

«Nuestras vidas individuales son como olas provocadas por el gran océano que es el universo. El surgimiento de una ola es vida y su caída es muerte. Este ritmo se repite de forma eterna».

—No, no lo creo —le respondo por fin a Bussey.

Bussey parece aliviado, pero yo siento pánico pues jamás pensé que podría quedarme sola. En mi mente, por muy mala que fuese la situación, Danny y yo estábamos y estaríamos siempre juntos.

Randall y los demás se marchan para encontrar a los asesinos. Yo corro tras ellos. Arranco un AK-47 de manos de un guardia y le digo a Randall:

—Voy contigo.

—No puedes —señala Randall—, es demasiado peligroso.

—¡Vete a tomar por culo! ¡El peligro me tiene sin cuidado!

Los ojos de Randall vuelven a cubrirse de lágrimas.

—Mariane, por favor...

Le devuelvo su arma al guardia y regreso a mi habitación.

El capitán se queda conmigo. Coge mi mano y me habla de su hijita muerta.

—Será muy duro para usted —asegura—. Será un golpe terrible. Pero lo superará porque es usted valiente, es una guerrera, podrá lograrlo.

Ignoro cuándo o cómo me duermo. Sencillamente me derrumbo. Al despertar, a la mañana siguiente, estoy sola en nuestra cama. Mi cuerpo se curva hacia adelante, listo para encajarse con su cuchara gemela. Entonces oigo la lluvia. No había llovido desde que llegamos a Karachi, pero ahora diluvia como si hubiese rebosado una cisterna. Seguirá lloviendo todo el día, incluso después de que salga el sol.

Llamo a mi hermano menor, que se encuentra en París.

—Se acabó —le digo.

Satchi reacciona del mismo modo que yo unas horas antes.

—No, no podemos rendirnos, no es verdad. Sólo necesitamos que el mundo entero entone nuestro canto.

En todos los rincones del mundo, los budistas han entonado cantos por nosotros. La mayor parte de ellos pertenecen a la organización internacional budista Soka Gakkai (SGI). La SGI es una red de personas a la vez destacadas y ordinarias, lideradas por Daisaku Ikeda, un luchador por la paz. Sus miembros iniciaron sus cánticos por nosotros de forma espontánea hace algunas semanas y pronto (como en una carrera de relevos en la que has de entregarle un testigo al siguiente corredor) se aseguraron de que hubiese cánticos diarios de apoyo las 24 horas a través de todas las zonas horarias.

Por un instante veo el mundo a través de los ojos de Satchi y le escribo un mensaje: «Seguid adelante, seguid cantando por Danny», pero no bien pulso la tecla para enviarlo sé que todo ha terminado. Es hora de contarle al resto del mundo que Danny ha muerto.

A mi adorada madre le aterrorizaba morir. Cuando por fin comprendimos que el cáncer la mataría, supe que debía ayudarla a superar sus temores. Pero también fui consciente de que, mientras ella afrontaba este proceso que sólo podemos experimentar en soledad, sería imposible calmar sus miedos hasta no haber controlado yo los míos.

Mamá murió exactamente un mes después de que Danny y yo nos casáramos. Cuando la vida abandonó su cuerpo estábamos a su lado, Danny, Satchi y yo. Nos brindó una última fugaz mirada, casi con expresión de alivio, y sentí que mi propia energía se elevaba con la suya. La miré, sorprendida de seguir con vida. Alcé los ojos hacia el techo mientras imaginaba a mi madre flotando en algún lugar sobre nuestras cabezas y absorta al vernos congregados ante su cuerpo vacío. Sonreí ante la expresión preocupada de las enfermeras que entraron a toda prisa en la habitación. Besé los labios de mi madre, aún calientes.

Unas pocas semanas después de la muerte de Marita, descubrí que mi madre no nos había legado ningún bien material. Ni muebles, ni dinero, ni posesiones... sólo un deseo. Lo encontré en un bloc escolar, donde explicaba el motivo por el cual había destruido todos sus diarios previos: «Mi monólogo ya ha durado bastante». El resto del bloc estaba en blanco, con excepción de una página, escrita en español, que de inmediato traduje para Danny: «Debo ir a Santiago [de Cuba]. Debo ir allí para ver a alguien. ¿A quién? No lo sé. Podría ser un hombre o una mujer. Quizá un niño o un paisaje. ¿Una calle? Un árbol o una montaña. De cualquier modo, hoy tuve la convicción de que hallaré allí lo que me falta para ser feliz. Quizá sea una canción, o quizá sólo sea "la casa de la Nueva Trova" con mis pequeños amigos músicos de negra piel que han comenzado a interesarse tanto por los dólares».

Un mes más tarde estábamos en el aeropuerto (Danny, mi madre en su urna y yo) a punto de partir. Mamá ocupaba una caja metálica azul con una elegante tapa provista de un anillo de hierro para cerrarla. Danny y yo estábamos asustados, sin saber cómo comportarnos ante esta nueva versión de Marita. Danny rompió el hielo. Colocó la caja sobre mi escritorio y empezó a explicarle que los tres llegaríamos pronto a Santiago de Cuba, donde esparciríamos sus cenizas en la primera mañana del nuevo milenio. Le habló como se le habla a un niño, con una sonrisa en la voz. Supe que ella adoraba sus palabras. Como yo no estaba muy segura de qué más hacer, decidí escribirle a mi madre una carta.

Mami:
Hemos tenido que convertirte en cenizas. Satchi lo prefería. Ya sabes cómo detesta los gusanos, esas repugnantes criaturas que espe-

234

raba devorarte. Así que deseo que sepas que de ningún modo permanecerás en el cementerio de Père-Lachaise, donde tu alma vagaría entre enormes piedras y tristes luces. Danny (el ángel que tengo por esposo) y yo estamos llevándote de regreso a la Cuba a la que perteneces. Todavía no he decidido el sitio exacto. Me agradaría que aparecieses en mis sueños y me orientases. También serás bienvenida si me visitas durante el día.

La funcionaria de la aduana cubana era una mujer amarga que exigió a gritos una autorización de entierro antes de permitirnos entrar en el país. Probablemente estuviese convencida de que mi madre era una traidora arrepentida que, tras haber abandonado Cuba, pretendía descansar allí eternamente. No tuve fuerzas para explicarle cuán legítimo era que mi apolítica madre desease yacer en esta tierra. Ella *es* Cuba, pensé sin decir nada en voz alta. Hablando un español de dibujos animados, Danny se hizo con la situación. Sobre todo con gestos, le describió a la mujer que su suegra no sería enterrada. Ondeando sus brazos con entusiasmo intentó imitar el vuelo de las cenizas. La funcionaria se rindió y nos permitió entrar en la isla.

Durante los dos días siguientes llevamos a mi madre a todos lados. Le servimos un cóctel cubano en La Casa de la Trova, donde conocimos a los músicos que Marita mencionaba en su carta (y que se mostraron interesados por los pocos dólares que les legamos). Celebramos la víspera de Año Nuevo junto a algunos otros músicos amigos de mamá. Cada vez que alguien nos decía cuánto echaba de menos a Marita, Danny señalaba la caja y decía: «Bien, pues de hecho ella está aquí mismo».

El 1 de enero de 2000, Danny se puso sus pantalones cortos favoritos y una de sus ridículas camisetas con la imagen de Mr. Bubble. Yo, un vestido de playa púrpura. Estábamos tan habituados a llevar nuestra caja que ni siquiera pensamos en vestirnos para la gran ocasión. En nuestro coche de alquiler recorrimos las afueras de Santiago hasta hallar un glorioso árbol en lo alto de una colina. Un solitario algarrobo dominando el paisaje rodeado de palmeras reales.

Danny intentó abrir la urna de Marita, pero la caja estaba sellada. Mientras él luchaba por liberar a mi madre de su prisión metálica en este ambiente magnífico y desierto, la Providencia puso a un campesino en nuestro camino. Allí estaba, descalzo, con una gorra, una enorme sonrisa y un machete. La hoja filosa que él empleaba para cortar caña de azúcar demostró ser al fin más fuerte que la tapa de nuestra urna.

Danny sacó su violín del estuche y, al tiempo que yo lanzaba los restos al viento, comenzó a interpretar la canción favorita de mi madre, *Chan Chan*, una melodía folclórica tradicional. Su carne se había convertido en cenizas y sus huesos quemados eran ahora pequeñas piedras livianas como la gravilla. Una vez que Danny acabó la canción y la urna estuvo vacía, me senté contra el tronco del árbol y lloré.

Satchi llega a Karachi acompañado de dos cónsules, uno francés y el otro estadounidense, ambos lo bastante amables como para recogerle en el aeropuerto en mitad de la noche. Satchi deja caer su maleta y me abraza. Los dos lloramos y dormimos uno al lado del otro por primera vez desde que éramos niños.

Cuando me despierto a la mañana siguiente, la calle Zamzama vibra con el balido de las ovejas. Es Eid-ul-Adha y se conmemora la voluntad de Abraham de sacrificarlo todo por Dios, incluyendo a su hijo Ismael. Dado que Dios cambió al final la muerte de Ismael por la de una oveja, aquí hacen lo mismo. Debo confesar que, aunque creo en las festividades y adoro la carne de cordero, los gritos de las víctimas son deprimentes. Muy a nuestro pesar descubrimos que nuestros vecinos tienen su futura cena atada en el patio trasero de nuestra casa. Satchi está recibiendo un curso sobre la vida en Karachi que es casi un tratamiento de choque. Tras visitar a Kashba y a sus parientes en el exterior del cubículo que hace para ellos las veces de hogar, debo convencerle para que no les invite a todos a nuestra casa junto con la oveja condenada.

Satchi es un concentrado de calor humano, y si bien todavía conserva el estupor de la fatiga y es apenas capaz de distinguir la realidad de la pesadilla, no se olvida de abrazar a Bussey, el capitán, Dost y a todos aquellos «que han cuidado tan bien de mi hermana».

Oh, la oveja... Desde el balcón en el que almorzamos, se oyen cada vez menos y menos balidos.

—¡Nuestros vecinos ya deben de estar cortándole las orejas al animal! —señala radiante Shabir.

Bussey aventura una definición personal de la tradición: una fiesta musulmana que consiste en comprar una oveja, domesticarla y demostrarle cariño antes de sacrificarla.

Cuando entro a la cocina en busca de un poco de café, Bussey coge a Satchi por el hombro.

—Debes hablar con ella de inmediato —le dice.

Bussey teme que me sacrifique a mí misma.

Mi hermano y yo mantenemos una conversación mucho más profunda de lo que yo jamás pensé que pudiera serlo un intercambio verbal. Todavía no he tocado las pertenencias de Danny en el dormitorio. Es allí, echados sobre la cama, rodeados de aquellas pequeñas cosas que hacen a Danny tan dolorosamente vivo, donde Satchi y yo discutimos lo esencial. Definimos por qué merece la pena vivir y por qué merece la pena luchar. Hablamos mucho sobre la muerte, sobre ganar batallas y sobre el precio que debe pagarse para llegar hasta allí. Hablamos sobre metas y temores. Sobre nuestra madre, nuestro padre, los dos niños de Satchi y mi propio hijo.

Hablamos sobre Danny. Sobre lo que dijo cuando tocó el violín en el funeral de nuestra madre: «La única manera de hacer feliz a Marita es haciendo feliz a su hija». Y casi la única forma que tengo para confirmar la victoria de Danny sobre el espíritu es proseguir mi vida y esforzarme por volver a ser feliz.

Sin importar lo que ocurriese, Danny solía bromear: «No pierdas tu sonrisa, ¿vale? Nos volveremos calvos, gordos y viejos, pero no debes perder esa sonrisa».

Esa frase rebota en mi cerebro. ¡Qué increíble desafío! Ignoro si podré volver a ser feliz. Parece una cima demasiado alta como para que yo pueda escalarla. Rendirme sería mucho más sencillo. Pero sé que es precisamente por eso por lo que debo seguir adelante.

También sé que si los terroristas matan en mí el deseo de vivir, entonces Danny habrá sido derrotado. Y eso estaría mal. Él no bajó en ningún momento la cabeza ante esos hombres. Ellos obtuvieron su cuerpo, pero no su espíritu. No puedo permitir que destruyan el mío. En ese desafío, Danny y yo seguiremos juntos para siempre.

Y nuestro hijo está vivo.

—Si te suicidas, matarás al bebé —advierte Bussey como si hubiese experimentado una gran revelación. Sus palabras me ayudan a ver que no me queda alternativa. Pues si yo vivo, el bebé vivirá, y si ambos vivimos, Danny vencerá.

Quizá la elección no sea entre vivir y morir. Quizá sea entre la victoria y la derrota. Cuando se trata de seguir adelante, de vivir, no hay ningún punto intermedio. Hablando con Satchi llego a comprenderlo. Gracias a mi hermano vuelvo a ponerme en pie. Doy el primer paso en esta batalla para derrotar la oscuridad absoluta que nutre a los terroristas: llamo a la oficina de Musharraf. Le digo a su secretario que el presidente y yo deberíamos reunirnos.

Danny intentó escapar.

En los meses siguientes me enteraré de que los secuestradores lo retuvieron en una choza aislada en una zona situada al norte, en los alrededores de Karachi, lejos de cualquier camino, lejos de cualquier transeúnte accidental. Cuando le desencadenaron para que utilizase el lavabo intentó escapar escurriéndose por un respiradero. Tras ser capturado y conducido de regreso a su prisión, le encadenaron al motor de un coche, demasiado pesado como para arrastrarlo. En otra ocasión trató de fugarse mientras caminaba por el lugar junto a sus captores. Oyó entonces a un vendedor ambulante ofreciendo verduras de puerta en puerta y gritó pidiendo ayuda. Acallaron sus gritos, ya sea amenazándolo con una pistola o tapándole la boca. Cuando sospechó que su comida podría estar drogada, no comió durante dos días. Sólo accedió a volver a comer después de que uno de los guardias probase un bocado del bocadillo que le habían dado.

En ocasiones, al pensar cuán asustado debió de sentirse, me sobreviene un malestar físico. Pero no le torturaron. No le golpearon de forma salvaje. Le alimentaron, aunque no mucho. Quien le llevaba su comida era Naeem Bujari, el intermediario entre las dos células (la célula de Omar y la que tenía cautivo a Danny). Naeem ha contado con gran poder en Karachi. Líder de una rama local de Lashkar-e-Jhangvi, era buscado por la policía incluso con anterioridad al secuestro de Danny. Se le relacionaba con el asesinato de decenas de musulmanes chiíes. Naeem estaba con Omar en el aeropuerto de Karachi el 21 de enero y fue uno de los hombres que se reunió con Omar bajo el puente Baloch al día siguiente. El 23 de enero, cuando forzaron a Danny a subir al coche en el hotel Metropole, fue Naeem quien, montado en su moto, les guió sin piedad hasta el sitio donde sería confinado.

Los hombres que custodiaban a Danny hablaban muy poco inglés y ni él podía comunicarse con ellos ni ellos con él. Supongo que por ese motivo no se percataron de lo que Danny hacía con sus dedos cuando le tomaron las fotos con la Polaroid (indicar la señal de la victoria con una mano y humillar a sus captores con la otra). Y no pudieron controlar el espíritu y la valentía que mostraba su rostro.

Luchó hasta el final. Según me contaron mis amigos, en el

vídeo Danny dice: «Mi padre es judío, mi madre es judía, yo soy judío». Sí, es evidente que se le indicó que dijese eso, del mismo modo que se le ordenó denunciar la política exterior estadounidense y, probablemente, mencionar que su padre procede de una familia de sionistas. Después de todo, su padre se trasladó a Israel en 1924.

Pero he aquí cómo sé que Danny siguió invicto hasta el fin. Dice durante el vídeo: «En la población de Benei Beraq, en Israel, hay una calle llamada Chaim Pearl Street, que recibió su nombre en memoria de mi tatarabuelo, que fue uno de los fundadores de aquella población».

Ésa no es una información que pudiesen conocer sus captores ni que le hubiesen forzado a pronunciar ante las cámaras para sus fines de propaganda. La elección de esas palabras y la decisión de pronunciarlas era atribuible puramente a Danny Pearl. Eran su forma personal de desafío. En esencia, estaba diciendo: «Si vais a matarme por quien soy, entonces hacedlo, pero no conseguiréis *poseerme*». Danny dijo eso para mí, para nuestro hijo y para sus padres. Lo dijo para que lo sepamos. Para que conservemos nuestro orgullo y sigamos adelante. Sus palabras acerca del pasado iban dirigidas a crear el futuro.

No supo hasta el mismo final que iba a morir. De acuerdo con las autoridades, alrededor del 1 de febrero un fabricante de prendas de vestir llamado Saud Memon, propietario del terreno, apareció en la choza junto a tres nuevos sujetos (que hablaban árabe y eran seguramente yemeníes). Más tarde me enteré de lo que se cree que sucedió mediante un artículo que escribió Steve para el *Journal*:

> [Naeem] Bujari ordenó a todos los guardias salvo a uno que salieran de la choza y dejasen a los hombres arabeparlantes solos con el señor Pearl [...]. El guardia que siguió en su puesto [...] era un empleado del señor Memon llamado Fazal Karim. El señor Karim, que sabía un poco de inglés, le contó luego a la policía que al me-

nos uno de los visitantes se comunicó con el señor Pearl en un lenguaje que el guardia no pudo comprender. El señor Pearl, que podía hablar francés y hebreo, respondió con un arrebato de ira, el primero de cierta importancia desde su captura.

Después de que se calmara el intercambio, uno de los visitantes encendió una cámara de vídeo y otro le hizo al señor Pearl preguntas sobre su origen religioso. Al menos un periódico paquistaní importante había informado por entonces de que el señor Pearl era judío. Tras la declaración filmada del señor Pearl, donde describió en qué parte de Estados Unidos había sido criado, su ascendencia religiosa y su compasión por los individuos capturados por Estados Unidos en Afganistán y retenidos cautivos en la bahía de Guantánamo, al señor Pearl le vendaron los ojos y fue asesinado.

Esperamos en vano durante tres semanas antes de enterarnos de su muerte: eso fue lo que tardaron en editar el vídeo del suceso. Para cualquiera que haya visto las cintas de Osama Bin Laden, en especial su película festiva difundida poco después del 11 de septiembre, el estilo del vídeo le parecerá muy similar. Detrás de la voz principal (en este caso la de Danny), se emite un montaje de imágenes de varios conflictos: tomas de niños heridos, ruidosas explosiones. Pero en oposición a los vídeos de Osama, éste concluye con la muy gráfica y salvaje carnicería de mi esposo.

Lo primero de lo que privaron a Danny los secuestradores fue de su voz. Nada de teléfono, ni bolígrafo, ni ordenador. Aun así, cientos de miles de personas en todo el mundo no sólo le respaldaron como uno de los suyos sino que comprendieron con exactitud quién era Danny, qué estaba haciendo y por qué. Sus asesinos intentaron reducirlo a un símbolo (un judío, un estadounidense). Pero la gente percibió, de forma milagrosa, cuán encantadoramente tonto podía ser y cuán brillante era como periodista. Sus lectores le estaban agradecidos. Podían asegurar que era un maravilloso amigo, dueño de un espíritu generoso. Gracias a lo que despertó en la existencia y en los corazones de las personas, la vida de Danny brilla aún más, mientras que las de sus asesinos se marchitan en la oscuridad.

Y añado otro motivo por el que afirmo que Danny venció: aunque herida de gravedad, he sido capaz de volver a ponerme de pie. Danny perdió su vida, pero incluso así obtuvo una amarga pero concluyente victoria.

Ya no tengo motivos para permanecer en Karachi. De hecho resulta peligroso para mí, pero la idea de irme de Pakistán sin Danny representa una tortura. No quiero quedarme pero no quiero partir.

Bussey intenta presionar a Asra.

—Si su bebé nace aquí, se te hará responsable de ello —le dice.

—¿Y cuál es el problema? —responde Asra—. 140 millones de personas han nacido aquí.

Su razonamiento escapa a la mente de Bussey. Me sacarán de Pakistán esté yo preparada o no. Pero antes de marcharme quiero dirigir unas palabras a los habitantes de este país. Deseo dejar claro que no les culpo por lo que ha sucedido. Deseo compartir con ellos lo que he aprendido sobre una amenaza que nos concierne a todos: el terrorismo en su forma más desesperada. Y espero poder explicarles por qué estoy convencida de que el espíritu de Danny sigue vivo.

Para mi primera aparición pública desde que se me comunicó que Danny había sido asesinado elijo la CNN, pues esta cadena puede ser vista desde todos los puntos de Pakistán. Me entrevistará Chris Burns, que se ha encargado de cubrir el secuestro. Me he preparado a conciencia, sé cuál es el mensaje que debo ofrecer. Más tarde, recordando este programa, Satchi escribirá lo que sintió mientras escuchaba el reportaje: «Entonces comprendí por fin lo que Mariane quería decir cuando afirmaba que "Danny no está muerto". Era evidente que Danny le había transmitido a ella su fuerza, su coraje, su corazón y su hijo. A pesar de su inmenso dolor, no estaba dispuesta a darse por vencida; ella les gritó a sus secuestradores: "¡Habéis sido derrotados! ¡Habéis matado su cuerpo pero no habéis matado su alma ni por un instante, ya que ahora su alma fluye a través de mí!". Mi hermana es una de esas personas entregadas en cuerpo y alma a cambiar el mundo tanto como les sea posible».

Cuando Bussey, Satchi y yo salimos del ascensor de la 11.ª planta del hotel Sheraton, una presentadora de noticias de la CNN se aferra a mí, coloca sus brazos alrededor de mi cuello y me abraza tan fuerte como puede, dada la barrera que impone mi vientre. Es Connie Chung, que ha volado desde Estados Unidos para convencerme de que aparezca en su programa. Separándose de mí, me entrega una carta que me ha escrito y pregunta si puede participar en mi entrevista con Chris Burns.

Mientras me preparo, Chung investiga por allí y averigua el nombre de mi hermano. Le resulta arduo asimilar que el apellido de mi hermano (cuyo aspecto es ligeramente árabe) sea «van Neyenhoff» y que posea la ciudadanía holandesa.

Bussey divide su atención. No sabe bien hacia dónde mirar, si en dirección a Connie Chung o a lo que sucede en el estudio.

Burns y la CNN se han manifestado de acuerdo con los parámetros de la entrevista. Les he advertido que no aceptaré discutir los detalles específicos de la muerte de Danny, y ellos dijeron que lo comprendían. Con todo, al final de nuestra charla Burns se inclina hacia mí con avidez.

—¿Ha visto usted el vídeo? —me pregunta.

¿Con qué palabras podría explicar cómo me sentí?

—*Vous n'avez donc aucune décence?* («¿No tiene usted decencia alguna?») —le espeto en francés, lengua que sé que Burns habla—. Después de todo lo que le he explicado, ¿aun así me formula esta clase de pregunta? ¿Ha estado escuchando lo que yo le decía?

Chris Burns murmura una excusa. Pero es mi turno para no escucharlo.

—Pareció como si le hubiesen golpeado juntos Mohamed Alí y Mike Tyson —me dice Satchi cuando salimos del estudio.

Connie Chung nos sigue por el pasillo y rodea con sus brazos el cuello de mi hermano.

—Lo siento, lo siento *tanto* —dice ella, y apretándole todavía con más fuerza le susurra al oído–: ¿Tienes un segundo nombre?

Satchi está aturdido y se la quita de encima. No da crédito a lo que ven sus ojos cuando nuestro ascensor llega a la planta baja y, tras abrirse las puertas, nos ataca una manada de periodistas y fotógrafos. Bussey se apresura a cerrar las puertas y nos lleva a la segunda planta, donde el administrador del hotel, vestido de negro, nos conduce a través de las cocinas hasta el ascensor de servicio. Que se atasca. Una vez liberados, atajamos por la lavandería y entramos en otra sala del sótano de uso desconocido y, por fin, en el aparcamiento. Allí nos espera un coche.

—¡Muy bien, tío! —le dice Bussey al chófer—. ¿Has visto alguna vez esas películas de televisión en las que los policías persiguen a los bandidos, los neumáticos se queman sobre el pavimento y todos van *a gran pero gran* velocidad? ¡Eso es lo que debes hacer! ¡Adelante!

El conductor está muy contento por poder colaborar. Acelera a un ritmo tal que casi atropella a los periodistas congregados frente a la salida del hotel.

—¡Sssíííí! —exclama Satchi.

Steve ha hecho un detallado plan de compras y recados que deben efectuarse en Karachi. Su listado es tan largo como su brazo (recoger los billetes de avión, comprar candados para las maletas y recompensar con dinero a los guardias del exterior de la casa), y con la prisa ha cometido un grave error: se ha negado a detenerse en McDonald's para complacer a Asra.

—No tenemos tiempo —le grita cuando ella manifiesta sus deseos.

Cuando Steve cierra la puerta del coche, Asra deja escapar un lamento:

—¿Lo veeees? ¡No le agrado a *nadie*!

Un grito tan desgarrador podría conmover incluso al hombre más frío del mundo. Asra sube a toda prisa las escaleras de casa mientras los hombres la miran con pena y desconcierto desde la sala de estar.

—¿No lo comprendéis? —les digo—. ¡Está embarazada!

Bussey se dirige rápido a la cocina y, en una acción valiente y audaz, entra luego en la habitación donde Asra yace en el suelo bañada en lágrimas. Cuando está a un brazo de distancia, le entrega un plátano. Asra sonríe. Luego Steve abre la puerta con un menú especial n.º 1 de McDonald's. En ese preciso instante llama Musharraf por el teléfono fijo, aquel que habíamos reservado para Danny. Musharraf es cálido y se preocupa por mi bienestar, por nuestro bienestar.

—Deberíamos vernos —le sugiero.

—¿Desea venir a verme? —pregunta, y yo le digo que sí. El mundo parece haber enloquecido por completo.

Asra ha estado haciendo las maletas. Sólo con sus cosas ha llenado seis enormes bolsas con aspecto tercermundista. También guardó las cosas de Danny: sus camisetas tontas y sus singulares corbatas, sus tebeos, una zapatilla de tenis (Danny se las arregló para perder la otra) y el estuche lleno de etiquetas que contiene su mandolina.

En nuestra última noche invito a todos los hombres que nos ayudaron a buscar a Danny. Randall trae de la comisaría del consulado estadounidense cerveza y vino de mala calidad para quienes no son musulmanes ni están embarazadas. Yusuf el chef prepara canapés que nadie come. Y allí están, por supuesto, Dost y el capitán, Jameel Yusuf y Randall Bennett, Tariq Jameel y John Bauman, el agente del FBI John M. y John Bussey, Asra y Steve, Zahoor. Todos parecemos más viejos, con surcos grises imborrables bajo nuestros ojos y una mezcla de ira y pesar en los corazones. Pero todos vamos bien vestidos, como corresponde a una ceremonia.

Nos reunimos en un círculo y por un instante permanecemos sentados en silencio. Nadie se siente incómodo pues todos compartimos algo que ninguno puede expresar. Dost junta sus manos como si rezase y da la impresión de que estamos a punto de pronunciar un juramento conjunto. Nuestro silencio es denso como la pena, el amor y el desafío.

Por fin recupero la voz.

—Vosotros sois los hombres más valientes que jamás haya conocido. Habéis ido sin dudarlo directos al infierno, donde reina la más profunda oscuridad, porque odiáis la injusticia, el racismo y la tiranía. Lo habéis hecho por Danny, por mí y por nuestro hijo. Pero también por el resto del mundo. Estáis en la vanguardia de la lucha contra el terrorismo y, aun así, nadie sabe cuán valientes sois. Nadie ve cómo vuestra decisión de combatir esta siniestra amenaza para la humanidad os hace brillar a cada uno en tanto individuos.

El capitán ha dejado de mirarme. Lucha por no derramar sus lágrimas. Creo que está orgulloso de mí. Quiero que él sepa (quiero que todos ellos sepan) cuán orgullosa estoy de ellos.

—Os he convocado para agradeceros el haber compartido vuestras lágrimas conmigo y también para deciros que le hablaré al mundo de vosotros. Primero le hablaré a los presidentes, y luego a la gente corriente. La gente necesita saber la verdad —prosigo—, y si pretendemos poner fin al terrorismo, los terroristas deberán enfrentarse a oponentes tan decididos como ellos mismos. Todos vosotros lo sois. Todos nosotros lo somos.

Observo con detenimiento sus bellos rostros, hinchados y marcados por el cansancio y la angustia, e intento grabarlos en mi memoria para el resto de mis días.

—Os he reunido aquí —les digo— para que sepáis que sin gente maravillosa como vosotros a mi alrededor, llegado este punto ya no tendría ninguna esperanza. ¿Y cómo es posible que alguien viva sin esperanza?

Se escucha un estruendo en el pasillo y todos nos quedamos congelados. Entonces descubrimos quién lo ha provocado: Kashva (que por lo general se permite vagar por nuestras habitaciones) ha dejado caer uno de sus tesoros. Contempla con espanto a la gente mayor y enseguida se pierde de vista. El capitán sonríe, primero a la niña, luego al resto de nosotros. En sus ojos distingo esa extraña combinación de dolor, orgullo y solemne dignidad que todos compartimos.

11

Nos marchamos de Karachi como las sombras que serpentean en la oscuridad de la noche. Desde la marcha de Danny, Nasrin había evitado cuidadosamente ordenar sus pertenencias en nuestra habitación. Pero ahora todo lo que había esparcido (los tebeos, los cables para conectar esto aquí y esto allá, el calcetín solitario) ha sido respetuosamente guardado en maletas. Nasrin hace nuestra cama como si pretendiese ignorar que nadie la ocupará esta noche.

La conmoción ha minado y restringido mi capacidad para ver con claridad. Luchando por concentrarme, me sorprende descubrir que siguen estando aquí los accesorios de mi tragedia. El reloj cronómetro de golf en el que el martilleo de los segundos marcaba con una nueva herida la ausencia de Danny. La silla tallada donde me mecía interminablemente, calmando al bebé mientras esperaba a Danny. El esquema en la pared que Asra plegó con la misma ceremonia con la que se pliega la bandera de un héroe caído.

Recurro al poeta romántico francés Alphonse de Lamartine a fin de hallar palabras de despedida para esta casa que deseo no ver nunca más y de la que tanto me cuesta marcharme.

> Objets inanimés, avez-vous donc une âme
> Qui s'attache à notre âme et la force d'aimer?

(Objetos inanimados, ¿poseéis acaso un alma
que se adhiera a nuestra alma y la fuerce a amar?)

La nuestra es la única casa de la calle Zamzama con las luces encendidas. Todas las maletas, incluidas las de Danny, se encuentran alineadas en perfecto orden junto al porche. Asra tiene seis sólo para ella, pero la verdad es que, salvo por sus pocos pares de pantalones Nike, la mayoría sólo contienen papeles de la investigación y pruebas (60 carpetas de archivos, una gran pila de recortes de periódicos, cuadernos y algunos libros esenciales).

Satchi ha desaparecido, pero le encontramos subiendo y bajando a pie la tenebrosa acera mientras estrecha las manos de los guardias. Les agradece con generosidad, cubriendo sus manos con las suyas como para darles calor. Bussey le divisa y estalla en carcajadas.

—¡Mirad a Satchi! —advierte—. ¡Debería postularse para alcalde!

Unos minutos después nuestro convoy se pone en marcha, seguido por las luces rojas de nuestra considerable escolta policial. John Bauman lidera la ruta en su 4x4 negro con matrícula diplomática. De forma imprevista, Bauman no se presentó pese a que lo había prometido: se quedó dormido. Pero no más de diez minutos después de que le telefoneásemos ya estaba en casa (un poco mareado por la fatiga pero limpio y vestido con un traje bien planchado, camisa blanca y corbata). Nuestra tristeza nos hace sentirnos tímidos y vulnerables, y a fin de eludir una conversación real, nuestro equipo de luto apuesta sobre si el cónsul habrá dormido o no con la ropa puesta.

Cuando miro al exterior por las ventanillas del coche, me alivia comprobar que antes del amanecer las calles de Karachi, silenciosas y vacías, ni siquiera me resultan conocidas.

Primera parada: Islamabad.

En el palacio presidencial de Pervez Musharraf, los guardias de ceremonias visten *kolas*, capas parecidas a turbantes con punta y forma de cúpula. Clavan su mirada en Bussey, Asra, Steve, Satchi y yo, que ascendemos por las alfombras rojas de las escalinatas. Se nos hace pasar a un vasto salón con altos techos y muebles de estilo victoriano. Nos invitan a sentarnos en sillas de terciopelo rojo, pero están dispuestas a tanta distancia unas de otras que no nos permiten conversar en voz baja. Por eso, paso el rato analizando un enorme retrato de Quaid-e-Azam Mohamed Alí Jinnah, fundador de la nación paquistaní, que fue conocido alguna vez como el embajador de la unidad hindú-musulmana. Tras unos minutos nos llevan a una sala de recepción donde nos espera el presidente Musharraf. De baja estatura, aunque con un inconfundible aire de autoridad, Musharraf viste un *chirwani*, la prenda tradicional paquistaní. Cada silla lleva una tarjeta con uno de nuestros nombres. El de Asra está mal escrito, con una zeta en lugar de la ese.

Demasiado complicado para los servicios de inteligencia, puedo oír que piensa Asra.

Envuelta en el chal de Danny, vistiendo mis pantalones verdes y mis botas de combate, me siento como una guerrillera embarazada de gira diplomática.

—Supongo que habrá conocido a paquistaníes moderados durante su estancia aquí —me dice el presidente Musharraf.

—Sí —le aseguro—, sé que no todos los paquistaníes son secuestradores y asesinos.

El presidente nos sirve almendras tostadas con miel, las mejores que yo nunca haya probado. Le observo más de lo que le escucho. Sin duda vive un conflicto interior: siente una pena real por mí pero sigue furioso con Danny, y prefiere creer que mi esposo ha sido responsable de su destino. Intento preguntarle a Musharraf sobre el ISI y la desaparición de Omar en la semana del 5 de febrero. Él, en cambio, se embarca en una discusión sobre los enormes problemas que afronta Pakistán: Cachemira, la India, los *yihadíes*, Afganistán, la pobreza, el analfabetismo.

Cuando Musharraf acaba, le hablo del capitán.

—Usted cuenta con hombres espléndidos —afirmo—. Es importante que sus esfuerzos no sean en vano.

Mientras digo aquello sobrevuela mi mente una idea: ejecutaron a Danny, pero de algún modo Musharraf era aquel a quien querían matar.

—También yo estoy en el punto de mira de sus armas —explica Musharraf, como si hubiese leído mi pensamiento.

Asiento.

—Hallaremos a los asesinos —promete Musharraf, y nos incorporamos para marcharnos.

Vuelvo a asentir.

Volamos esta tarde marchándonos de aquí rumbo a París, y todavía no sé dónde se encuentra Danny. Soy un alma errante en busca de su propio cuerpo.

Bussey se ha esforzado para coordinar los vuelos. Pretende que este viaje sea el más seguro de todos los que hayamos hecho. Sólo hay un tramo que se escapa del control de Bussey: para ir de Islamabad a Dubai deberemos coger un avión de Shaheen Air, la única aerolínea en esa ruta que se ajusta a nuestra agenda. Por lo general, Shaheen Air transporta a trabajadores paquistaníes a los Emiratos Árabes Unidos, donde cubren la incesante demanda de mano de obra barata inmigrante.

Un autobús nos conduce a la escalinata del avión. Cuando lo abordamos, Bussey echa una mirada hacia atrás con evidente alarma. Los tres pilotos, todos provenientes de la ex Unión Soviética, o bien no han dormido desde hace dos semanas o tienen una fuerte resaca que les ha transportado a una nueva dimensión de la existencia. Subimos de todos modos.

Somos pasajeros *de primera clase*, lo que significa que la primera hilera de asientos de la aeronave ha sido reservada para nosotros. Bussey mira a su alrededor en busca de *equipos* de peritaje. El avión está repleto de hombres barbudos de aspecto *yihadí*, con la mirada fija y mudos como tumbas.

—Es maravilloso, maravilloso —dice Bussey, y se vuelve hacia Satchi—. ¿Cómo es ese refrán que tenéis los budistas? *Nam Myo...* ¿qué más?

En Montmartre me oculto en el pequeño refugio parisino de Danny y mío. Es un buen sitio para estar bajo tierra. Los vecinos son notablemente indiferentes a cualquier cosa que no sean los impuestos y la información meteorológica. Busco alguna sensación de realidad en la cual hundirme. Tanto mis maletas como las de Danny siguen en medio de la sala, cerradas; ni siquiera las he tocado.

No deseo hablar con nadie, salvo quizá con el presidente Jacques Chirac. Hay cosas que quiero decirle. Siento una necesidad incontenible de recordarle que ya es hora de que Europa deje de considerar el terrorismo como una cuestión bilateral entre Estados Unidos y el mundo musulmán. Ya es hora de que acepte que el terrorismo tiene tantas raíces en Europa como en el resto del mundo.

Concertamos una cita, el presidente y yo.

En su destartalado coche, Satchi nos conduce a Bussey, Asra, Steve y a mí al Palais de l'Elysée. Es tarde y cuando llegamos al palacio ya se ha marchado todo el gabinete presidencial, con excepción del portavoz y del propio Chirac.

El presidente es muy alto, atractivo y cálido. Desea saberlo todo: qué clase de persona era Danny; a quién representaba Gilani; cómo se comportó el servicio de inteligencia paquistaní. Está preocupado por mí (cómo estoy atravesando mi dolor, si tengo dinero suficiente para hacerme cargo de mi bebé). Fuerza a Satchi a prometerle que le avisará si yo necesito algo.

Cuando concluye nuestra reunión, Jacques Chirac decide que el encuentro debe ser inmortalizado con una foto oficial. Pero no hay ningún fotógrafo disponible. *Pas de problème.* El presidente sale de la sala, regresa con su propia cámara instantánea y nos guía con mano experta en la coreografía de una serie de retratos oficiales. La viuda y el presidente. La viuda, su hermano y el presidente. La pandilla del *Wall Street Journal* y *le president*. Bussey, Asra y Steve hablan poco o nada de francés, y a ninguno de nosotros le agrada demasiado posar, pero la dirección entusiasta del presidente nos divierte.

Asra está al teléfono suministrando información al jefe de asesores de la primera dama Laura Bush.

—Nos encontramos en el 18.º *arrondissement* de París, casi en la cima de la colina de Montmartre. Le advierto que es en verdad difícil hallar por aquí un sitio donde aparcar.

—Gracias, lo tendremos en cuenta —responde el hombre.

Ayer nos enteramos de que Laura Bush desea visitarnos. Todavía no me siento capaz de recibir visitas, pero me pareció absurdo declinar la petición de una primera dama. ¿Qué se da de comer a una primera dama?, nos preguntamos. ¿Pan y queso? ¿Aceitunas y vino? *Une tarte aux pommes*?

Decidimos reunirnos con Laura Bush en el pequeño piso, a dos calles de distancia, que hemos alquilado para hacer las veces de oficina. Hay allí menos alboroto que en mi propio piso.

—¿Cómo se le habla a una mujer como ésa? —consulto a Asra, pero enseguida corrijo la pregunta—: ¿Cómo se le habla a cualquier mujer?

A pesar de nuestros embarazos (ya he adquirido ahora las dimensiones de un bebé elefante) no nos hemos topado con ninguna otra mujer en lo que nos parece un periodo realmente largo. Ya hace dos meses que cambiamos de continente, pero lo cierto es que todavía no hemos podido alejar nuestras mentes de Pakistán: nuestro mundo sigue siendo tan insular e intenso como antes. Omar Shaij y sus tres cómplices están siendo juzgados por el tribunal antiterrorista de Pakistán. Pasamos los días siguiendo con atención el desarrollo tanto del juicio como de las investigaciones referidas a quienes todavía andan sueltos. Los abogados defensores han intentado todos los trucos. Trataron de señalar a Asra como el cerebro que organizó el secuestro de Danny. Han denunciado incluso que yo no era en verdad la esposa de Danny, y que quizá yo fuese una espía. Y han forzado a la corte a ver el vídeo para que decidiese si podía ser utilizado como prueba de que Danny había sido, de hecho, asesinado.

Preocupadas, enviamos a Randall un correo electrónico aconsejándole cómo maniobrar con los abogados. «Eh, niñas —responde—, recordad que conozco y derrotaré a los jodidos abogados de la defensa. Son criaturas sin mayor relevancia. Apuntan en direcciones estúpidas porque no tienen ninguna otra dirección adonde apuntar. Se trata sólo de una táctica de distracción y nadie la considera en serio ni la toma en cuenta».

He perdido la conciencia del tiempo. Me siento como alguien que debe retroceder para ver el futuro. El presente está demasiado fracturado como para que pueda asirlo. Cuando Asra y yo hablamos sobre el porvenir no nos extendemos más allá del nacimiento de nuestros hijos.

No podemos pedirle a la primera dama consejo sobre cómo se debe comportar una madre soltera, y tampoco deseo hablarle precisamente de los frentes de combate en Karachi, pero parece que hemos olvidado el resto de temas. Ya he conocido a su esposo, George W. Bush. Visité la Casa Blanca a mediados de marzo, dos semanas después de marcharme de Pakistán, una semana después de mi encuentro con el presidente Chirac. Bush fue el tercer presidente con el que me reuní en menos de un mes.

Washington D.C. Ha sido fatigante, una interminable ronda de entrevistas que se inició con el presidente y acabó con Larry King. Danny me había hablado del «fenómeno Larry King» mientras estábamos en un bar en la India. Señaló entonces un televisor que colgaba del techo: «¿Ves a ese pequeño tío con gafas, tirantes y voz cascada? Él te dirá mucho sobre lo que es Estados Unidos».

Bussey, Asra, Steve y yo nos alojamos en el hotel *Mayflower*, en la zona baja de la capital. Frente a mi ventana ondeaba una bandera estadounidense. A las tres en punto de la madrugada sonó la alarma contra incendios. Sólo tardé 30 segundos en salir de mi cama y de mi habitación, pero en el pasillo todas las vías de escape estaban bloqueadas o cerradas. Empecé a sentir pánico, pero entonces vi a un hombre procedente de la India abriendo una puerta que conducía al hueco de la escalera.

—Lo siento mucho —le dije—. De verdad, lo lamento, lo lamento mucho.

El hombre clavó su mirada en mí, una mujer embarazada en camisón, y pareció desconcertado pero no dijo nada y me guió hacia un sitio seguro donde esperar a que pasase la alarma. Cuando volvió a reinar el silencio y nos encaminamos de regreso a nuestras habitaciones, el hombre se volvió hacia mí y me preguntó:

—Dígame, por favor, ¿de qué se lamentaba usted?

Fue entonces cuando me percaté de ello: estaba convencida de que el hotel se incendiaba por mi culpa.

A George W. Bush le relaté anécdotas sobre las calles de Karachi. Les expliqué a Bush, al fiscal general John Ashcroft, al secretario de Estado Colin Powell y a la consejera de Seguridad Nacional Condoleezza Rice que los hombres a quienes yo había conocido, quienes luchaban la verdadera guerra contra el terrorismo, no tenían a su disposición casi nada (medios de transporte que apenas arrancaban, impresoras que casi no imprimían y ningún teléfono móvil). Les dije cómo se ve a Estados Unidos desde el exterior. Insistí para que emplearan sus enormes recursos para hallar a los asesinos de Danny y llevarles ante la justicia, sin importar cuánto costase hacerlo. Les advertí que las dificultades políticas podían superar con mucho cualquier imposición legal. Sospecho que ya lo sabían. Sólo por el placer de hacerlo, le conté al presidente que mi madre había nacido en La Habana y mi suegra en Bagdad. Me agradó ver que a Bush le hizo gracia.

Pero lo que Bush deseaba comprender en realidad era lo siguiente: ¿cómo podía ser que no me embargase la amargura? Le dije que si permitía que eso sucediese perdería mi alma, y que si perdía mi alma perdería también la de Danny. «Conservarla —le dije al presidente de Estados Unidos— es mi batalla más importante».

El 9 de mayo un terrorista suicida al volante de un Toyota rojo se situó junto a un autobús frente al hotel Sheraton de Karachi e hizo detonar la bomba que portaba, matando a 11 ingenieros franceses y a dos paquistaníes. Los franceses habían estado trabajando para la Armada paquistaní en el proyecto de un submarino. Allí acabaron los esfuerzos de Bussey por afirmar que el hotel Sheraton era el sitio más seguro de la ciudad.

El presidente Musharraf lo calificó como «un acto de terrorismo internacional». El presidente Chirac habló de «un ataque terrorista asesino, cobarde y odioso».

Aún no he abierto la maleta de Danny. Estoy sola, intentando proteger a los dos hombres de mi vida pese a que uno está muerto y el otro todavía no ha nacido (deberá llegar en algún momento antes de junio).

Los latidos del corazón del bebé me arrullaron ayer cuando asistí a mi última ecografía antes del gran día. Intento que siga dentro de mí.

Acaban de hallar el cuerpo de Danny. Lo cortaron en diez trozos. Nadie me lo cuenta. Me enteré a través de un mensaje de correo electrónico que había sido adjuntado por accidente a otro mensaje que me enviaban a mí. Danny fue encontrado en una tumba de un metro y medio de profundidad en la zona de las afueras de Karachi en la que estuvo cautivo todo el tiempo. Las autoridades fueron llevadas a ese lugar por tres miembros de Lashkar-e-Jhangvi que fueron detenidos como producto de las redadas que siguieron a la explosión del coche-bomba en el hotel Sheraton.

El correo electrónico se refiere a «los restos». Para mí, los verdaderos restos de Danny, aquello que queda de él, se encuentran en mi vientre.

Danny será enterrado en Los Ángeles, cerca del sitio donde se crió. No deseo asistir al funeral. No puedo, no con el bebé a punto de nacer. Además, de un modo que resulta arduo de explicar, estoy demasiado concentrada en el futuro de Danny como para ocuparme de su pasado. Con gran coraje, los padres de Danny se han encargado de los dolorosos detalles de su repatriación. Han hallado una hermosa colina para enterrar allí a su hijo. Danny hubiese adorado leer la lápida de la tumba que está junto a la suya. Lleva escrito: «¡Os dije que estaba enfermo!».

En los últimos tiempos, cada correo electrónico que recibo, cada llamada telefónica que atiendo, equivale a un misil que estalla cada vez un poco más profundo dentro de mí. La gente llama para pedirme muestras de ADN, desea un peine o un cepillo de dientes, insiste en hablarme de autopsias y evidencias del crimen. Me llama un completo extraño preguntando por los dedos del pie de Danny: ¿estaba uno de ellos ligeramente torcido respecto del otro? Me siento como si mirase una película de terror, salvo por el hecho de que no puedo cubrirme el rostro para evitar las peores escenas. Cuando suena el teléfono, coloco mis manos a ambos lados de mi vientre de forma instintiva, como si pretendiese taparle los oídos al bebé. Desde el preciso momento en que me tambaleé con las noticias sobre el cuerpo de Danny, Asra se ha encargado con cuidado de revisar todos los mensajes que me llegan. No me cuesta distinguir cuándo lee alguno en particular ofensivo, ya que abre sus ojos de par en par de un modo peculiar que he observado ya en incontables ocasiones a lo largo de los últimos meses.

Pasamos nuestros días intercambiando mensajes instantáneos con el capitán, quien ha decidido que éste es nuestro mejor canal de comunicación. Telefoneamos de forma regular a Washington, Islamabad y Los Ángeles. Somos dos pequeñas guerreras embarazadas luchando por mantener todo en movimiento.

Los paquistaníes me presionan para que regrese allí y testifique en el juicio contra Omar Saeed Shaij y sus tres cómplices. El juicio ya se ha visto plagado de incontables problemas y desafíos (han cambiado al juez, fue modificada la fecha de inicio y, dado que la fiscalía ha concluido que Karachi es un sitio demasiado peligroso como para seguir operando allí, todo el proceso se ha trasladado a Hyderabad).

Dos de nuestros agentes del FBI han reunido el coraje para testificar. Uno es un hombre que se ha ganado nuestro afecto en Karachi: John M., quien apareció sólo un día, sentado en el sillón del comedor. Inmóvil y silencioso, una montaña de músculos, vestido con una camiseta verde. Randall nos lo presentó del mismo modo que se muestra una carta ganadora: «John M., FBI, 19 secuestros, ningún fracaso». Resultó ser tan agradable como impactante era su aspecto. Se trataba de su primera misión en el extranjero (previamente se había enfrentado a las bandas callejeras de Nueva Jersey). Después de testificar, me llamó para describirme la experiencia. El juicio se desarrollaba en una celda tan diminuta que los testigos no podían sentarse. John debió soportar seis horas de interrogatorios mientras los abogados defensores, ubicados a milímetros de distancia, le gritaban con odio desde los cubículos que ocupaban. Tras esta experiencia regresó a sus pandillas de Nueva Jersey. «Fue pan comido», comentó sobre su paso por Pakistán.

El *Wall Street Journal*, que detesta la idea de que regrese a Pakistán, me presiona para que no testifique. Eso me resulta frustrante pues no enviarán a nadie en representación del periódico y estoy convencida de que uno de nosotros debería estar allí. Quiero que Danny esté representado ante el tribunal. Acabo hablando con un abogado del *Journal*, que me dice:

—Éste es tu caso, no el nuestro.

Un amigo me sugiere contratar a un abogado para que hable con ese abogado.

—Debe relajarse —me dice mi médico.

—Piensa en el bebé —dicen mis suegros.

El vídeo de la ejecución de Danny circula en Internet, y está a disposición de cualquiera que desee verlo.

—Hemos intentado retirarlo —me explica Bussey—, pero no hay en realidad nada que pueda hacerse.

No puedo creer que sea así. Telefoneo al fiscal general Ashcroft, olvidando que en Estados Unidos es de noche.

—Llame por la mañana —dice un sujeto al otro lado de la línea.

Asra se pone manos a la obra, empleando todos sus talentos para la gestión de crisis. La página de Internet resulta ser Lycos.uk. Dando por sentado que el vídeo viola un buen número de leyes de Estados Unidos, llamamos al FBI.

—Lo siento —dice el agente—. Por desgracia no existe ninguna ley que podamos utilizar para detenerlo. La primera enmienda... libertad de expresión... ¿comprende?

—Pero esto es obsceno —protesta Asra.

—Sí —admite él—, pero no es *técnicamente* una obscenidad.

Llamamos a Scotland Yard. Mejor. En el Reino Unido es un crimen exhibir el vídeo. «Viola la ley de obscenidad, ¿sabéis?» Con la ayuda de Scotland Yard, localizamos al funcionario de Lycos responsable de los contenidos de la página. Su secretaria es tan agradable que nos dan ganas de llorar. Está horrorizada por lo que le contamos y nos pone en contacto de inmediato con su jefe. Gracias a ellos descubrimos de dónde proviene el vídeo: Arabia Saudí, enviado desde Riad. En menos de diez minutos el vídeo deja de estar en Internet.

Al menos por ahora.

Asra dará a luz a un varón. Tomo fotografías de la ecografía y nos vamos a tomar un café y una cerveza sin alcohol para celebrarlo.

Mi bebé no da patadas. Se mueve con delicadeza, como si dijese: «Estoy aquí. Cuando tengas la oportunidad, déjame salir». Yo sigo diciéndole: «Quédate allí un poco más, éste no es un buen día para que nazcas».

Le escribo una carta:

16 de mayo de 2002
Querido Adam:

Ésta es la primera ocasión en la que te escribo. Hasta ahora nos hemos comunicado de un modo diferente y sólo te he pedido que estés con nosotros. Y tú has hecho exactamente eso.

En unos pocos días, confluirán las dos cosas: la vida y la muerte.

Tu llegada al mundo provocará a la vez alegría y dolor. Pero por favor recuerda siempre de qué modo tu nacimiento me ha garantizado un futuro y ha provisto a tu padre de eternidad. Juntos, seremos capaces de brindar a Danny el regalo más hermoso que nadie pudiera imaginar: tú, Adam, un hijo, la promesa de que continuará su legado. La carga de nuestra lucha, sin embargo, no pesará sobre tus pequeños hombros.

Amamos la vida y tú eres lo mejor que hemos tenido.

En ocasiones estaré triste, incluso al verte, pero haré todo lo humanamente posible, no sólo para hacerte feliz sino para ayudarte a crecer y a convertirte en un hombre de valía. En algún momento, todos estaremos juntos. Ya te amo.

Mamá.

Bussey vuelve a llamar.

—¿Más malas noticias? —bromeo.

—Sí —afirma sin bromear.

Dentro de 50 minutos, CBS emitirá parte del vídeo. El *Wall Street Journal* asegura que ha pasado todo el día intentando detener a CBS, pero sin éxito. Los padres de Danny le han preguntado al Departamento de Estado si no se puede hacer algo para detener a la cadena televisiva, y el Departamento de Estado lo ha intentado, al igual que el Departamento de Justicia, sin resultados. Dan Rather y Jim Murphy, respectivamente presentador y productor ejecutivo de The CBS Evening News, están empeñados en emitir las secuencias. Me invade una ola de calor y sin exagerar me pongo roja de ira. Me he convertido en un toro exhalando fuego. Recurro a Andrew Hayward, el presidente de CBS News. ¡Oh! ¡Parece tan conmovido!

—Lo lamento tanto, sé cómo se siente usted.

—¡Usted no tiene ni la menor idea de cómo me siento —respondo—, a menos que *usted* esté por parir un niño cuyo padre ha sido asesinado mientras se filmaba su muerte y *usted* esté hablando con el caballero que está a punto de emitir esa filmación!

Murmura alguna cosa.

—Olvídese de mí —le digo—. Bríndeme una sola razón periodística que justifique emitir el vídeo.

—Tiene valor como noticia —responde Hayward en un tono que me hace pensar que intenta convencerse a sí mismo.

—Usted dormirá con su conciencia —aseguro—, pero le diré qué es lo que más me entristece, y es que esos hijos de puta sabían desde el principio que tenían que hacer un vídeo, pues no tenían la menor duda de que ustedes estarían en todas partes lo bastante hambrientos de audiencia como para emitirlo. Apelaron a que usted manifestaría semejante debilidad y usted *se ha rendido* a ella.

Asra y yo nos dirigimos a mi oficina para entrevistarnos con Laura Bush. Mientras recorremos las calles de Montmartre, podemos comprobar por qué el jefe de asesores de la primera dama no parecía demasiado preocupado por la falta de sitio para aparcar. Los estadounidenses se han apoderado de todo el vecindario. Las estrechas y curvas pequeñas calles de la colina han sido tomadas con barricadas y cada 15 metros hay un gigante vestido de negro murmurando cosas por un auricular. Los hombres forman muros protectores a uno y otro lado de la avenida, y nosotras, con nuestros dos redondeados vientres, atravesamos la calle solas. Parecemos canicas que ruedan tras ser lanzadas. Vecinos curiosos asoman las cabezas por las ventanas y nos miran. «*C'est qui?*», preguntan. ¿Quién es?

Sí, de hecho. ¿Quiénes somos?

Cargamos cajas con pastelillos y bolsas con zumos de frutas. Olvidamos que probablemente no se le permita a la primera dama probar ninguna de las dos cosas por motivos de seguridad.

—Recuerda —me dice Asra mientras subimos las escaleras en dirección a la oficina— que todas las noches ella apoya su cabeza junto a la del presidente.

Cuando llega Laura Bush, su belleza serena pero fría me desconcierta. Me entrega un fragante ramo de rosas rojas y blancas, y luego se sienta junto a mí en un extremo de mi desgastado sillón, con la espalda erguida, algo tímida y con gran dignidad. No se encuentra aquí para charlas sin importancia ni para discutir asuntos políticos. La prensa no ha sido avisada de su visita. Está aquí porque desea decirme algunas cosas. Sabe que el vídeo de Danny ha sido publicado en Internet y que la CBS ha emitido secciones del mismo. Tal cosa me parece la violación de un hombre asesinado, y a Laura también parece encolerizarla.

No duda en mencionar algunos defectos que detecta en sus compatriotas. Me explica cuán poco preparado está Estados Unidos para encarar el tipo de guerra al que se enfrenta.

—A veces, en nuestra cultura —afirma—, da la impresión de que hemos digerido tanto que somos incapaces de asimilar ninguna otra cosa compleja.

Le comento mi sensación de que los terroristas saben mucho más sobre Estados Unidos que lo que Estados Unidos sabe acerca de ellos, y que por ese motivo Occidente debería relacionarse mejor con el resto del mundo. Ella y yo discutimos sobre la ignorancia y la pobreza, los dos pilares de la miseria global. Tenemos en nuestro origen experiencias vitales por completo diferentes, pero sentadas aquí somos sólo dos mujeres compartiendo una lucha.

Me habla sobre el duro camino que me espera de aquí en adelante. Me dice que mi hijo es afortunado de tenerme como madre.

—Usted tiene una misión —sostiene—. Es crucial que eleve la voz y comparta lo que ha comprendido con el pueblo estadounidense.

Llegado ese punto se abre la puerta y se nos une una exultante rubia de unos 20 años. Es Jenna, una de las hijas gemelas de Bush. Coge una silla y se sienta junto a nosotras. La conversación gira entonces sobre la apatía política de la juventud estadounidense y los bombardeos del Ejército de Estados Unidos en Afganistán.

—Siempre me he opuesto a los bombardeos —afirma Jenna, y Laura obsequia a su hija con una fugaz mirada maternal, atenta pero protectora.

Cuando accedí a reunirme con la primera dama, no esperaba que la visita me conmoviese. Pero Laura Bush me parece una persona intensa y compasiva, y la seriedad de sus intenciones me impacta en verdad. Cuando se va, me sorprende sentirme bastante más fuerte de lo que lo he estado en bastante tiempo.

Durante la visita se ha congregado escaleras abajo toda una multitud, y cuando la primera dama y Jenna suben al coche, los espectadores inician un cálido aplauso. Laura Bush los saluda del modo que lo hacen las primeras damas. Yo apoyo mi frente contra el cristal de la ventana y, junto a toda la gente, saludo mientras la veo partir.

Casi he dejado por completo de hablar. Durante las últimas 24 horas no he pronunciado ni una palabra. Recuerdo a mi abuelo materno, en Cuba, que un día decidió enmudecer porque ya no toleraba las discusiones que tenía con su esposa. Mi abuelo era un hombre alto y apuesto con manos muy hermosas. Cuando yo tenía nueve años fui a visitarlo. Una mañana me desperté al amanecer, al igual que él, y le pedí que me hablase. Me llevó a caminar junto a una vía desierta de ferrocarril y hablamos durante tres horas seguidas. Me dio de comer mango y luego conversamos un poco más. Me contó cómo había pasado toda su vida conduciendo autobuses alrededor de La Habana, lo mucho que había amado a las mujeres, el modo en que solía jugar a las cartas por dinero. Me dijo que yo tenía talento para hacer hablar a la gente, y que acabaría siendo periodista.

Cuando regresábamos, mi abuelito y yo descubrimos que mi abuela había vendido la red contra los mosquitos que yo le había traído al abuelo desde París. Se la había vendido a una joven del vecindario que planeaba convertirla en un velo para su boda. Mi abuelo no discutió con ella. Pero volvió a enmudecer y permaneció en silencio hasta el día de su muerte. Yo acabé siendo periodista.

Hay algo que debo hacer antes de que nazca mi bebé. Tengo que afrontar lo que afrontó Danny. Debo afrontar la verdad, porque es como un enemigo: si le vuelves el rostro, entonces te arrollará.

El 25 de mayo, dos días antes de la fecha en que espero el nacimiento del bebé, descuelgo el teléfono, me recuesto e imagino todo lo que le sucedió a Danny. Para eso no me hace falta usar demasiado la imaginación: ahora ya conozco muchos detalles. Pero me fuerzo a mí misma a visualizarlo todo (el momento en que le vendaron, cuando cogieron el cuchillo, por cuánto tiempo le interrogaron antes de empezar a matarle). Y me obligo a pensar lo que Danny pudo haber pensado, y a determinar cuándo estuvo más asustado.

Durante dos días enteros soporto este proceso. Son los días más desequilibrados de mi vida, pero tengo que hacerlo, y tengo que hacerlo sola. Cuando acabo, sé que ya no podrá suceder nada más a lo que no me atreva a enfrentarme.

Alrededor de las ocho de la noche telefoneo a Asra. Sé que ha estado preocupada. Le digo que estoy bien, pero no le cuento que han comenzado las contracciones del parto pues no deseo que piense demasiado en ello. Quiero reservar mis fuerzas para el momento en que realmente las necesite, de modo que me siento ante la televisión toda la noche y veo cinco películas. Debo de parecer una lunática, yaciendo en mi silla de playa absorta frente a la pantalla, pero supongo que eso no tiene importancia. Durante todo ese tiempo no dejo de hablar mentalmente con Danny y con nuestro hijo. Les digo: «Vamos a estar bien, todo saldrá bien».

Hacia las diez en punto de la mañana se hacen más fuertes las contracciones, así que telefoneo a Ben, mi amigo de la infancia, que me lleva a la Maternité des Lilas, una clínica de maternidad deliciosamente cosmopolita. Ben me ayuda a acomodarme en el asiento trasero de su coche, sin formular preguntas, respetando mi intensa necesidad de comunicación silenciosa. Enciende la radio y se escucha una alegre canción brasileña que me hace sonreír y recordar la primera vez que Danny y yo estuvimos en la Maternité. Fue con motivo de una fiesta. La madre de la esposa de Satchi trabajaba allí y alguien se jubilaba. Los niños corrían de aquí para allá y Danny los perseguía. Cuando pusieron música de salsa, bailé con el doctor Strouk, quien se convertiría en mi ginecólogo. Un doctor muy agradable, sin duda el único en toda la Maternité que iba a trabajar en una motocicleta Harley negra y plateada. Unos meses después, este hombre conocería de mí mucho más que mi habilidad para bailar.

A lo largo de mi embarazo, regresé a París para hacerme controles prenatales periódicos, sin importar en qué sitio del mundo me encontrase (la India, Qatar, Bangladesh, Canadá, Pakistán). Cuando ya llevaba embarazada unos cuatro meses me hice una ecografía que me permitió distinguir por primera vez los rasgos del bebé. Me entusiasmó tanto que llamé a Danny, que estaba en Yemen, a su teléfono móvil.

—Veo su rostro —le dije a Danny—, sus ojos, su nariz.

—¿Su nariz? —preguntó él—. ¿Tiene una nariz judía?

Me reí con tanto estruendo que el doctor Strouk me obligó a colgar el teléfono.

Lo que me resulta más doloroso es saber cuán feliz se sentiría Danny de haber podido estar aquí conmigo. De qué modo hubiese ejercitado su ingenio preparándose para el nacimiento de nuestro hijo. Habría llorado cuando yo sintiese dolor y me habría llevado a la habitación de la maternidad todos mis muñecos de peluche. Cuando mi madre enfermó y yo tuve que pasar varios días junto a su lecho, volví a casa una noche y me encontré con que Danny tenía la bañera lista para mí, llena de pétalos de rosa. Cuando pasábamos malos momentos, me cantaba mi balada estadounidense favorita, una bastante tonta sobre la miseria en Arkansas. Me cocinaba sopa de calabaza y masajeaba mis pies. Hubiese telefoneado a todo el planeta para anunciar el nacimiento de Adam, un nombre que eligió como si estuviese creando al primer hombre.[12]

He decidido dar a luz sola. Sin mi madre y sin Danny, seremos sólo yo y una comadrona. Pero cuando me llevan en dirección al ascensor para conducirme a la sala de partos el terror se apodera de mí. Dios, pienso, ¡realmente él no está aquí! Llevo encima una larga camiseta blanca que Danny y yo compramos en Dacca, Bangladesh. Una mujer africana me mira y asiente con un gesto de muda complicidad. Durante una fracción de segundo deseo pedirle que me coja de la mano.

Empiezo a cantar. Me armo de fuerzas. Estoy lista.

También siento un terrible dolor. Las contracciones llegan por oleadas, y cuando las más violentas hacen brotar lágrimas de mi interior emito un grito animal por segunda vez en cuatro meses. Soy como una mujer-lobo aullándole a la luna.

Pero cuando la epidural se lleva el dolor, siento por fin el sa-

---

12. El nombre inglés Adam equivale al español Adán. (*N. del T.*)

bor de la victoria. Una extraña alegría me posee mientras prosigo mi monólogo interior con el padre de mi pequeño, a fin de que éste pueda compartir mi eufórica sensación de desafío. «Aquí estoy —le digo—, recostada en la sala de partos, soportando la realidad de tu ausencia, aferrándome al dolor que me provoca y por fin trayendo a la vida a nuestro hijo». Me siento como la mano que abre la jaula para que el ave pueda volver a volar. No seremos prisioneros de nuestro propio destino. Y, de algún modo, más allá de la vida y de la muerte, Danny me acompaña.

Todo esto dura siete horas. Luego, de pronto, la comadrona empieza a meter bulla y aparece una enfermera.

—Deberemos realizar una incisión en ce —dice la comadrona—. Los latidos del bebé empiezan a disminuir de ritmo.

Puedo escuchar el corazón de Adam en el monitor. Los latidos se hacen más lentos y las dos mujeres se mueven a mi alrededor con mayor rapidez. Empiezo a cantar como nunca antes he cantado. La comadrona piensa que me he dado por vencida, pero canto con enorme fuerza, con tanta ferocidad y tanta concentración como puedo. Pongo mi vida entera en mis plegarias. Mientras recito el *mantra*, oigo el sonido del corazón del bebé que recupera su ritmo, cada vez más fuerte, cada vez más fuerte.

Veinte minutos después, la cabeza de Adam emerge de mi cuerpo y me las arreglo para inclinarme y coger con fuerza al diminuto hombre, aún a medio salir. Empujo hacia afuera y me recuesto con él sobre mi pecho. Sólo una vez que he visto sus ojos abiertos de par en par, buscando mi rostro, me permito echarme a llorar.

Hasta este momento no se me había ocurrido nunca que el bebé pudiese no sobrevivir. Pero hemos vencido, y puedo sentir el alivio de Danny que me envuelve desde todos los rincones. Deseo gritarle al mundo mi victoria, pero caigo presa del cansancio.

Su nombre completo es Adam D. Pearl. Danny escogió su nombre en honor de todas las sangres diferentes que corren por sus venas. Lo llamaba «el bebé universal». Desde sus primeras horas, Adam me ha mirado con la misma expresión que su padre. Existe en ella una rara pureza. Me hace sentir que la vida es como un libro que nunca se acaba. Y me recuerda un deseo que pidió su padre en fecha muy temprana: que durante la vida de nuestro hijo haya más gente dispuesta a dar su vida por la paz que por el odio en sus corazones.

Paso una semana en la clínica de la maternidad. Le he pedido a los médicos que me pemitan quedarme allí incluso aunque las razones de salud no lo hagan necesario. No quiero hablar con nadie. O, para ser más precisa, con nadie que todavía pertenezca al mundo de los vivos. Necesito llorar, llorar mucho.

La mujer de la recepción, escaleras abajo, tiene la misión de interceptar todas las llamadas. Pero asoma la cabeza en mi habitación el día posterior al nacimiento de Adam.

—*C'est Georges double v Bouche* —anuncia con terror en la voz.

Cuando el presidente de Estados Unidos me pregunta cómo me siento, contengo mi lengua con valor y me resisto a mencionar los puntos de sutura, la leche o cualquier otra cosa demasiado gráfica. Parece real y tiernamente feliz por el nacimiento de Adam. Hemos intercambiado varias cartas desde que nos conocimos en marzo, y creo que su interés por mí y por mi hijo es verdadero.

Un instante después, la mujer de la recepción vuelve a aparecer. Le falta la respiración del entusiasmo:

—*C'est Jacques Chirac!* —anuncia triunfal.

Adam, mi maravilla, chupa de mi pecho haciendo caso omiso de la excitación general. Es un pequeño y triunfante concentrado de vida.

Asra me trae un mensaje instantáneo del capitán:

Capitán1pk (21.40:47): hace unos cinco minutos he recibido la tan ansiada noticia de la llegada de ADAM. ¡FELICITACIONES! Espero que Mariane esté bien. Estoy tan entusiasmado, aunque sé que también es un momento muy triste. Dile que siempre contará conmigo aquí para ayudarlos a ella y a su hijo. Todo mi amor a los tres.

El capitán.

Cuando se enteró de que yo estaba embarazada, Danny me dijo: «¡Nuestro hijo cambiará el mundo!».

Yo no estuve de acuerdo: «¿Qué sucederá si no quiere hacerlo? ¿Qué pasará si sólo desea poseer un rebaño de ovejas o fabricar flautas?».

«No —insistió Danny—, él hará algo importante... ¡no sé qué con exactitud, pero puedo percibirlo!».

En aquel momento la conversación quedó ahí. Pero anoche, en la primera noche de Adam, me escabullí hacia la sala donde habían llevado a mi bebé a fin de que yo pudiese dormir un poco. Me asomé sobre su cuna y observé cómo el pecho de Adam ascendía y descendía. Entonces acaricié su aterciopelada mejilla. «*Mon amour* —le dije suavemente—, no me opondré a que cambies el mundo si es que así lo deseas».

EPÍLOGO

20 de mayo de 2002

> *Asra (20.17:46): Estoy aquí. ¿Está allí?*
> *Capitán1pk (20.18:01): Sí, por completo.*
> *Asra (20.22:09): ¿Cómo se encuentra?*
> *Capitán1pk (20.30:55): BUENAS NOTICIAS. Sé con exactitud quiénes son los asesinos y os lo diré en uno o dos días. Que Mariane no se entere todavía, haremos que sea para ella una sorpresa.*

Algunos días era como si Asra y yo nunca nos hubiésemos marchado de Pakistán, como si el capitán estuviese a punto de aparecer en la puerta de casa de un momento a otro. Compartimos información a través de una constante corriente de mensajes instantáneos, y en ocasiones siento que nuestros amigos de Karachi necesitan tener noticias nuestras tanto como nosotras precisamos recibir noticias suyas. Ninguno de los investigadores se había comprometido antes tan emocionalmente en un caso. Se propusieron salvar la vida de un hombre inocente, y aunque no lo consiguieron, eso encendió aún más su deseo de seguir adelante hasta vengar su muerte.

Hasta el día de hoy, la policía de Pakistán y el FBI continúan persiguiendo a los secuestradores y a los asesinos de Danny. Pero el impacto del *caso Pearl* sobre todos los que se vieron involucrados en él ha sido enorme. He aquí un resumen de lo que ocurrió desde que dejamos Karachi, el 27 de febrero de 2002.

Randall Bennett

Dejó Karachi siendo un hombre perseguido.

Después de que abandonáramos Pakistán, Randall se convirtió en el investigador principal del atentado en el hotel Sheraton del 9 de mayo. Él fue uno de los primeros en llegar al lugar. «He hallado una mano», nos escribió; habían capturado al terrorista «con la colaboración de la gente del capitán y, por cierto, del FBI». Menos de un mes más tarde, el 14 de junio, Al Qaeda organizó otro atentado suicida, en esta ocasión estrellando un coche cargado de explosivos contra las barreras de cemento que rodeaban el consulado de Estados Unidos (exactamente frente a la ventana de la oficina de Randall). Murieron 14 personas, todas de nacionalidad paquistaní. Al menos otras 50 resultaron heridas. «En las semanas siguientes capturamos a todos [los terroristas que había preparado el atentado], pero reparar el edificio ha costado una eternidad y las cosas allí nunca han vuelto a ser las mismas.»

Randall había planeado dejar la ciudad para siempre en julio de 2002, pero un mes antes la inteligencia paquistaní le informó de que Al Qaeda planeaba tenderle una emboscada y asesinarle no bien partiese en dirección al aeropuerto. «Los agentes me recomendaron que me marchara de inmediato. Me reuní con ellos y me subieron a un avión sin perder un instante, de modo que... adiós.»

No era la primera ocasión en la que amenazaban a Randall. Nos contó que había recibido otras amenazas por correo electrónico unas semanas antes del nacimiento de Adam. Se había ocultado en Bangkok, Tailandia, donde gozó de sesiones de reflexoterapia y masajes. Allí supo que había nacido mi hijo. Corrió a un cibercafé y me envió el siguiente mensaje de felicitación:

Me he tomado una semana para alejarme del torbellino en el que se ha convertido Karachi. Estoy harto de mirar por encima del hombro y necesito un breve descanso. Me encuentro en Bangkok, donde permaneceré ocho días disfrutando de una cultura feliz y pacífica que el terrorismo no ha contaminado, aún. Tailandia es justo lo que necesitaba. No sólo me proporciona una semana de descanso y alegría sino que la gente de Lashkar-e-Jhangvi que me persigue correrá en círculos preguntándose adónde he ido. Les invitaré a que se reúnan conmigo a mi vuelta.

Bien, es hora de caminar sin más por la calle como una persona normal, sin necesidad de portar pistola, radio ni teléfono móvil.

Muchas frases de niños para Adam,

El tío Randall.

Cuando Randall se marchó, una treintena de sus amigos más íntimos en la policía se presentaron para despedirlo. «Estuvimos llorando, abrazándonos y reafirmando nuestra amistad y lealtad. Nunca me había sentido tan conmovido. Mi vida ha cambiado tras conocer en los últimos años a algunas de las personas más honradas», me diría luego Randall.

Randall es ahora funcionario de seguridad regional en Madrid, «responsable de la seguridad de todos los estadounidenses en España».

Jameel Yusuf

Vio arruinada su carrera, aunque no ha quedado claro si fue como consecuencia directa del *caso Pearl* o sólo del clásico modo de hacer política de Karachi.

La cuestión es que, tras 14 años enormemente efectivos al frente del Comité de Enlace de la Policía Ciudadana, el carismático Jameel Yusuf fue despedido. Así nos lo explicó a Asra y a mí en un correo electrónico: «La orden por la que se me separaba de mi trabajo honorario y voluntario asistiendo a las víctimas del crimen sin importar su casta, credo, estatus o riqueza, fue emitida en la noche del 22 de marzo de 2003.»

Dado que se había ganado la confianza del FBI y había trabajado de forma estrecha con sus agentes, se halló a sí mismo envuelto en una red de celos y conspiraciones generados en el interior de la policía y de los servicios de inteligencia, y circularon turbios rumores señalando que Yusuf era un agente de la CIA. En abril de 2002, cuando Omar Shaij y sus tres cómplices fueron enjuiciados, la mayor parte de los testigos de la fiscalía fueron tratados con discreción y, hasta cierto punto, fueron protegidos. No así Yusuf. En el juzgado se le convirtió en un testigo principal, expuesto ante los abogados defensores, y debió superar amenazas dirigidas tanto contra él como contra su familia.

A lo largo de sus 14 años en el Comité de Enlace de la Policía Ciudadana, había encarcelado a entre 400 y 500 cerebros criminales y/o terroristas, pero nunca sintió la necesidad de protegerse a sí mismo. Ahora se ha visto abrumado por las amenazas y ha tenido que contratar guardias para protegerle a todas horas.

Yusuf sigue siendo un empresario de éxito, y dedica actualmente sus energías a causas humanitarias.

Dost

Vio arruinada su carrera.

Poco después de que dejásemos Karachi, Dost también se marchó. «Los jefes no se mostraron satisfechos con ninguno después del caso. Siguiendo el espíritu de deferencia del subcontinente hacia los superiores, no tuve oportunidad de defenderme», me escribió Dost, exhibiendo su aspecto más poético. «No hubo espacio para que dijese nada.»

Dost dejó la inteligencia militar, se trasladó a Islamabad y se metió en un programa de entrenamiento policial. Con este cambio en su carrera, perdió todos los beneficios de la antigüedad alcanzada en su cuerpo. «Ahora disfruto de una vida de perfil bajo y del buen clima de Islamabad», me escribió. «El mundo no es un sitio agradable, pero uno debe buscar la felicidad con sus propios medios.»

La vida sentimental de Dost no ha salido bien parada con su nuevo empleo. Terminó al final sin su novia y sin la mujer que su madre había escogido para él. «Mi vida amorosa necesita un nuevo comienzo, hacer un doble *click* en el ratón de mi ordenador vital. En algún momento del proceso que llamamos *existencia*, mi documento titulado *vida amorosa* se ha borrado. Y como investigador informático, intento recuperar el archivo perdido explorando el disco duro de mi corazón.»

John Bussey

John Bussey siguió siendo nuestro «ministro de Seguridad e Higiene» mientras viajamos juntos. Me acompañó a la Maternité des Lilas cuando fui a hacerme mi primer examen tras salir de Karachi, y habló preocupado con el doctor Strouk sobre el efecto del aire comprimido de los aviones sobre las mujeres embarazadas. El doctor Strouk se mostró pasmado.

Bussey fue ascendido a subeditor ejecutivo del *Wall Street Journal* y se trasladó a Hong Kong como corresponsal extranjero en Asia. Unos meses después de instalarse allí se desató la epidemia del SARS.

Steve LeVine

Steve LeVine luchó por convencer a sus reticentes editores para que le dejaran regresar a Pakistán a fin de realizar una investigación periodística sobre lo que le sucedió a Danny. Ahora se encuentra de baja en el *Wall Street Journal* y escribe sobre el Mar Caspio en la Universidad de Stanford, donde estudió Danny. Su libro se titula por ahora *Players*. En junio de 2002, Steve fue padre de una niña, Alisha, nacida en Tarzana, California. Alisha es mitad estadounidense, mitad kazaja.

Los Pearl y la Fundación Daniel Pearl

Poco después de hacerse pública la muerte de Danny, sus familiares, amigos y colegas crearon la Fundación Daniel Pearl (www.danielpearl.com), que promueve el entendimiento intercultural a través del periodismo, la música y la innovación en las comunicaciones. El primer proyecto importante de la fundación fue el Día Daniel Pearl de la Música (un concierto global anual que se celebra todos los 10 de octubre, fecha del nacimiento de Danny, y en el que los músicos participantes transmiten una llamada a la tolerancia, siguiendo el espíritu del amor de Danny por la música y su entrega al diálogo y a la humanidad).

La idea nació de un concierto realizado en Tel Aviv el 22 de febrero de 2002, un día después de que el mundo supiese que Danny había sido asesinado. Aquella noche, George Pehlivanian, vecino y amigo de Danny en París, fue designado para ponerse al frente de la Orquesta Filarmónica israelí como director invitado. Profundamente conmovido por la muerte de Danny, se mostró reticente a actuar, pero en el último momento decidió desafiar a los asesinos dedicándole el concierto a Danny con orgullo.

«Mientras la orquesta interpretaba la quinta sinfonía de Chaikovski, comprendí por fin el triunfo de la esperanza sobre la desesperación», afirmó Pehlivanian. Fue un concierto triunfal y emotivo, que acabó con 15 minutos de aplausos sostenidos.

La idea prendió como un incendio forestal. Era evidente que el combustible de la buena voluntad alrededor del planeta sólo esperaba la chispa correcta. Desde Moscú hasta Bangkok, de

Australia al Reino Unido, se realizaron más de un centenar de conciertos en 18 países, e intérpretes como Ravi Shankar, Elton John e Itzhak Perlman participaron en este proyecto global. Junoon, la principal banda de *rock* paquistaní, le dedicó a Danny su actuación en Edison, Nueva Jersey, con las siguientes palabras: «Danny, todos los que todavía creemos que la bondad y el coraje pueden superar todas las injusticias te echaremos de menos».

Entre el resto de proyectos impulsados por la Fundación Daniel Pearl hay becas para traer a periodistas paquistaníes a trabajar en los medios de Estados Unidos, una serie de conferencias sobre periodismo y relaciones internacionales, un concurso de ensayos que anima a los adolescentes a escribir sobre un incidente producto del odio, y una serie de simposios titulada *Prensa bajo fuego* que refleja los riesgos a los que se enfrentan los periodistas.

Asra Q. Nomani

El 16 de octubre de 2002, Asra dio a luz a su hijo, Shibli, bautizado en honor a un antiguo ancestro que sigue teniendo renombre como uno de los mayores eruditos islámicos de todos los tiempos. En junio de 2003 Asra publicó el libro cuya redacción la había llevado a Karachi: *Tantrika: recorriendo la ruta del amor divino*.

La prensa paquistaní continuó atacándola permanentemente. No sólo la señaló como espía, sino que el último artículo publicado en Pakistán sobre ella mencionaba, además de todas sus direcciones y números de teléfono, también los de todos sus familiares.

Asra ha seguido pronunciándose en defensa de las mujeres musulmanas que son consideradas criminales por dar a luz niños fuera del matrimonio. Todavía lleva de aquí para allá sus eternas marionetas Merve y Blink.

El capitán

«¿Qué me ha sucedido personalmente a mí? —me escribió hace poco el capitán—. Este caso me ha cambiado por dentro. No he podido dormir durante días enteros. Hasta mis hijos sintieron que me sucedía algo extraño. Eso fue cuando le prometí a Mariane que, sin importar lo que costase, llevaría ante la justicia a todos los responsables de la muerte de Danny. Esa misión todavía no ha concluido».

No ha concluido de ningún modo. Esto es lo que el capitán y los otros defensores de la ley lograron en Karachi tras conocerse el asesinato de Danny:

9 de mayo de 2002: un atentado frente al hotel Sheraton mata a dos ingenieros paquistaníes y a 12 franceses que trabajaban para la Armada paquistaní en el proyecto de un submarino.

14 de junio: la explosión de un coche bomba frente al consulado de Estados Unidos mata a 12 personas y hiere a otras 50. Al Qaeda se atribuye el ataque.

11 de septiembre de 2002: Ramzi Bin Al-Shibh, un líder de Al Qaeda, es arrestado tras un enfrentamiento armado con la policía paquistaní.

21 de septiembre de 2002: son arrestados diez integrantes más de Al Qaeda; entre ellos hay dos argelinos.

25 de septiembre de 2002: son hallados los cuerpos de siete paquistaníes que trabajaban para la ONG Instituto por la Paz y la Justicia. Todos habían sido asesinados.

17 de octubre de 2002: en distintos puntos de la ciudad explotan seis paquetes bomba entregados en mano a funcionarios defensores de la ley. Ocho de ellos resultan heridos.

15 de diciembre de 2002: la policía paquistaní desbarata un plan para lanzar un coche cargado de explosivos contra el vehículo de un diplomático estadounidense. Uno de los sospechosos arrestados tiene supuestamente relación con el atentado del hotel Sheraton.

20 de diciembre de 2002: un depósito químico utilizado para fabricar bombas estalla por accidente. Mueren cinco terroristas, entre ellos un integrante de la segunda célula de secuestradores de Danny, Asif Ramzi, quien también era sospechoso de haber participado en los ataques al consulado de Estados Unidos y en el atentado del 17 de octubre.

3 de febrero de 2003: una bomba oculta en una motocicleta explota cerca de las oficinas centrales de la Empresa Estatal de Petróleo de Pakistán. El blanco: Farooq, la mano derecha del capitán, que vivía junto a ese edificio. Farooq sobrevive.

22 de febrero de 2003: pistoleros abren fuego contra una mezquita chií matando a siete fieles.

3 de mayo de 2003: las autoridades estadounidenses revelan una conspiración de Al Qaeda para hacer estallar un pequeño avión del consulado de Estados Unidos en Karachi.

En abril de 2003, el capitán recibió un importante premio por su servicio público de manos del presidente Musharraf. El texto de su galardón decía:

> [...] En el campo de la nueva ola de sectarismos terroristas, [el capitán] se ha ofrecido voluntario para asumir el arriesgado desafío de quebrar la red y arrestar a los terroristas que asolan la ciudad de Karachi [...]. A través de un control continuo pudo localizar con éxito el paradero de importantes y muy esquivos terroristas. Luego, trabajando en base a un plan muy bien trazado, fue capaz de capturar a uno de los terroristas más buscados, involucrado en 68 casos registrados de matanzas sectarias en Karachi y en numerosas ciudades de Punjab. Su arresto evitó el asesinato de seis prominentes personalidades que figuraban en sus listados [...].
>
> [El capitán], en el desempeño de sus tareas, exhibió una diligencia, una devoción y una valentía que van más allá del cumplimiento del deber y consiguió detener a algunos de los terroristas

más buscados merced a sus meticulosos planes, su metódica ejecución y su sutil liderazgo. En reconocimiento a sus excepcionales servicios en el campo del servicio público, el presidente de la República Islámica de Pakistán se place en entregarle al [capitán] el premio de Sitara-i-Imtiaz [...].

Tal reconocimiento significó mucho para el capitán, pero también lo convirtió en un blanco más visible para sus enemigos. Muchos de sus colegas fueron presa de celos profesionales. Nunca volvió a permitírsele el menor contacto con los estadounidenses, incluido Randall. Se le puso bajo control: su teléfono y su conexión de Internet empezaron a ser monitoreados. «La vida se convirtió en algo muy triste», escribió, una tristeza intensificada por el hecho de que se había convertido también en objetivo de los *yihadíes* (sobre todo después de que arrestase al principal dirigente de Lashkar-e-Jhangvi). «Ellos saben quién soy, y el daño que les he ocasionado. De modo que buscan derramar mi sangre, y la vida de mi familia también está en peligro. Han intentado atentar contra mí y contra mi equipo, de modo que he debido realizar un gran número de cambios en mi vida (trasladarme de casa, congelar mi vida social). No puedo ir a ningún sitio sin agentes de seguridad. Vivo en una cáscara de nuez. He perdido mi independencia.»

Evidenciando su espíritu, el capitán añadía después: «Pero permita que le diga una cosa: no me arrepiento de lo más mínimo».

El capitán se ha proclamado a sí mismo padrino de Adam de por vida.

De qué se enteró el capitán

Tras las bombas en el Sheraton, la policía se lanzó contra los grupos *yihadíes* y detuvo, según algunos testimonios, a más de 300 personas sospechosas. Ocurrió que muchos de los arrestados sabían bastante sobre el asesinato de Danny. A través de ellos pudimos comprender mejor a las células involucradas en su secuestro y asesinato.

Ya teníamos información acerca de la primera célula, la de Omar Saeed Shaij y sus tres cómplices. Lo que todavía ignorábamos pudimos averiguarlo en el transcurso del juicio.

Estados Unidos exigió que Omar fuese extraditado para ser juzgado en su territorio, pero Musharraf se negó con la esperanza de utilizar el juicio como un elemento que ejemplificase la lucha de su país contra los terroristas. Las idas y venidas del juicio fueron interminables. Los jueces fueron reemplazados, se debatió el sitio en que debía realizarse. Omar solicitó no ser juzgado por la corte antiterrorista paquistaní sino por una corte musulmana. Su abogado intentó acusar al fiscal de blasfemia y de proferir declaraciones contra el islam. El juez descartó la acusación. Finalmente hubo cuatro condenas. Adil, Suleiman y Fahad fueron hallados culpables y sentenciados a cadena perpetua. Omar Saeed Shaij fue condenado a morir en la horca. El abogado defensor de Omar apeló de inmediato la sentencia, al tiempo que el fiscal se apresuraba a criticar las condenas de los otros tres, ya que su pretensión era obtener cuatro penas de muerte. Los casos están apelados ante el Tribunal Supremo de Pakistán.

El padre de Omar, Ahmed Saeed Shaij, quien sigue a la cabeza de una exitosa empresa textil en Londres, declaró que «ha sido castigado un hombre inocente». Omar no parece preocupado ni lo más mínimo por la situación. Ya ha estado antes en prisión y acabó siendo liberado. Puede suceder cualquier cosa, y Omar parece sentirse la prueba viviente de ello. Así lo expresó tras recibir la sentencia de muerte: «Habrá que ver quién muere primero, si yo o las autoridades que me han condenado a muerte».

Hay más juicios en perspectiva. Las autoridades han determinado de forma concluyente quiénes eran los integrantes de la segunda célula, responsable de mantener cautivo a Danny y, luego, de enterrarlo. Uno de los arrestados fue Naeem Bujari, líder de la rama de Lashkar-e-Jhangvi en Karachi, que fue quien condujo a los secuestradores a la choza el 23 de enero. Naeem, también conocido como Attaur Rehman, le fue presentado a Omar por un amigo común del mundo militante (un sujeto llamado Amjat Faruki, alias *Haider Farooqi*). Haider pertenece a Harkat-ul-Jihad-i-Islami y fue el líder de la segunda célula. De unos 30 años de edad, pasó seis años con Al Qaeda como instructor jefe de Harkat-ul-Jihad-i-Islami entrenándose en campos de Afganistán. Omar telefoneó a Haider desde Lahore y le pidió que hallase una casa segura para un trabajo importante en Karachi. Mientras escribo estas líneas, él sigue en libertad.

Faisal Bhatti cayó también en manos de la policía. Rondando los 24 años de edad, también él estaba presente en la reunión con Omar bajo el puente Baloch y ha admitido ser uno de los encargados de custodiar a Danny. Faisal fue entrenado en los campos de Lashkar-e-Jhangvi en Afganistán.

Todos los hombres estaban ligados a otro que aún evade a la policía: el acaudalado propietario de fábricas de Karachi Saud Memon, dueño del terreno donde Danny fue retenido y enterrado. Memon es la persona que, según creen las autoridades, llevó a «los tres árabes» que, según hemos concluido, conformaban la tercera célula: la encargada del asesinato.

¿Quién integra esta célula con exactitud? Eso sigue sin estar claro. Randall Bennett siempre ha pensado que eran saudíes. Muchos otros creen que eran yemeníes. Un ciudadano yemení que pudo haber sido uno de los integrantes clave de la tercera célula fue arrestado en Karachi en abril de 2003. En el momento de ser detenido, Waleed Mohamed Bin Attash estaba en posesión de 600 kilos de explosivos. Bin Attash se encuentra también bajo custodia de la CIA, organismo que todavía debe compartir la información que posee sobre la participación de Attash en el caso de Danny.

Uno de los paquistaníes arrestados pertenecientes a la segunda célula afirmó que Jalid Shaij Mohamed, el tercer miembro en rango de Al Qaeda, era no sólo uno de los arabeparlantes sino, de hecho, el verdadero verdugo. Mohamed fue arrestado el 1 de marzo de 2003 en Rawalpindi, y según se sabe hasta ahora, como diría el capitán, es «huésped» de la CIA, detenido en un sitio desconocido. En la práctica, ignoramos si aquello de lo que se le acusa tiene algún ápice de ser verdad.

Esto es lo que sí sabemos: Memon condujo a los tres arabeparlantes al escondite en la octava o la novena noche de cautividad de Danny. Llevaron allí equipos de vídeo. Naeem ordenó que se retiraran todos los guardias con excepción de uno, Fazal Karim (que se encontraba en la choza desde el primer día que Danny fue recluido allí). Fazal ha sido detenido y es la fuente de gran parte de nuestra información.

Él le describió a la policía cómo los arabeparlantes filmaron a Danny en cinta de vídeo. También cómo Danny, hablando un lenguaje que Fazal (hablante de urdu) no pudo identificar (probablemente hebreo o francés), se fue enojando progresivamente al intercambiar palabras con uno de los árabes. Explicó también que un paquistaní (Tassadaq Malik, amigo y asistente de Naeem) recibió la orden de poner en marcha la cámara de vídeo. Entonces a Danny se le vendaron los ojos y, con la cámara en funcionamiento, fue asesinado. Fazal narró también que el hombre que tenía a su cargo la grabación, quizá impresionado por la escena, estropeó al parecer parte de la cinta. Uno de los árabes le gritó y debieron volver a poner el aparato en marcha y retomar la grabación.

Tres semanas más tarde, en la recepción del hotel Sheraton, un hombre llamado Abdul Jaliq (alias *Marshall*), pretendiendo ser un periodista de Online Press, suministró una copia del vídeo al agente del FBI John Mulligan, quien también fingía ser un periodista. La policía detuvo a Marshall pero luego le dejó en libertad pensando erróneamente que se trataba de verdad de un periodista. Desde entonces se desconoce su paradero.

Mientras escribo estas líneas, Pervez Musharraf lucha por conservar el control de su volátil país. Mientras este libro va hacia la imprenta, varios activistas más de Lashkar-e-Jhangvi han sido capturados. Estos hombres no parecen estar involucrados en la muerte de Danny, pero representan una grave amenaza para otras personas mencionadas en las páginas precedentes. El 4 de julio de 2003, en Quetta, tres hombres armados entraron en una mezquita chií y asesinaron o hirieron de muerte a 48 fieles. El periodista del *New York Times* David Rohde describió la masacre del siguiente modo:

> Sin decir nada, con aspecto 'muy relajado' y caminando 'de aquí para allá', según el testimonio de los testigos, los tres hombres no identificados sacaron sus armas y mataron y mataron y mataron aquí en la tarde del viernes.

El ataque duró unos diez minutos.

El capitán está investigando lo ocurrido en Quetta. Afirma que para él representa un honor hacerlo.

«Reza por mí», me escribe.

CARTAS A ADAM Y MARIANE PEARL

Querido Adam:

Escribo por aquellos que conocieron la reputación de tu padre como una clase de periodista dispuesto a arrojarse a los más remotos confines del mundo para iluminar a la gente y los sitios que con demasiada frecuencia Estados Unidos presenta de forma caricaturesca y esquemática. Tu padre los describió íntegramente, en artículos colmados de humanidad, profundidad y una buena cuota de ingenio. Dejó de lado los estereotipos preconcebidos: a través de sus páginas era posible conocer a la gente real.

En este mundo en el que Estados Unidos se vislumbra tan inmenso, tanto por su colosal influencia como por su potencial en tanto blanco de ataques, el que hizo tu padre es el periodismo más importante del que yo tenga conocimiento. [...]

El terrorismo que acosa nuestro mundo nunca será vencido sólo por medio de las armas. Primero es necesario comprenderlo. Fue en medio de esa batalla, la batalla por la comprensión, donde tu padre perdió la vida. Estoy agradecido por todo lo que él hizo, y por el ejemplo que ha establecido.

Jon Sawyer
Jefe del departamento de Washington
Redacción del *Saint Louis Post*

Me conmovió que el presidente Bush le pidiese de modo espontáneo a los integrantes del club Gridiron, una organización de periodistas con base en Washington, que le escribiesen cartas a Adam sobre su padre. Las cartas que he recibido, como la anterior de Jon Sawyer, son para mí un precioso obsequio.

Incluso sin que nadie se lo pidiese, miles y miles de personas de todo el mundo nos escribieron a mí, a mi hijo, a los padres de Danny y a todos sus colegas. En ocasiones pude identificar a los remitentes, en otras no. La gente envió mensajes de correo electrónico al *Wall Street Journal* o cartas al consulado de Estados Unidos en sus países, pidiendo que nos las reenviasen. Escribieron en urdu, en japonés... Algunas personas consiguieron rastrear mi dirección y me enviaron paquetes por correo (hermosos regalos, muchos de ellos hechos a mano: mantas, edredones, calzados e imágenes de ángeles). Muchas de las cartas ofrecían ayudas económicas. Había más cartas y correos electrónicos de los que nunca hubiese podido suponer, y mucho menos responder a ellos en forma individual. Pero los leí todos.

Tras una experiencia tan atroz, no había nada que precisase tanto como recuperar la confianza en la naturaleza humana. Acababa de experimentar cuánta barbarie son capaces de cometer las personas, y estaba a punto de traer a un niño al mundo. Vivir día a día la pesadilla fue como ir cayendo por un pozo. Estas cartas (vuestras cartas) han sido el lazo que, palabra a palabra, me ha permitido volver a levantarme, recobrar mis esperanzas y ver la luz al final del camino.

Cuando Adam crezca tendré para él, por un lado, la terrible historia del asesinato de su padre, pero por la otra se elevarán las voces de hombres, mujeres y niños de todo el mundo expresándome el enorme poder de la solidaridad humana. Leyendo cada una de las cartas (de las cuales reproduzco a continuación sólo una pequeña muestra), pude sentir cómo el remitente intentaba hallar las palabras y pensamientos que pudiesen darme esperanza. Estoy convencida de que, si alguna vez derrotamos al terrorismo y detenemos la expansión del odio, será porque hay en nuestro planeta muchos millones de personas semejantes a quienes me escribieron.

Nos referimos a ellas en conjunto como «gente ordinaria». Para mí, cada una de estas personas es extraordinaria.

Señora Pearl:

Deseaba decirle cuán conmovida y triste me siento por la muerte de su esposo. Ni siquiera estoy completamente segura de los motivos por los que me ha conmovido tanto. Pero desde el momento mismo en que supe del secuestro, me embargaron la pena y la esperanza. Mis días incluyeron buscar en los medios de comunicación noticias sobre su esposo (y también sentí una gran angustia por usted). Apenas consigo imaginar esa espera. Deseé con todo mi corazón que fuese liberado ileso.

Quiero que sepa que la mayoría de nosotros (los extranjeros que viven en Estados Unidos) nos sentimos quebrados por su pérdida. No conocí a su esposo, pero hubiese deseado conocerlo. Comparto la compasión y la visión humanitaria que él defendía (y que usted también defiende). Y pese a este terrible resultado, comparto el optimismo de Daniel sobre reunir al mundo en paz algún día. Admiro mucho a aquellos con la voluntad de «caminar el sendero» exponiéndose para que el resto de nosotros conozca la verdad acerca de lo que sucede en esos sitios tan distantes.

<u>Gracias</u> por compartir con nosotros tantas cosas sobre la vida de Daniel. <u>Gracias</u> por haberlo alentado a escribir incluso en sitios peligrosos sobre los que todos deberíamos saber más.

Mi corazón y el de mis tres hijas y mi esposo los acompañan a usted y a su bebé. Le deseamos paz en los años por venir y luz en los días más oscuros.

En cualquier ocasión en que viaje a Chicago, la invitaremos a nuestro hogar.

Con amor y condolencias,
Carole Schmidt
Bloomingdale, Illinois
Estados Unidos

Soy un periodista italiano, tengo 40 años y un hijo mío nació en octubre. También mi esposa es periodista. He trabajado como corresponsal de guerra en Bosnia. Nuestra familia puede entender muy bien (me parece) lo que Mariane siente en estos días. Hemos rezado por ella. Rezaremos por Daniel. Si podemos hacer algo más, por favor, hacédnoslo saber.

Un *abbraccio da* Alberto Romagnoli

Aunque usted no nos conoce, estamos profundamente dolidos por su pérdida y sentimos como si hubiésemos perdido a alguien de nuestra propia familia.

Tenga coraje, pues algo bueno, por muy pequeño que sea, siempre saldrá de esta incomparable tragedia. O al menos eso creo.

Con profundo pesar por su pérdida y plegarias por Danny,
Zarina Mehta
Bombay
La India

Querida señora Pearl y familia:

Deseo expresar mis condolencias por la prematura muerte del señor Pearl. Que descanse en paz. En tanto que soy paquistaní, en este día me avergüenzo de serlo. Su hijo vendrá al mundo odiándonos, pero ¿no se justifica que nos odie? No tengo palabras para decirle cuánto lamento lo que le ha sucedido a Danny. Mi corazón no deja de condolerse por su familia. Danny murió por una gran causa y es un mártir. Siempre tuve esperanzas en que no fuese lastimado y ahora sólo encuentro consuelo sabiendo que él está feliz junto a su creador, mirando hacia abajo y esperando con una sonrisa la llegada de su hermoso hijo por nacer. Danny será su ángel guardián. Gente como Danny hace que valga la pena vivir en nuestro mundo. Que él pueda descansar en paz y Dios le proporcione a usted la fuerza que necesita.

Sultan, Sara, Ryaan y Raniya

Me llamo Remy, tengo 16 años y vivo en Holanda. He oído las últimas noticias sobre Daniel Pearl en el informativo de esta mañana. He sentido una profunda conmoción al enterarme. Es realmente triste y mi mente estalla de ira. He visto esta dirección de correo electrónico para enviarle un mensaje y eso es lo que hago ahora, enviar condolencias a la familia del señor Pearl y a sus amigos. Quizá no sea mucho pero creo que es mejor que nada. Espero que todos vosotros seáis fuertes.

Remy

Estimada señora de Daniel Pearl:

Las noticias sobre la muerte de su esposo me han hecho llorar.

Al conocer su respuesta a lo que esos hijos de puta le hicieron a Danny he llorado aún más. Soy un anciano. Tengo 85 años. He pasado muchas, muchas cosas y todavía no sé cómo lograr contener los insultos. Derramo lágrimas y me pregunto: ¿qué puedo decirle a su quebrado corazón? Quizá el simple hecho de que al escuchar su voz herida y furiosa me ha hecho comprender el coraje y el amor que eran parte fundamental de su matrimonio.

Estoy seguro de que su hijo absorberá el coraje de su madre y de su padre y logrará salir adelante en la vida pese a esta tragedia.

Por favor, discúlpeme. Me era preciso hacer esto, porque en este momento su valentía me ha permitido estimular la mía [...]. El cheque que adjunto (a nombre de ambos, suyo y de su hijo, podéis utilizarlo para lo que deseéis) es una prueba de mis lágrimas. Pero espero que haga posible mucho más de lo que representa. Que sirva en su beneficio.

Es una especie de envío de compensación, pues su voz me ha beneficiado.

Atentamente,

Sam Fink

Great Neck, Nueva York

Estados Unidos

Estimada señora Pearl:

El cheque adjunto ha sido reunido a través de donaciones realizadas por amigos, familiares y clientes de la tienda de licores Deegan de Woodhaven, Nueva York. Nos hemos sentido conmovidos por usted y por la historia de su esposo, y esperamos que esta contribución relativamente pequeña pueda ayudarla con algunos de los gastos del bebé.

Mis mejores deseos,

Elizabeth Deegan,

Woodhaven, Nueva York

Estados Unidos

Mi corazón la acompaña. Que Dios bendiga a Daniel en su cielo. Su asesinato ha sido un acto de conducta bárbara que nadie puede aceptar. Como jordano de familia musulmana, siento una gran vergüenza por los asesinos de Daniel y su acción atroz en nombre del Islam. Me entristece que un hombre de su valía y experiencia muera mientras intenta informar sobre la miseria y la desesperación de esa parte del mundo.

Daniel murió cumpliendo con su deber haciendo las cosas que amaba. Espero que eso os sirva de algún consuelo.

Con mi cariño y el de mi familia,

Dr. Burhan Gharaibeh,

Centro de Investigaciones de Rangos

Hospital de Niños de Pittsburgh,

Pittsburgh, Philadelphia

Estados Unidos

Querida Mariane:

Por favor acepta este edredón como regalo para tu hijo. Me siento tan enormemente conmovida por tu tragedia que deseaba hacer algo por ti. Ya que no nos conocemos, no puedo consolarte. No somos amigas, pero puedes contar conmigo. De cualquier modo, soy una fabricante de edredones y, según los ojos de mi mente, nada expresa tanto el amor como un edredón. [...]

Lleva el nombre «*Perla* de la sabiduría» en homenaje a tu fortaleza, valentía y cortesía. Cualidades que sin duda le transmitirás a tu hijo. Por todo cuanto he leído y visto en relación con Daniel, vuestro pequeño Adam tiene un maravilloso futuro por delante. Espero que el edredón os proporcione a ambos placer, seguridad y algo de confort. Ése es mi deseo. [...]

Cuando abrí la revista de la que proviene este diseño, supe que sería el edredón para ti y para Adam. Ninguna declaración política, ningún mensaje patriótico, sólo un edredón colorido y divertido para un nuevo bebé. Envuelve en el mismo a Adam y envuélvete tú misma y considéralo el abrazo cariñoso de una mujer de Austin, Texas, que se preocupa por vosotros y no os desea sino lo mejor para el futuro.

Los mejores deseos, ¡de veras!
Kyra H. Loadman
Austin, Texas
Estados Unidos

A los familiares, amigos y colegas de Daniel:

Como lector del *Wall Street Journal*, me siento particularmente herido ante tal tragedia. En las imágenes de Daniel que descubrí en la página de Internet de BBC hace unas semanas, al comienzo del secuestro, noté en los ojos de Daniel, pese a su terrible situación, una gran cortesía y dignidad. He sentido eso en otras circunstancias y hubiese sido para mí un verdadero privilegio conocerlo mejor.

Daniel ha entrado ahora en el panteón de los periodistas devotos que han pagado con el alto precio de su vida su deseo de informarnos y sensibilizarnos a nosotros, lectores del mundo libre [...].

Su recuerdo no se extinguirá.
Conservad la fe.
Jean-Marc Peyron
París, Francia

Ruth y Yehuda, Tamara y Michelle, Mariane,
Querida familia:

No existen palabras capaces de consolar cuando es derribado el árbol de la vida de una persona joven que tenía todo su futuro por delante.

No existen palabras capaces de sanar el terrible dolor provocado por el asesinato de vuestro hijo Daniel, un hijo que habéis criado y que llenaba vuestros corazones de orgullo con sus destacados logros. Daniel decidió llevar adelante una misión personal y profesional y con indescriptible coraje penetró en el centro de la oscuridad en tiempos de guerra, en su deseo de comprender, estudiar y mostrar a la comunidad mundial la naturaleza del terror y la lucha contra el mismo.

Aquí en Israel sentimos que Daniel es un trozo de nuestra carne, que el amor de sus familiares, sus amigos y los amantes de la paz y la libertad en el mundo siempre mantendrán vivo en sus corazones.

Os acompaño en estos momentos increíblemente difíciles, sintiendo vuestro dolor y derramando vuestras lágrimas.

Simón Peres

Viceprimer ministro y ministro de Relaciones Exteriores

Pensamos en ti. Cálidos pensamientos y muestras de preocupación con toda nuestra alma.

De parte de los comerciantes de la tienda Wal-Mart número 2281

Nancy (gerente del departamento de electrónica); Ann S., Jack, Cecilia y Valerie (de la juguetería); Sally, Cathy S., Joanice O'Brien, Jean P., Nancy, Rachael, Rick, Lisa Brady, Gale, Betty, Hillary, Jessica, Arriana, Tina y Jim (del laboratorio fotográfico), entre otros.

Tienda Wal-Mart número 2281

West Mifflin, Philadelphia

Estados Unidos

Me llamo Lukman Hidayat y soy un musulmán de Indonesia. Me siento en verdad muy triste tras conocer la muerte del señor

Pearl. Mis condolencias a su familia y que Dios Todopoderoso le otorgue sus bendiciones de modo que pueda sobreponerse a tan lamentable y atroz suceso.

Mis mejores deseos,

Lukman Hidayat

Estimado señor:

El [cheque] adjunto es para la señora Pearl.

Soy un antiguo periodista retirado en Cape Cod. Quisiera creer que todos los periodistas, donde sea que vivan, se sentirán impulsados a ayudarla.

Si tenéis noticias de que la señora Pearl sufre algún tipo de apuro económico, apreciaría figurar en la lista de aquellos que sean informados al respecto. Me esforzaré por ayudar como sea posible.

Atentamente,

Thomas Turley

Estados Unidos

Querida Mariane:

Sé que probablemente no te sirva de mucho consuelo en este terrible momento, pero ten conocimiento de que mi corazón y el de miles de budistas te acompañan. Nadie puede sentir el dolor que atraviesas en este momento, pero no obstante derramamos nuestras lágrimas [...].

«Nam Myoho Renge Kyo»

Brenda Thompson

Houston, Texas

Estados Unidos

Yo y todo mi curso lamentamos mucho la muerte de vuestro esposo/padre. Por tal motivo hemos reunido dinero [mediante una rifa] en el centro comercial Millennium. Obtuvimos unos 2.000 dólares. Esperamos que el dinero le resulte útil. Su esposo era un auténtico héroe estadounidense.

Gregg Stevinski

(en una de las 26 cartas escritas por los estudiantes de literatura de quinto curso de la Sra. Rudolf en el Instituto Escolar de East Hampton.)

East Hampton, Nueva York

Estados Unidos

Amable gente:

Mi hijo Philip se encuentra en Afganistán trabajando para *The Christian Science Monitor* y *U.S. News*. Se nos ha partido el corazón.

Todo nuestro cariño,

Un padre y una madre

John R. Smucker y esposa

Alexandria, Virginia

Estados Unidos

Estimado señor:

Me llamo CHRISTIAN EMEKA UCHE. Soy nigeriano. Soy uno de aquellos que se han informado sobre el secuestro de Daniel Pearl a través de la página de CNN en Internet.

Escribo para que sepa que no es el único afectado por su muerte. Me he sentido más que conmovido cuando leí sobre su asesinato.

Por favor acepte mis condolencias y rece por que Dios lo ayude a soportar su pena actual.

Por favor dígaselo también a la esposa de Daniel Pearl. Sé que estáis atravesando un momento terrible y lo único que puedo deciros es que lo soportéis y permitáis que Dios os guíe y proteja.

Deseo que todos podáis superar esta pérdida.

Dios os bendiga.

De parte de

Christian Emeka Uche

Lagos, Nigeria

Estas líneas son para expresar mi pesar y mis sinceras condolencias a la familia y los amigos de Daniel Pearl. Lo lamentamos en especial por su esposa y su hijo por nacer, quienes resultarán marcados para toda la vida por su muerte más que ningún otro.

El trabajo del señor Pearl nos habla de un hombre decidido a explicarle a su audiencia las complejidades del mundo. Él intentó alcanzar la comprensión de los sujetos sobre los cuales informaba y, en mi opinión, lo consiguió con gran éxito. Leer sus artículos era siempre un placer y cada uno de ellos permite distinguir los rasgos de una mente bien cultivada en el aspecto cultural e intelectual.

Un modo de honrar su legado será, por lo tanto, proseguir su senda y seguir alumbrando a los lectores con artículos profundos, sagaces y provistos de humor y una perspectiva humanística.

De ningún modo una misión sencilla.

Les desea lo mejor,

Henning Gravklev

Oslo, Noruega

A la querida Mariane:

Aquí en Israel celebramos la Festividad de Purim, pero es difícil hallar felicidad en nuestros corazones pues vivimos bajo la sombra del terror. Sólo podemos rezar por tiempos mejores y por un mundo mejor.

Entretanto, te contamos cómo todos los que hemos leído aquí acerca de Daniel sentimos como si le conociésemos un poco. Por favor cuida tu embarazo y vive un parto bueno y sencillo. Todos estaremos pensando en ti cuando llegue el momento.

Que nuestros hijos crezcan en medio de una realidad distinta de la presente.

Con cariño y respeto,
Katie y Aryeh Green
Yonatan (14 años)
Michal (12 años)
Moriyah (nueve años)
Bet Shemesh, Israel

Estimada señora Pearl:

Si eso la hace sentir mejor, mi madre también está embarazada y yo sé lo que se siente al perder a alguien. He perdido a dos familiares a los que ni siquiera he conocido, pero usted ha conocido a su esposo, de modo que al menos podrá contarle a su niño sobre su esposo. Pero yo no puedo hablarle a mis niños sobre los familiares que perdí.

Afectuosamente,
Katie Sorrels
Indiana
Estados Unidos

Mariane Pearl & familia:

Soy una mujer de Belfast, Nueva Irlanda, tengo 29 años y asistí al colegio durante el peor momento de las dificultades. Mi madre es judía croata. Es a través de personas como Daniel como el mundo oye la verdad [...].
Su familia siempre estará en mi corazón.
Mis mejores deseos,
Natalija Harbinson
Surbiton, Surrey
Inglaterra

De parte de la Asociación Internacional de Bomberos, su presidente general Harold Schaitberger y toda nuestra organización, le enviamos a la esposa de Daniel Pearl y al personal del *Journal* nuestras más sinceras condolencias por la trágica muerte del periodista del *Wall Street* Daniel Pearl.

Tanto si se trata de la muerte de 343 bomberos de Nueva York en el ataque al World Trade Center como de un solo reportero del *Wall Street Journal* asesinado en Pakistán como resultado de un ataque terrorista, éstos eran todos hombres que cumplían con sus trabajos del mejor modo que sabían, e intentaban hacer de este mundo un lugar mejor.

Nuestros corazones expresan su pesar a todos en la familia del *Journal* y, en particular, a la señora Pearl y a su hijo por nacer.
Que Daniel descanse en paz.
George Burke
Washington D.C.
Estados Unidos

¡Hola! Mis más profundas disculpas, mi más hondo pesar por su pérdida y su dolor. Soy chií, vivo en Karachi y me crié mientras mi padre estaba en prisión, entre 1977 y 1988, por pertenecer a un movimiento favorable a la democracia. No puedo penetrar en la profundidad de su pena pero me conmueve por su significado. La sangre de su esposo se equipara a la de todos aquellos que han intentado rebelarse, luchar y ponerse de pie ante la opresión a lo largo de toda la historia, ejemplificados por los mártires de Kerbala, y su muerte no será en vano.

Soy de profesión arquitecto y sería para mí un inmenso honor poder diseñar la sepultura de su esposo (si es que ya no lo han hecho) acorde con la herencia arquitectónica de la región, como una forma de testamento local a su sacrificio [...]. Que la bondad la acompañe y la memoria de los mártires y de aquellos que han sufrido le den la fuerza y la hagan sentirse orgullosa. Khuda Nigehban!

Tehmoor Nawaz

Querida Mariane:

La cuestión de los actos inhumanos nos es muy familiar. Hace tres años adoptamos a un niño brasileño, Luciano, que vivía en las calles de una gran ciudad de Brasil. Había sido torturado por [un] policía de civil contratado por mercaderes para asesinar a los niños callejeros, que consideraban una molestia. Sin la acción de la prensa y de Amnistía Internacional, estos hechos horrendos hubiesen proseguido. Pero gracias a periodistas valientes como Daniel, Luciano sobrevivió y está bien. No empleamos el término «héroe» muy a menudo, pero no dudo que se aplica a Daniel, quien se puso conscientemente en una situación de peligro para revelar situaciones de tiranía.

Aunque nunca os hemos conocido ni a ti ni a Daniel, no olvides por favor que vuestro coraje vivirá por siempre en nuestros corazones. [...]

Con amor,

Kathy, John y Luciano Vaden,

Greeneville, Tennessee

Estados Unidos

Querida Mariane:

[...] Ignoro si lo hubieses deseado, pero recité el Kaddish por Danny.

Muchos, muchos cariños,

Anne-Marie Dogonowski

Smorum, Dinamarca

ESPERO QUE SEA SUFICIENTE PARA EVITAR QUE EL MUNDO ENLOQUEZCA.

[Nota adjunta a un billete de cinco dólares enviado desde Brooklyn, Nueva York]

Es probable que muchos de los que están escribiendo a esta dirección no hayan conocido a Danny Pearl. Yo no soy la excepción.

De todos modos, al igual que los obituarios de aquellos que murieron en septiembre [...], el epitafio publicado ayer en honor de Danny reveló hasta la más tenue luz de un individuo cuyo rostro nunca conoceré, una persona comprometida, provista de opinión, única, brillante y con una mente inquisitiva. Son exactamente los rasgos que yo busco al conversar con la gente en busca de nuevas amistades. Y es la repentina pérdida de alguien que los posee lo que me provoca mayor pesar.

Al final de nuestros días, quizá eso sea lo único que hayamos conseguido: conectarnos humanamente con otro individuo, uno que nos conmueva, que desafíe nuestras convenciones y nos consuele cuando el mundo empieza a derrumbarse a nuestro alrededor. Sospecho que, para sus colegas, amigos y familiares, Danny constituía eso.

Juli Goins
Minneapolis, Minnesota,
Estados Unidos

Señora:

Acabo de conocer la noticia sobre el nacimiento de su hijo el pasado jueves en París. Me he alegrado tanto que desearía enviarle mis más cálidas felicitaciones y deseos de buena salud para usted y para su hijo.

Como todos mis compatriotas, he admirado su valentía tras la muerte de su esposo en circunstancias tan repugnantes. Espero con toda el alma que el nacimiento de su hijo le proporcione satisfacción tras tan terrible experiencia.

Cuente con la seguridad de que mi ministerio estará a su disposición ante cualquier problema que usted pudiese llegar a tener con las autoridades paquistaníes o estadounidenses.

La acompaña respetuosamente,
Dominique de Villepin
Ministerio de Relaciones Exteriores
Francia

Quisiera expresar mi tristeza por el hecho de que este joven haya sido asesinado por terroristas. Enviad mis plegarias a su esposa, sus familiares, sus amigos y sus compañeros del *Wall Street Journal*.

Desde el rancho,
Bobby Leezer
Magnum Creek Ranch
Estados Unidos

Pasillo de la muerte
Tercer círculo
Prisión central
Rawalpindi
Asunto: Condolencias
De mi mayor consideración,

Este mensaje es para expresar mi pena ante la prematura muerte del señor Daniel Pearl, el fallecido ciudadano y periodista estadounidense, a manos del terrorismo religioso en Pakistán.

Que su alma descanse en el cielo.

Mi pesar a la sufriente familia y al gobierno de Estados Unidos.

Dr. Mohamed Younas Shaij

(Yo mismo una víctima del terrorismo religioso de los *mulás* a través del abuso de la Ley de Blasfemia 295/e PPC y de amenazas al justo funcionamiento de la ley y la justicia.)

[El doctor Mohamed Younas Shaij era profesor de medicina homeopática en un colegio de Islamabad. Es uno de los cerca de 12 profesores acusados de blasfemia por estudiantes. Su crimen: durante una clase en el año 2000 pronunció un inofensivo comentario sobre los orígenes del islam. Shaij fue condenado y espera su ejecución, ya que la pena de muerte es obligatoria según la Ley de Blasfemia.]

Chère Madame:

Estoy por completo hecha añicos por lo que le está sucediendo e ignoro cuáles sean las palabras de consuelo apropiadas. Todas las que se me ocurren parecen inadecuadas [...]. Lo único que creo a mi disposición es invitarla a estar por un tiempo en mi hogar si es que considera venir a Francia.

Soy una doctora retirada y vivo con mi esposo en el sur de Francia, cerca de Montpellier, en una amplia casa de campo junto a la playa.

Sería usted bienvenida, nos preocuparíamos por que pasara un buen momento, la mimaríamos un poco, le cocinaríamos pequeñas delicadezas culinarias y la rodearíamos de todo nuestro afecto. (Yo tengo tres hijos y seis nietos.)

Aunque no la conozca en persona, me tomo la libertad de enviarle un beso.

¡CORAJE!
Edmée Finet
Francia

Queridas personas:

Mi familia y yo queremos enviaros todos nuestros mejores deseos y nuestro amor ante la pérdida de Daniel Pearl. Nuestro hijo de 20 años, Andrew, se encuentra como piloto en el buque *Kitty Hawk* de la Armada estadounidense. Rezamos cada día por nuestros camaradas militares, que Dios les proporcione a todos seguridad. Daniel ha estado presente en nuestras plegarias familiares (incluyendo las de nuestro hijo de seis años) desde el 23 de enero.

Daniel estará SIEMPRE presente en nuestros corazones. ¿Sería posible que le comunicaseis a la esposa de Daniel y a sus padres cuánto lamentamos este crimen sin sentido? También lamentamos VUESTRO dolor.

Gracias por vuestro tiempo. Dios os bendiga.

Saludos,

Sandy, Mike, Kristina, Kimberly Palumbo

(Round Rock, Texas)

Andrew Yarnish

(*U.S.S. Kitty Hawk*, Atsugi, Japón)

Estimados señor y señora Pearl:

[...] Conozco a Danny desde el octavo año de instituto. Danny y yo nos hicimos buenos amigos en la colonia de música de Wildwood, donde compusimos juntos ridículos números musicales para los fogones, y seguimos siendo amigos en Stanford, y más tarde en Washington, donde trabajábamos en la misma calle hace unos seis o siete años.

No sé si me recordáis. Nos conocimos fugazmente unas pocas ocasiones cuando mi madre y mi padre se detenían un instante en vuestra casa para recoger a Danny y llevarlo a la colonia de música. Danny siempre hablaba de vosotros con un gran amor y calidez (incluso teniendo en cuenta que la mayoría de los adolescentes nos sentimos un poco abochornados por nuestros padres) [...].

Mi corazón se quebró, especialmente por vosotros, cuando me enteré del asesinato de Danny. Ahora yo mismo soy padre, y he visto en Danny todo aquello que desearía en el futuro para mis propios hijos (y no me refiero en absoluto a logros laborales, sino a su habilidad para vivir la vida con intensidad, su habilidad para experimentar sin represiones la alegría, su habilidad de ser profundo sin resultar pedante, su habilidad para hallar (y añadir) humor a la vida sin adoptar el fácil distanciamiento de un cínico, y su habilidad para ser espontáneo y natural en las relaciones con los demás).

Esos atributos son arduos de encontrar: un ser humano íntegro y por completo maduro. Paradójicamente, son también atributos que encontramos con más frecuencia en los niños que en los adultos. Y aquellos adultos que conservan tales atributos fueron sin excepción criados por padres que los amaron sin apabullarlos y sin intentar vivir sus propias frustraciones en ellos.

Vi a Danny por última vez durante una fiesta de despedida que se le organizó en Washington hacia 1996, y me impactó cómo había conseguido mantener vivo todo lo mejor que había visto en aquel adolescente de la colonia musical. Debo admitir, además, que me causó cierta envidia, pues se me ocurrió que, al igual que mucha otra gente, yo había construido a mi alrededor esa especie de membrana invisible que debía empujar (hallando cada vez mayor resistencia) a fin de conectarme con otros del mismo modo que lo había hecho en otros tiempos, e incluso para conectarme con mis propias verdaderas aspiraciones. Con Danny no existía tal barrera entre él y él mismo. No me sorprende que la gente lo apreciase tanto. [...]

Estoy convencido, por haber conocido a Danny y por haber escuchado a otros que tuvieron la bendición de conocerlo, de que cientos y cientos de personas, en forma consciente o inconsciente, obtuvieron de Danny una lección similar y recibieron de él la inspiración para vivir una vida mejor, más plena y con mayor entrega. Por enriquecerme a mí y a otros de ese modo, sé que no debo agradecerle sólo a Danny, sino también a vosotros.

Mis pensamientos y mis plegarias seguirán a vuestro lado.

Atentamente,

Leon Dayan

Washington D.C.

Estados Unidos

Querida Mariane:

¡Espléndidas noticias: Adam está aquí! Nos alegramos por ti y nos conmueve saber que ambos estáis bien.

Siempre recuerdo con alegría nuestra visita a París y espero conocer a Adam algún día.

El presidente Bush y yo os enviamos a ambos nuestro cariño y nuestras esperanzas de que estos días sean el principio de una nueva luz en vuestras vidas.

Con los más cálidos deseos,
Laura Bush
La Casa Blanca

Queridos familiares y amigos de Daniel Pearl:

[...] Me he despertado pensando en Danny y en vosotros a las 4.30 de la madrugada y las lágrimas cayeron sobre mi almohada mientras meditaba qué cosas deciros.

Espero que consigáis eventualmente superar vuestro dolor (confío en que la señora Pearl y su bebé recién nacido serán colmados de amor y apoyo). No dudo de que el bebé será un nuevo luchador en este mundo.

Mi esposo y yo interpretamos vieja música irlandesa para guitarra y mandolina, y tocaremos *Red-Haired Boy* en recuerdo de Danny.

Nuestros mejores deseos y muchos cariños,
Susan Coale,
Highland Park, Illinois
Estados Unidos

Mi esposo James W. Barbella murió el 11 de septiembre en el World Trade Center. Comprendo el horror que está atravesando la esposa de Danny. Esto no pondrá fin a su dolor, pero deseo que sepa que hay mucha gente que se preocupa por ella.

Atentamente,

Monica Barbella

Nueva York

Estados Unidos

Querida Mariane:

Felicitaciones por el nacimiento de Adam. Sé que tu alegría es contenida por la pena. Dado que mi madre enviudó tres meses antes de que yo naciera, tengo una idea de lo que estarás sintiendo y pensando sobre el futuro de tu hijo.

Mi madre trabajó duro para brindarme la sensación de que yo había conocido a mi padre, de que debía sentirme orgulloso de ser su hijo y de que mi vida podría honrar su memoria. El amor de mi madre me dio fuerzas y seguridad para llenar el vacío provocado por la ausencia de mi padre. Sé que tu amor logrará lo mismo.

Mis pensamientos y mis plegarias, así como los de Hillary, están contigo.

Atentamente,

Bill Clinton

Estimada Sra. Pearl:

Dentro de este sobre hay una carta de condolencia de Su Majestad Shaij Hamad Bin Jalifa al-Thani, emir del Estado de Qatar, relacionada con el triste y lamentable asesinato de su esposo.

En esta ocasión desearía yo también comunicarle mi pesar personal. De hecho, Daniel era un buen amigo mío y lo echaré mucho de menos [...].

Hace pocas semanas recibí los cuadernos que él había prometido enviarme. Era un hombre de palabra.

Atentamente suyo,

Abdulrahman Bin Saud al-Thani

Subsecretario de Estado de Qatar

Querida señora Pearl:

Me ha estremecido conocer el brutal y salvaje asesinato de su amado esposo. Al tiempo que condeno con decisión este acto de barbarie y todas las acciones terroristas similares, me agradaría expresarle mis sinceras condolencias y mi pesar rezándole a Dios Todopoderoso por el descanso del alma de su esposo y garantizaros a usted y a su desconsolada familia fortaleza y solaz para sobreponeros a esta terrible y dolorosa pérdida.

Hamad Bin Jalifa al-Thani

Emir del Estado de Qatar

Diez consejos útiles para bebés, unos pocos entre los muchos enviados por el curso de quinto grado de la señora Brosius, Escuela Media de Laurin, Vancouver, Washington D.C.

Intenta no darle demasiados alimentos redondeados pequeños. Podrían subírsele a la nariz.

No dejes al bebé solo en el coche. Podría no estar cuando regreses.

Nunca le pegues o luego él pegará a otra gente.

No permitas que coma guisantes. Podrían subírsele a la nariz.

Si no se duerme, colócalo en su carrito y llévalo a dar un paseo.

Nunca sometas a tu bebé a un repentino cambio de clima, por ejemplo, de Washington a Texas.

Si lo llevas a Disneylandia, nunca le permitas entrar en la Mansión Encantada, pues podría asustarse demasiado.

Si tienes una cama elástica, no le permitas subirse porque podría caerse y lastimarse.

Coloca tu dinero en un lugar lo bastante elevado, pues podría tragárselo.

Como es un varón, cuando le cambies los pañales hazlo a cierta distancia pues por alguna razón inexplicable tienden a hacer pis no bien sienten que se afloja el pañal. ¡Ten cuidado!

No me conoces. Soy sólo una de las muchas personas que han seguido los avatares del secuestro del señor Pearl en las noticias durante el mes pasado. Lamento haberme enterado esta mañana que lo han asesinado, y deseaba que su familia y amigos supiesen que los acompaño en el sentimiento. Sé que es un momento muy difícil.

Tatiana Schwartz
Gerente general, MITS
Michigan
Estados Unidos

Estimados familiares y amigos del Sr. Pearl:

[...] Quizá esto no os sea de consuelo ahora [...], pero pienso que el señor Pearl y todos los periodistas cumplen una importante tarea. Les debemos nuestro reconocimiento y gratitud por ayudar a que el mundo siga siendo un lugar libre. Cuando muere un periodista realizando su trabajo, muere a nuestro servicio. Agradezco al señor Pearl y a to-

dos los periodistas por el riesgo que asumen. No puedo imaginar cómo
sería el mundo si ellos no corrieran semejantes riesgos.

Nathaniel Toll
Athens, Georgia
Estados Unidos

Querida señora:

Nunca he conocido a su esposo. De hecho, no leo el *Wall Street
Journal* con demasiada frecuencia. Es más, soy turco. Y musulmán.
De cualquier manera, me siento terriblemente afligido por este atroz
acto criminal, que va más allá de cualquier clase de pensamiento religioso [...].

Espero que Dios os proporcione a usted y a su hijo la fortaleza
para atravesar estos momentos tan difíciles. Yo, como ciudadano del
mundo, quiero ver también que los autores de este acto de barbarie
se enfrenten al filo de la justicia.

Lo único que puedo decir en este momento es que su esposo es
ahora uno de aquellos grandes maestros que le enseñan a la humanidad la importancia de la libre expresión y del entendimiento entre
las culturas.

Ozgur Altinyay
Estambul, Turquía

Querida señora Pearl:

Mi esposo Keith y yo conocimos a Danny una soleada tarde de
verano en Washington, cuando el *Wall Street Journal* derrotó al *New
York Times* en un encuentro de *softball*. Tras el partido, Danny y algunos de sus colegas se unieron a mi esposo y a mí para beber unas

copas, y tuvimos el placer de conocer a Danny, al menos de forma superficial.

Hay muchas personas que vemos sólo una sola vez y luego olvidamos. Danny no era una de ellas. Recuerdo a Danny porque era clara y evidentemente una buena persona. No dudo que usted lo sabrá mejor que nadie y lloramos junto a usted la pérdida de un marido, un amigo y el padre de su hijo.

Con nuestros mejores deseos para usted y para los suyos,
Robyn Meredith
Keith Bradsher

Yo fui uno de los 52 estadounidenses retenidos como rehenes durante 444 días en Irán entre 1979 y 1981. Acepte por favor nuestras más hondas condolencias. Admiro lo que estaba haciendo Daniel. Eso no será ningún consuelo, pero estoy seguro de que su hijo crecerá con la gratificante conciencia de que su padre era una persona generosa, agradable y sinceramente comprometida.

Barry Rosen
Nueva York
Estados Unidos

Teniendo en cuenta que constituimos una parte del mundo que interactúa, controla y redefine su propio entorno, me siento yo mismo parte de la inevitable vergüenza de que un individuo haya podido ser asesinado en forma innecesaria e impiadosa. Mis plegarias y sincero pesar a la familia del señor Daniel Pearl.

Bin Bakshi
Mumbai, India

Querida Mariane:

Soy una estudiante de la India y estoy profundamente conmocionada por el asesinato de tu esposo. Sólo puedo decir esto: si existe un DIOS en alguna parte, él DEBERÁ castigar a quienes lo mataron. [...]. Espero que, dondequiera que esté Danny, se encuentre en buenas manos. SÉ que os observará atento a ti y a vuestro bebé. Por favor no te sientas sola. Si te sirve de algo, estaré rezando por ti, por tus familiares y por todos aquellos que sienten esta terrible pérdida. Provengo de una familia de oficiales del ejército. Fui criada como una testigo de Jehová con una mente liberal, tolerancia y capacidad de perdón. NO PUEDO aceptar lo que le ha sucedido a tu esposo. Creo que los autores de este horrendo crimen no deberían ser perdonados jamás.

Por favor, sé fuerte y por favor no permitas que el odio amargue tu vida. Te acompaño en esta pena [...].

Con todo mi amor y mis plegarias
Vasundhara Sirnate
Nueva Delhi
La India

Los integrantes de la compañía Batesville American Mfg. Co. deseamos enviarle nuestras condolencias a la familia Pearl por la trágica muerte de Daniel Pearl.

Mientras miraba anoche la CNN y anunciaban la muerte del señor Pearl, empecé a llorar. Había rezado por que retornase junto a su familia. Podemos preguntarnos «por qué» durante el resto de nuestras vidas y jamás seremos capaces de entender cómo un ser humano puede quitarle la vida a otro en semejantes circunstancias.

Dios bendiga a la familia Pearl y que supere la prueba del tiempo soportando la ausencia de tan espléndida persona.

Helen Williamson

Batesville American Mfg. Co.
Batesville, Mississippi
Estados Unidos

Soy una periodista estadounidense que vive y trabaja en Berlín, Alemania. No conocí al señor Pearl, pero me siento impotente y triste. Estoy furiosa y no tengo palabras para expresarme. Por mucho que me decepcione mi profesión a menudo, por mucho que me sobrevuele la idea de dejar el periodismo, no puedo permitir que semejante violencia sin sentido borre las palabras que escribimos ni que silencie nuestras voces. Espero que sus familiares, amigos y colegas sepan que compartimos su pesar y estamos decididos a seguir adelante. Nuestras voces serán oídas, nuestras fotos serán vistas, la verdad será pronunciada.

Pilar Wolfsteller
Reuters TV
Berlín, Alemania

El primer ministro del Gran Ducado de Luxemburgo desea expresar sus hondas condolencias a la familia de Daniel Pearl. Las atroces circunstancias de su muerte, por insoportables que resulten para su familia y amigos, constituirán un recordatorio para toda la humanidad de que la libertad es, sobre todo, libertad de expresión y pensamiento. Daniel Pearl fue una luz en un océano de sombras. Que su luz siga brillando para todos nosotros. Aquí en Luxemburgo, deseamos subrayarle a su esposa nuestro pesar por la pérdida de un esposo y del padre que hubiese sido. Nuestros sentimientos acompañan también al hijo por nacer. Que el ejemplo de su padre represente para él/ella una luz que le guíe por siempre.

Jean-Claude Juncker
Primer ministro del Gran Ducado de Luxemburgo

Me he enterado con enorme tristeza de la muerte de Danny Pearl. Aquí en Irlanda la gente siguió sus avatares en los periódicos y en televisión, esperando contra todos los malos pronósticos una pronta liberación. Su alma y su familia estarán en mis pensamientos y en mis plegarias. RIP

Terry O'Connell

Fue un momento muy, muy triste para todos nosotros aquí cuando nos enteramos de la muerte del señor Daniel. Tenemos el corazón partido por la pena que nos causa su muerte. Nuestros corazones están con su esposa, su hijo por nacer, su familia, amigos y colegas.

Su asesinato es un acto de maldad y condenamos a aquellos que cometieron este crimen. Actos tan cobardes son castigados severamente por nuestra religión. No hay justificación alguna para sus actos criminales.

Que Dios os proporcione toda la voluntad y la fuerza para superar esta pérdida, y recordad que él partió como un héroe y que es un Dios.

Que Dios os bendiga a todos, amén.

Atentamente vuestros,

Abdurehman Jewaid Banihamed
y toda mi familia y amigos
Ana Banihamed, Ismael Abdurehman,
Salim Rawashdeh, Zaid Jebreel,
Basim Mustafa, Mohamed Salih,
Abdu Al-Salam, Mansur Jewaid,
Mohamed Alí Suliemanm Sameh Jewaid,
Yusef Jewaid, Wasfi Jewaid, Falah Jewaid

Al *Wall Street Journal*:

Mis sinceras condolencias por la prematura muerte de vuestro periodista Daniel Pearl. Su brutal secuestro y bárbaro asesinato me han afectado profundamente. Al igual que el señor Pearl, mi cuñado Robert Stethem fue asesinado por terroristas. El sinsentido de la muerte de Robbie y el terrible pensamiento de lo que pudo haber sufrido todavía me hielan la sangre.

Que los amigos, colegas y seres queridos del señor Pearl tengan el consuelo de saber que murió haciendo lo que amaba: ser un periodista.

Que Dios os bendiga y consuele en este momento de necesidad, y que el señor Pearl pueda descansar en paz para toda la eternidad.

Ray Sierralta

Yo, como ciudadano paquistaní, desearía expresar mi pesar y dolor por la muerte de Daniel Pearl. La gente de mi país está conmovida y horrorizada por la toma brutal de un alma inocente y desearía expresar sus condolencias a sus familiares, amigos y compatriotas. Nuestros corazones os acompañan en la guerra contra el terrorismo. Que Alá nos ayude a todos a derrotar a estos enemigos que se hacen pasar por defensores de la fe.

Zaki Haq
Karachi
Pakistán

Querida señora Pearl:

Por favor acepte mis más sinceras condolencias con ocasión de la trágica muerte de su esposo.

Ha sido una nueva víctima inocente de una gente y un grupo de organizaciones que han hecho de cometer hechos de violencia, secuestrar, asesinar y propagar el terror su profesión. El terrorismo internacional no conoce fronteras ni nacionalidades. Existe en Pakistán y Afganistán, en Oriente Medio y en los Balcanes, tanto como en otras regiones del mundo. Por desgracia, también aquí en Rusia hemos sido testigos de actos inhumanos de terroristas que decidieron convertir a una parte de nuestro país (Chechenia) en su base de acción. Miles de personas, incluyendo a ciudadanos rusos y extranjeros, se han convertido en víctimas de sus pillajes, sus brutales actos de terror y su toma de rehenes. Es por eso que comprendemos y compartimos su dolor como si fuese el nuestro.

Es para combatir en forma global el desafío a la seguridad y el bienestar del pueblo de Rusia que Estados Unidos y otros países han congregado sus esfuerzos. Haremos todo lo posible para acabar con este mal, para eliminar la amenaza del terrorismo, para hallar y neutralizar a todos aquellos que ocasionan muerte y destrucción.

Por favor, transmítale mi pesar a los padres de Daniel Pearl, a todos sus familiares y amigos, y a sus colegas del *Wall Street Journal*.

Atentamente,

Vladimir Putin

Presidente de la Federación Rusa

Sé que recibiréis miles de correos electrónicos en relación con la muerte de Daniel Pearl, pero me siento forzada a deciros, por una parte, que he seguido las instancias del secuestro con toda atención. He rezado para que regresase a salvo a casa y miré las noticias como toda madre observa dormir a un recién nacido. Al igual que sus familiares, hasta el día de hoy, mantuve la esperanza de una reunión con su amada esposa.

Mi corazón sangra por su familia y por el sinsentido de todo esto, y por constatar que tantas cosas de nuestro mundo son inexplicables y sencillamente escapan de nuestro control. La muerte del señor Pearl es una tragedia nacional. Vivo en el mejor país del mundo, no por su potencia militar, sino por su compasión y su tolerancia. Ver que uno de los nuestros pierde la vida en nombre de cualquier causa indefinible es muy triste.

Después de que se ha hecho todo y se ha dicho todo, nos percatamos otra vez de que la vida es en verdad muy frágil. Ahora rezaré para sanar a la señora Pearl. Ella tendrá múltiples recuerdos para compartir con su recién nacido, y espero que su dolor se haga más soportable con el nacimiento de su hijo. Si yo supiese dónde enviarle flores, le mandaría un ramo tan inmenso que no cabría en su hogar. Por favor comunicadle que muchos de nosotros compartimos su sufrimiento. No creo que eso alivie su pena pero le ayudará saber que millones de personas la acompañan en espíritu.

Patricia DiSiena
Houston, Texas
Estados Unidos

Señora Pearl:

[...] En la India tenemos un refrán: «Un ser humano llega a la tierra sin ninguna posesión y la deja sin ninguna posesión. El alma es la cosa más importante pues mientras nosotros cambiamos ropas, el alma cambia de cuerpos». Es decir que debemos partir para ocupar las moradas celestiales y Dios no puede estar sin la gente que ama, de modo que la convoca muy pronto para permanecer a su lado.

Daniel debió de ser una gran persona, ya que todo el mundo ha expresado dolor por su muerte.

Cuídese y todo saldrá bien.

Con mis mejores deseos,

Ravi Dixit

Por favor acepte mis condolencias en relación con el asesinato de Daniel Pearl. Este increíble acto de salvajismo subraya por qué estamos combatiendo al terrorismo. Debe de ser demoledor para su familia.

Con mis mejores deseos,
Alan Taylor
Ayrshire, Escocia,
Reino Unido

Hola:

Me llamo Jennifer y quiero ser periodista [...]. Durante mucho tiempo me he sentido confundida acerca de lo que quería hacer en mi vida. Deseaba estudiar una carrera que me proporcionase alegría, pero que también proporcionase alegrías a la comunidad global. Cuando empecé a leer la historia de Daniel, comprendí la pasión y el coraje que poseen periodistas como él. Adquirí entonces un absoluto y profundo respeto por aquellos como Daniel. Creo que los periodistas son el primer vínculo en la cadena de la revolución y el cambio. Llevo en mi cartera una fotografía de Daniel para recordarme por qué he decidido convertirme en periodista. Espero que Adam, el hijo de Daniel, crezca sabiendo que su padre no murió en vano, pues sé que no soy la única persona cuya vida ha sido influida por Daniel. Les deseo lo mejor a Mariane y a su hijo recién nacido.

Gracias,
Jennifer Taylor
Minneapolis, Minnesota
Estados Unidos

Estoy profundamente conmovido por el destino del señor Pearl y no comprendo en absoluto este horrible crimen contra él y su familia. Como periodista y como ser humano, yo mismo denuncio con fuerza semejante acto de barbarie. ¡Nunca más! Entrego mi corazón a la familia, los amigos y los colegas del señor Pearl.

Atentamente,
Werner Pochinger
Austria

Me disculpo en nombre de mis compatriotas por el acto tan vergonzoso y cobarde cometido contra su marido en nuestro suelo, al parecer por nuestros compatriotas.

Mucha gente la habrá consolado empleando distintas frases y palabras. Siendo un abogado y trabajador social, soy muy consciente de su situación. [...]

Sé que debe estar indecisa sobre su futuro. Quiero compartir sus sentimientos. Pero no puedo ofrecer ningún sustituto mejor a su fallecido marido si usted no considera apropiado vivir en Pakistán. Estoy listo y deseoso de apoyarla y compartir con usted la pena, incluyendo el respetado lazo matrimonial si usted lo desea.

Mis mejores deseos,
Mohamed Ahmed
(abogado)
Karachi

Querida señora Pearl:

Le escribimos a usted y a su respetable familia para expresarles nuestra más honda condolencia ante la triste partida de Daniel Pearl. Por favor permitidnos compartir con vosotros estos tristes momentos teniendo en cuenta cuán noble persona y cuán destacado periodista era Daniel.

Estamos profundamente entristecidos tras conocer la pérdida de la vida de Daniel, por quien también nosotros guardamos un profundo respeto. Mi pena y mi dolor son aún mayores si recuerdo la grata y cálida amistad que Daniel y yo compartimos en los últimos años. Siempre he sentido placer al leer su artículos y escritos [...].

Daniel sacrificó su vida por no aceptar ninguna presión que contradijese su idea de lo que debe ser la doctrina de la comunidad periodística internacional en todo el mundo. Es decir, mantener la llama de la verdad siempre encendida y por sobre el resto de las cosas.

Le reiteramos a usted nuestras sentidas condolencias, así como a los familiares y amigos del fallecido, que son quienes más sentirán su ausencia.

Atentamente,
Sultán Bin Zayed Al-Nahyan
Viceprimer ministro
Emiratos Árabes Unidos

Ayer me senté con mi hijo menor mientras miraba las noticias que confirmaron la muerte de Daniel. Mi hijo, que tiene nueve años, se sintió muy conmovido por la tragedia y me formuló numerosas preguntas acerca de cómo era Daniel en su vida personal, más allá del periodismo. Todos estamos muy tristes por la pérdida de esta vida y me pregunto qué demonio conduce a alguien a hacerle a Daniel lo que le hizo. Cuando miro a mi hijo, me pregunto cómo juzgarán las próximas generaciones los acontecimientos que tuvieron que afrontar desde el 11 de septiembre, y de qué forma se pararán ante el mundo. Rezo para que no sean minados por el odio, sino que distingan la bondad humana en toda su magnitud. No tengo respuestas sencillas para sus [preguntas] sobre los motivos por los que murió Daniel. No tengo una respuesta sencilla acerca de por qué existe el mal. Rezo por su familia y por que al fin logréis la paz.

Debra Leverton

Querida Mariane Pearl:

Como padre y como esposo me hallé al borde de las lágrimas tras enterarme de la muerte de su esposo Daniel. Todavía no consigo creerlo.

Como un ser humano decente y ordinario, no ha sido necesario conocer a su marido para sentirme enfurecido ante el brutal e inútil asesinato. No puedo entender cómo ninguna causa, sea política o de cualquier otra característica, pretende justificar actos inhumanos de semejante brutalidad. No se trata sólo de una acción contra un estadounidense. Es una acción contra los seres humanos ordinarios que aman la paz y la libertad en todas partes. [...]

Que Dios todopoderoso le asegure a usted paz y bienestar en tan difícil momento y que dé a luz al hijo que porta en su vientre en perfecto estado de salud. Que Dios la ayude a superar estos duros instantes. Amén

James Monday
Banjul
Gambia

A los familiares, amigos y colegas de Daniel Pearl les ofrezco mis más hondas condolencias.

Jamás antes había sentido con tanta intensidad las siguientes palabras de John Donne:

«Any man's death diminishes me, because I am involved in Mankind; And therefore never send to know for whom the bell tolls; it tolls for thee.»

[La muerte de cualquier hombre me disminuye, porque formo parte de la Humanidad; en consecuencia, nunca envíes a nadie a preguntar por quién doblan las campanas: doblan por ti.]

Como consecuencia de la muerte del señor Pearl, las campanas doblan por el mundo. No conocí al señor Pearl, pero siento su desaparición profundamente. De todos modos, confío y tengo la esperanza de que su espíritu de compasión, generosidad y creatividad se contagie en algunos y fortalezca a otros como resultado de las terribles acciones de las que ha sido víctima. Por favor sabed que no estáis solos en vuestra congoja.

Atentamente,

Kim Mitchell

Mis más profundas condolencias por la muerte de Daniel Pearl, quien fue todo lo que yo desearía ser en tanto estudiante de ciencia política. Espero que nuestra humanidad común nos reúna algún día y detenga la injusticia en nuestras dos naciones.

Firas Maksad

Beirut, Líbano

Querida Mariane:

Soy una periodista española y mi novio ha sido corresponsal de guerra en Afganistán. La muerte de un periodista es siempre una tragedia. Las circunstancias en las cuales su esposo fue asesinado en Pakistán, mientras llevaba adelante una misión difícil y valiente, hace que este crimen resulte en particular intolerable y que haya producido enorme impacto entre todos los periodistas aquí en España. Desearía enviarle mis condolencias y un fuerte abrazo.

Mis mejores deseos,
Cecilia Ballesteros

Querida señora Pearl:

Todos nosotros aquí en el *New York Times* estamos profundamente dolidos por las trágicas noticias sobre su esposo. Él y yo nunca nos conocimos, pero no pude permitir que prosiguiera el horror sin escribir para deciros a usted y a la familia Pearl cuánto lamentamos la desaparición de Danny y vuestra pena.

Estáis en nuestros corazones y en nuestras plegarias.
Cariñosamente,
Arthur O. Sulzberger Jr.
Nueva York

Señor:

Yo, en nombre de los miembros de mi personal, expreso de corazón mi conmoción y congoja por la prematura y trágica muerte del señor Daniel Pearl, y expresamos nuestras condolencias al *Wall Street Journal* y a la destrozada familia del alma que nos ha dejado.

Que descanse en paz.
Nuestros mejores deseos,
Ramezanali Yusefi
Director regional
Agencia de Noticias de la República Islámica

Querido Adam:

Acabo de ver una fotografía de tu hermosa madre, sonriendo mientras te sostiene seguro y dormido en sus brazos. Esa fotografía de una madre y un recién nacido ha sido difundida por todo el mundo, y ha provocado lágrimas en muchos ojos, incluyendo los míos. Hemos esperado tu nacimiento como si fueses parte de nuestra familia.

Soy reportera de un periódico en Washington. Lamento no haber conocido a tu padre, pero el mundo le describe como un hombre valiente y heroico. Era un excelente periodista en la mejor tradición: un idealista que iluminaba con la verdad los sitios más oscuros. Él deseaba cambiar el mundo. De hecho, lo cambió. Nos ha dejado a su hijo, a ti, que mantendrás vivo su nombre.

Ser periodista es el motivo por el que tu padre no está en persona contigo y con tu madre, pero no constituye un factor determinante en lo que Daniel es o fue como padre. Creo que tu padre te acompaña ahora en espíritu de muchas formas que llegarás a comprender cuando crezcas.

Recuerda siempre que la legión de periodistas, tus «tíos y tías», estarán siempre aquí durante toda tu vida, si nos necesitas, para brindarte guía y apoyo.

Y cuando pienses en la maldad que ha provocado la muerte de tu padre, debes pensar también en las cartas y buenos deseos de todo el mundo que han celebrado tu nacimiento. Éstos son una señal de la voluntad de hacer lo correcto y de honrar lo que es bueno. Casi todos nosotros compartimos internamente esa voluntad.

Adam Pearl, serás como un niño en un cuento de hadas, dotado de una palabra mágica (el nombre de tu padre) que te abrirá puertas y despertará la buena voluntad durante toda tu vida.

Con cariño,
Marsha Mercer
Secretaria de Medios de Comunicación
Washington D.C.

Querido Adam:

¡Bienvenido a este mundo! Me siento en verdad feliz de que estés sano. Tu mami se encuentra también realmente feliz. Ella te ama con el corazón. Lamento que no conocieses a tu papi. Todos los que lo conocieron dicen que fue un buen hombre. Él te ama en espíritu.

Espero que vivas en un mundo en paz. Será difícil lograr que así sea.

Todo lo mejor, Adam. Que Dios te bendiga.

Con afecto,

George Bush

La Casa Blanca

PD: Dale un beso a tu mami.

❖ ❖ ❖

Querida Mariane:

Por favor recuerda que todos nosotros aquí en Littleton, Colorado, y hasta el último rincón de estas tierras hemos sido inspirados por tu ejemplo, incluso en medio de tu terrible pesar. Hoy en mi *daimoku* envié sentidas plegarias para Danny y sentí surgir un gigantesco flujo de gratitud en mi corazón por su coraje, por la enormidad de su misión y por haber tenido yo el privilegio de compartir con él este planeta. No, nunca lo conocí personalmente, pero sentí y todavía siento una conexión con su vida, al igual que le sucede a muchos otros. Creo con toda mi alma que lo que tú has dicho es cierto: existe una necesidad urgente de que todos nosotros, como individuos y como naciones, examinemos nuestra propia responsabilidad por haber creado y respaldado un mundo que emana miedo, injusticia y discordia. Es tiempo de que nos reunamos en paz, como hermanos y hermanas, trascendiendo el límite artificial de las naciones. ¡Gracias, Danny, por guiarnos en esa dirección! [...]

Mariane, por favor, ten en cuenta que tu dolor es en alguna medida el nuestro; deseamos compartirlo contigo y tenemos la esperanza de que al compartirlo contigo parte de ese dolor se desvanezca. Es evidente que Danny y tú conformáis un único espíritu y seréis sin duda reunidos para trabajar para kosen rufu en la vida después de la vida.

¡Cuán orgulloso estará vuestro hijo cuando crezca tanto de ti como de su padre! Con tanto *daimoku* de tu propia voz y corazón y tantas plegarias en todo el mundo dirigidas a apoyarte, ¿cómo podría tu hijo dejar de absorber ese respaldo durante su vida?

Las palabras parecen inadecuadas para resumir lo que siento cuando te veo comportarte con la valentía de una noble Bodhisattva de la Tierra. ¡Te lo agradezco tanto! Seguiremos dedicándoos nuestras plegarias a ti, a Danny y a la causa de la verdad y la justicia por la que Danny vivió su vida en forma tan brillante.

Con gran amor y respeto,

Pam Nelson

Littleton, Colorado

Estados Unidos

Querida Mariane:

Soy una mujer de 47 años (psicóloga, casada, madre de dos hijos) que se ha sentido compelida a escribirte tras conocer esta mañana la noticia de la muerte de tu esposo. He llorado y rezado mucho por ti. He rezado para que Dios te brinde la fuerza para superar tu dolor, que Dios te otorgue alivio en tu congoja, recé por el bienestar de tu hijo por nacer.

Mis padres son sobrevivientes del Holocausto, y escuchar que tu esposo fue escogido y luego asesinado por ser judío me partió el corazón. Carece completamente de sentido...

Nunca le he enviado una carta a nadie que no conociese con anterioridad, pero debía decirte que pienso en ti con la más sincera compasión y seguiré rezando por ti.

Sheri Noga
Royal Park, Minnesota
Estados Unidos

Querida Mariane:

Tú y tu esposo han tenido un profundo impacto en toda nuestra familia. Nuestro hijo, David, es un fotógrafo que recorre el mundo con su trabajo. Tu Daniel me recuerda a nuestro David.

Tu sensatez y gran inteligencia para atravesar un momento tan terrible han representado para muchos en todo el planeta una luz de esperanza. Como madre, te he escrito mentalmente cientos de «cartas». Acepta por favor nuestro más hondo pesar por tu dolor y nuestra más cordial gratitud por el presente que nos has brindado a todos.

Respetuosamente,
Suzanne McLain,
Fredonia, Nueva York
Estados Unidos

Estaré por siempre agradecida a Suzanne McLain, pues la tarjeta que ella me envió citaba las siguientes líneas de un poema de Diane Ackerman titulado *School Prayer* [*Plegaria escolar*], líneas con las que he intentado y sigo intentando identificarme a lo largo de toda mi vida:

I swear I will not dishonor
my soul with hatred,
but offer myself humbly
as a guardian of nature,
as a healer of misery,

as a messenger of wonder,
as an architect of peace.

[Juro que no deshonraré
mi alma con el odio,
sino que me ofreceré con humildad,
como guardián de la naturaleza,
como sanador de la miseria,
como mensajero de la maravilla,
como arquitecto de la paz.]